Catalina
Rodriguez
2.001

Anthony Giddens

Modernidad e identidad del yo

El yo y la sociedad en la época contemporánea

Traducción de José Luis Gil Aristu

Ediciones Península

Barcelona

Título original en inglés: *Modernity and Self-identify. Self and Society in the Late Modern Age.*
Publicado en 1991 por Polity Press en asociación con Basil Blackwell.

La presente edición se publicó por vez primera en 1995
en la colección Península/Ideas.

Diseño de la cubierta: Albert i Jordi Romero.

Primera edición en Historia / Ciencia / Sociedad: abril de 1997.
Tercera edición: febrero de 2000.

Peu de la Creu 4, 08001-Barcelona.
E-MAIL: correu@grup62.com
INTERNET: http://www.peninsulaedi.com

Impreso en Limpergraf s.l., Mogoda, 29-31, polígono Can Salvatella,
08210 Barberà del Vallés
Depósito legal: B. 4.445-2000.
ISBN: 84-8307-037-5.

Agradecimientos

En la preparación de este libro me han ayudado muchas personas de manera directa o indirecta. He tenido la suerte de poder debatir las ideas desarrolladas en él en varios seminarios de larga duración en dos ambientes especialmente estimulantes: la Facultad de Ciencias Sociales y Políticas de la Universidad de Cambridge y el Departamento de Sociología de la Universidad de California, en Santa Bárbara. Agradezco a los miembros de esos seminarios sus numerosos e instructivos comentarios y sus valiosos consejos. Algunas personas han leído el manuscrito minuciosa y críticamente. En este sentido me siento especialmente en deuda con Zygmunt Bauman, David Held, Lewis Coser y Dennis Wrong. Es también grande mi deuda con Teresa Brennan, cuyos comentarios al manuscrito me fueron maravillosamente útiles. La influencia de Deirdre Boden es evidente en muchos puntos de la presente obra: he sacado enorme provecho de los distintos materiales y artículos no publicados que me ha remitido durante un largo período, así como de las conversaciones mantenidas directamente con ella. Anne Bone, encargada de la edición del libro, hizo observaciones sobre el estilo y sustancia del texto que me ayudaron a modificarlo. Otras personas que han contribuido en gran medida a la realización del libro y a quienes deseo dar las gracias son: Richard Appelbaum, Katy Giddens, Sam Hollick, Harvey Molotch, Helen Blunt, Avril Symonds y John Thompson.

ANTHONY GIDDENS

Introducción

A las puertas ya del siglo XXI, la cuestión de la modernidad, su desarrollo en el tiempo y sus actuales formas institucionales se ha vuelto a plantear como un problema sociológico fundamental. Hace ya mucho que se reconocen las relaciones entre sociología y aparición de las instituciones modernas. En la actualidad, sin embargo, advertimos no sólo que esas relaciones son más complejas y problemáticas de lo que anteriormente se daba por supuesto, sino la necesidad de que el replanteamiento de la naturaleza de la modernidad vaya acompañado de una reelaboración de los principios básicos del análisis sociológico.

Las instituciones modernas difieren de todas las formas anteriores de orden social por su dinamismo, el grado en que desestiman los usos y costumbres tradicionales y su impacto general. No obstante, no se trata de meras transformaciones externas: la modernidad altera de manera radical la naturaleza de la vida social cotidiana y afecta a los aspectos más personales de nuestra experiencia. La modernidad se ha de entender en un plano institucional; pero los cambios provocados por las instituciones modernas se entretejen directamente con la vida individual y, por tanto, con el yo. Uno de los rasgos distintivos de la modernidad es, de hecho, una creciente interconexión entre los dos «extremos» de la extensionalidad y la intencionalidad: las influencias universalizadoras, por un lado, y las disposiciones personales, por otro. El propósito de este libro es analizar la naturaleza de estas interconexiones y proporcionar un vocabulario de conceptos para reflexionar sobre ellas. En este análisis introductorio intentaré presentar una visión de conjunto y un resumen de los temas de mi estudio. Espero que el lector sea indulgente con las repeticiones de menor cuantía a que da lugar esta estrategia.

Aunque el enfoque principal recaiga sobre el yo, este libro no es principalmente una obra de psicología. Su acento principal se sitúa sobre la aparición de nuevos mecanismos de identidad del yo modelados por las instituciones de la modernidad —y que a su vez las modelan también a ellas—. El yo no es una entidad pasiva determinada por influjos externos; al forjar sus identidades propias, y sin que importe el carácter local de sus circunstancias específicas de acción, los individuos intervienen en las influencias sociales, cuyas consecuencias e implicaciones son de carácter universal, y las fomentan de manera directa.

La sociología y las ciencias sociales en el sentido más amplio son elementos inherentes de la reflexividad institucional de la modernidad —un fenómeno fundamental para el análisis que lleva a cabo este libro—. No sólo los estudios académicos, sino todo tipo de manuales, guías, obras psicoterapéuticas e instrucciones para ayudarse uno mismo contribuyen a ese carácter reflejo de la modernidad. Así pues, en varias ocasiones, aludo con bastante pormenor a investigaciones sociales y «guías prácticas para la vida», no en cuanto medios para documentar una materia definida sino como síntomas de fenómenos sociales o tendencias evolutivas que intento identificar. No se trata meramente de obras «sobre» procesos sociales, sino de materiales que, en cierta medida, los constituyen.

El enfoque de este libro es, en general, más analítico que descriptivo y en algunos puntos críticos se basa en procedimientos ideales típicos con el fin de determinar su carácter específico. Intento identificar algunos rasgos estructurales del núcleo de la modernidad que interactúan con la reflexividad del yo; pero no entro a analizar en detalle hasta qué punto han avanzado algunos de los procesos mencionados en ciertos ámbitos concretos y cuáles son sus excepciones o tendencias opuestas a ellos.

El capítulo primero esboza un marco para el conjunto del estudio. Tomando como ejemplo un tema concreto de la investigación social, hace una valoración de ciertos aspectos clave del desarrollo de la modernidad. Junto con su reflexividad institucional, la vida social moderna está caracterizada por procesos profundos de reorganización del tiempo y el espacio, ligados a la expansión de mecanismos de desenclave; mecanismos que liberan las relaciones sociales de su fijación a unas circunstancias locales específicas, recombinándolas a lo largo de grandes distancias espaciotemporales. La reorganización de tiempo y espacio, además de los mecanismos de desenclave, radicalizan y universalizan los rasgos institucionales preestablecidos de la modernidad; sirven, además, para transformar el contenido y naturaleza de la vida social cotidiana.

La modernidad es un orden postradicional en el que, no obstante, la seguridad de tradiciones y costumbres no ha sido sustituida por la certidumbre del conocimiento racional. La duda, un rasgo que impregna la razón crítica moderna, penetra en la vida de cada día y en la conciencia filosófica y constituye un aspecto existencial del mundo social contemporáneo. La modernidad institucionaliza el principio de la duda radical y recalca que todo conocimiento adopta la forma de hipótesis, de afirmaciones que pueden muy bien ser ciertas, pero que en principio son siempre susceptibles de revisión y pueden ser abandonadas en algún momento. Una serie de sistemas de especialización acumulada —que ejercen influencias importantes de desenclave— constituyen fuentes diversas de autoridad, expuestas a menudo a la crítica interna y divergentes en sus consecuencias. En las condiciones de lo que yo denomino modernidad «reciente» o «tardía» —el mundo de hoy—, el yo, al igual que los ámbitos institucionales más amplios donde existe, tiene que hacerse de manera refleja. Pero esta tarea habrá de realizarse en medio de una compleja diversidad de opciones y posibilidades.

Las nociones de confianza y riesgo son de especial aplicación en circunstancias de incertidumbre y elección múltiple. La confianza es, en mi opinión, un fenómeno genérico crucial en el desarrollo de la personalidad y posee una relevancia peculiar y específica para un mundo de mecanismos de desenclave y sistemas abstractos. En sus manifestaciones genéricas, la confianza está directamente vinculada a la obtención de un sentimiento temprano de seguridad ontológica. La confianza creada entre un niño y sus cuidadores le proporciona una «vacunación» que mantiene a raya las amenazas y peligros potenciales que comportan las actividades cotidianas más triviales. En este sentido, la confianza es el fundamento de una «coraza protectora» siempre dispuesta a defender al yo en sus relaciones con la realidad de cada día. Esta protección «pone entre paréntesis» los posibles incidentes que producirían una parálisis de la voluntad o sentimientos de enclaustramiento, si los individuos hubieran de encararse seriamente a ellos. En su forma más específica, la confianza es un medio de interacción con los sistemas abstractos que vacían la vida cotidiana de su contenido tradicional y ejercen influencias universalizadoras. En este caso la confianza genera esa «caída en la fe» exigida por el compromiso práctico.

La modernidad es una cultura del riesgo. No quiero decir con ello que la vida social implique de por sí más riesgos que en épocas anteriores; no es éste el caso de la mayoría de las personas de las sociedades desarrolladas. El concepto de riesgo es más bien fundamental para la manera como organizan el mundo social tanto los actuantes profanos como los especialistas técnicos. Bajo las condiciones de la modernidad, el futuro es traído continuamente al presente mediante la organización refleja de las circunstancias que rodean al conocimiento. Se trata de un proceso parecido al de configurar y colonizar un territorio. Pero esta colonización no puede ser total por su misma naturaleza: pensar en términos de riesgo es esencial para valorar hasta dónde es probable que los proyectos difieran de los resultados previstos. La valoración del riesgo invita a la precisión e incluso a la cuantificación, pero es imperfecta por naturaleza. Dado el carácter móvil de las instituciones modernas, unido a la naturaleza mudable y a menudo controvertida de los sistemas abstractos, la mayoría de las formas de evaluación del riesgo entrañan, de hecho, numerosos imponderables.

La modernidad reduce el riesgo de conjunto de ciertas áreas y modos de vida, pero introduce al mismo tiempo nuevos parámetros de riesgo desconocidos en gran medida, o incluso del todo, en épocas anteriores. Entre estos parámetros se cuentan los riesgos de consecuencias graves: riesgos derivados del carácter universalizante del sistema social de la modernidad. El mundo moderno tardío —el mundo de lo que califico como modernidad reciente— es apocalíptico, no porque se encamine inevitablemente hacia la catástrofe, sino porque implica riesgos que las generaciones anteriores no tuvieron que afrontar. Por mucho que se haya progresado hacia la negociación internacional y el control del armamento, mientras existan las armas nucleares o, incluso, el conocimiento necesario para fabricarlas y mientras la ciencia y la tecnología continúen implicadas en la creación de nuevo armamento, subsistirá el riesgo de una guerra de destrucción masiva. Ahora, cuando la naturaleza, en cuanto fenómeno externo a la vida social, ha llegado en cierto sentido a su «fin» —como resultado de su dominio por los seres humanos—, los riesgos de una catástrofe ecológica forman parte ineludible del horizonte de nuestra vida cotidiana. Otros riesgos de consecuencias graves, como el hundimiento de los mecanismos de la economía mundial o la aparición de superestados totalitarios, forman parte de nuestra experiencia contemporánea de manera igualmente ineludible.

En la modernidad reciente, la influencia de acontecimientos distantes sobre sucesos próximos o sobre la intimidad del yo se ha convertido progresivamente en un lugar común. Los medios de comunicación impresos y electrónicos desempeñan obviamente un papel principal en este punto. Desde los primeros tanteos con la escritura, la experiencia mediada ha influido considerablemente tanto en la identidad del yo como en la organización básica de las relaciones sociales. Con el desarrollo de la comunicación de masas, sobre todo la electrónica, la imbricación entre el desarrollo del yo y los sistemas sociales —incluyendo también entre ellos los sistemas mundiales— es cada vez más acusada. El «mundo» en el que actualmente vivimos es, pues, en algunos aspectos profundos muy distinto del que habitaron los hombres en anteriores períodos de la historia. Se trata en muchos sentidos de un mundo único, con un marco de experiencia unitario (por ejemplo, respecto a los ejes básicos de tiempo y espacio), pero al mismo tiempo un mundo que crea formas nuevas de fragmentación y dispersión. No obstante, un universo de actividad social donde los medios electrónicos representan un papel central y constitutivo no es un universo de «hiperrealidad», en el sentido de Baudrillard. Una idea así confunde el efecto generalizado de la experiencia mediada con la referencialidad interna de los sistemas sociales de la modernidad (el hecho de que estos sistemas sean considerablemente autónomos y estén determinados por sus propias influencias constitutivas).

En el orden postradicional de la modernidad y sobre el trasfondo de las nuevas formas de experiencia mediada, la identidad del yo se convierte en una tarea de manera refleja. El proyecto reflejo del yo, consistente en el mantenimiento de una crónica biográfica coherente, si bien continuamente revisada, se lleva a cabo en el contexto de la elección múltiple filtrada por los sistemas abstractos. En la vida social moderna, la noción de estilo de vida adquiere una particular importancia. A medida que la tradición pierde su imperio y la vida diaria se reinstaura en función de la interrelación dialéctica entre lo local y lo universal, los individuos se ven forzados a elegir estilos de vida entre una diversidad de opciones. Naturalmente, existen también influencias normalizadoras (sobre todo en forma de mercantilización, dado que la producción y distribución capitalistas son componentes nucleares de las instituciones de la modernidad). Pero, debido a la «apertura» de la vida social actual, la pluralización de ámbitos de acción y la diversidad de «autoridades», la elección de un estilo de vida tiene una importancia creciente para la constitución de la identidad del yo y para la actividad de cada día. La planificación de la vida, organizada de forma refleja y que presupone normalmente una ponderación de los riesgos filtrada por el contacto con el conocimiento de los expertos, se convierte en un rasgo central de la estructuración de la identidad del yo.

Debemos aclarar ya desde el principio un posible equívoco acerca del estilo de vida en su conexión con la planificación de la misma. Podría pensarse que con la expresión «estilo de vida» nos referimos sólo a los logros de los grupos o clases más favorecidas, en parte porque el término ha sido utilizado por la publicidad y otras fuentes de promoción del consumo de mercancías. Los pobres quedarán más o menos excluidos de la posibilidad de realizar elecciones de estilo de vida. Esto es cierto básicamente en algún sentido. Las cuestiones de clase y desigualdad, entre Estados y a escala mundial, se entretejen estrechamente con los temas de este libro, aunque no es mi intención documentar aquí esas desigualdades. De hecho, las divisiones de clase y otras áreas fundamentales de desigualdad, como las relacionadas con el género o la etnicidad, pueden *definirse* en parte en función de la diferente posibilidad de acceder a las formas de realización del yo y capacitación que analizamos en las páginas siguientes. No debemos olvidar que la modernidad crea *diferencia, exclusión* y *marginalización.* Las instituciones modernas, al tiempo que ofrecen posibilidades de emancipación, crean mecanismos de supresión más bien que de realización del yo. Sin embargo, sería un error grave suponer que los fenómenos analizados en el libro se limitan, en sus efectos, a quienes viven en condiciones materiales más privilegiadas. El «estilo de vida» se refiere también a las decisiones tomadas y a las líneas de acción seguidas en situaciones de limitación material rigurosa; entre estas pautas de estilo de vida se puede incluir también el rechazo más o menos deliberado de formas más difusas de comportamiento y consumo.

En un extremo de la interacción entre lo local y lo universal se sitúa lo que denomino «transformación de la intimidad». La intimidad tiene su propia reflexividad y sus formas peculiares de orden referencial interno. En este asunto es de importancia determinante la aparición de la «relación pura», como algo prototípico de los nuevos ámbitos de la vida personal. Una relación pura es aquella en la que han desaparecido los criterios externos: la relación existe tan sólo por las recompensas que puede proporcionar por ella misma. En las circunstancias de la pura relación, la confianza sólo puede activarse por un proceso de mutua apertura. En otras palabras, la confianza no puede, por definición, anclarse en criterios ajenos a la relación misma (como podrían ser los de parentesco, deber social u obligación tradicional). Al igual que la identidad del yo, con la que aparece íntimamente imbricada, la relación pura tiene que estar a la larga controlada reflejamente sobre el trasfondo de los cambios y transformaciones externas.

Las relaciones puras presuponen el «compromiso», que es una especie particular de la confianza. El compromiso, a su vez, ha de entenderse como un fenómeno del sistema internamente referencial: es un compromiso con la relación en cuanto tal, así como con la otra u otras personas implicadas. La exigencia de intimidad forma parte integrante de la relación pura como resultado de los mecanismos de confianza que da por supuestos. Es, pues, un error considerar la «búsqueda de intimidad» contemporánea como una mera reacción negativa ante un universo social más amplio e impersonal, como lo han hecho muchos comentaristas. La absorción en la relación pura puede ser a menudo, sin duda, una defensa contra un mundo exterior envolvente; pero este tipo de relaciones está atravesado de parte a parte por influencias mediatizadas provenientes de sistemas sociales a gran escala que suelen organizar activamente dichas influencias en el seno de esa clase de relaciones. En general, tanto si se trata de la vida personal como de un medio social más amplio, los procesos de reapropiación y capacitación se entrelazan con los de despojamiento y pérdida.

En estos procesos podemos encontrar muchos nexos diferentes entre experiencia individual y sistemas abstractos. La «readaptación» —adquisición de nuevos conocimientos y destrezas—, tanto en lo que respecta a la intimidad de la vida personal como a compromisos sociales más amplios, es una reacción general ante los efectos del despojamiento provocados por los sistemas abstractos. Esta reacción varía según las situaciones y tiende además a responder a las exigencias específicas del contexto. Los individuos se readaptarán probablemente más a fondo cuando se trate de cambios relevantes en sus vidas o cuando deban tomar decisiones sobre su destino. No obstante, la readaptación es siempre parcial y susceptible de verse afectada por la naturaleza «revisable» del conocimiento de los expertos y por las disensiones internas entre ellos. La actitud de confianza y las más prácticas de aceptación, escepticismo, rechazo y renuncia coexisten difícilmente en el espacio social que vincula las actividades individuales y los sistemas especializados. En la época de la modernidad reciente, las actitudes del profano ante la ciencia, la tecnología y otras formas esotéricas de especialización tienden a expresar las mismas disposiciones entreveradas de respeto y reserva, aprobación y desasosiego, entusiasmo y antipatía que manifiestan en sus escritos los filósofos y los analistas sociales (expertos a su vez en cierto modo).

La reflexividad del yo, junto con la influencia de los sistemas abstractos, afecta de manera general al cuerpo y a los procesos psíquicos. El cuerpo es cada vez menos un «dato» extrínseco que funciona fuera de los sistemas internamente referenciales de la modernidad y se ve activado también él de manera refleja. Lo que podría parecer un movimiento general hacia el cultivo narcisista de la apariencia corporal es, de hecho, expresión de un interés mucho más profundo por «construir» y controlar el cuerpo. Hay aquí una relación plena entre desarrollo corporal y estilo de vida (manifiesto, por ejemplo, en la observación de regímenes corporales específicos). Pero también son importantes otros factores de alcance mucho más amplio como reflejo de la socialización de mecanismos y procesos biológicos. En los ámbitos de la reproducción biológica, la ingeniería genética y muchos tipos de intervenciones médicas, el cuerpo se ha convertido en expresión de elecciones y opciones. Todo ello no afecta sólo al individuo, pues entre los aspectos personales del desarrollo corporal y los factores universales existen relaciones muy estrechas. Las tecnologías de la reproducción y la ingeniería genética, por ejemplo, forman parte de procesos más generales de la transmutación de la naturaleza en campo de actividad del hombre.

La ciencia, la tecnología y la especialización en general tienen una importancia fundamental en lo que denomino el secuestro de la experiencia. Son suficientemente conocidas la idea de que la modernidad se asocia a una relación instrumental con la naturaleza y la de que una perspectiva científica deja de lado cuestiones de ética y moralidad. No obstante, intentaré situar estos problemas en nuevo contexto exponiendo el orden institucional de la modernidad reciente desarrollado en función de la referencialidad interna. El impulso general de las instituciones modernas se dirige hacia la creación de marcos de actuación ordenados de acuerdo con la dinámica propia de la modernidad, al margen de «criterios externos» —de factores ajenos a los sistemas sociales de la modernidad—. Aunque existen numerosas excepciones y corrientes opuestas, la vida social de cada día tiende a apartarse de la naturaleza «original» y de una multiplicidad de experiencias referentes a cuestiones y dilemas existenciales. Los locos, los criminales y los enfermos graves son físicamente excluidos del contacto con la población normal, mientras el «erotismo» es sustituido por la «sexualidad» —que seguidamente se traslada fuera de escena para quedar oculta—. Este secuestro de la experiencia significa que, para muchas personas, el contacto directo con acontecimientos y situaciones que vinculan la vida individual a cuestiones más amplias de moral y finitud es escaso y fugaz.

Esta situación no se ha producido, como pensaba Freud, por la creciente represión psicológica de la culpa exigida por la complejidad de la vida social moderna. Lo que se da es más bien una represión institucional en la que —según mantendré— aparecen en primer término mecanismos de vergüenza y no de culpa. La vergüenza tiene un parentesco próximo con el narcisismo pero, según he señalado más arriba, sería un error suponer que la identidad del yo se va haciendo progresivamente narcisista. El narcisismo es un tipo de mecanismo psicológico entre otros —y, en algunos casos, una patología—; su existencia se debe a las relaciones entre identidad, vergüenza y proyecto reflejo del yo.

La insignificancia personal —el sentimiento de que la vida no tiene nada valioso que ofrecer— se ha convertido en un problema psíquico fundamental en las circunstancias de la modernidad tardía. Deberíamos entender este fenómeno en función de una represión de las cuestiones morales que plantea la vida cotidiana pero cuyas respuestas se niegan. El «aislamiento existencial» no es tanto una separación entre individuos cuanto un apartamiento de los recursos morales necesarios para vivir una existencia plena y satisfactoria. El proyecto reflejo del yo genera programas de realización y control. Pero mientras estas posibilidades se entiendan sobre todo como un asunto relacionado con la extensión de los sistemas de control de la modernidad al yo, carecerán de sentido moral. La «autenticidad» se convierte en un valor eminente y un marco de realización del yo, pero constituye un proceso moralmente atrofiado.

De todos modos, la represión de las cuestiones existenciales no es en absoluto completa y en la reciente modernidad, donde los sistemas de control se exhiben más al desnudo de lo que nunca se habían mostrado anteriormente, sus consecuencias negativas están más a la vista y se producen muchos tipos de reacción en contra. Es cada vez más evidente que las elecciones de estilo de vida en las circunstancias en que se dan las interrelaciones entre lo local y lo universal plantean problemas morales que no pueden obviarse. Estos problemas exigen formas de compromiso político que los nuevos movimientos sociales presagian y, al mismo tiempo, ayudan a iniciar. La «política de la vida» —interesada por la realización humana del yo, tanto en lo individual como en lo colectivo— surge de la sombra proyectada por la «política de la emancipación».

La emancipación, el imperativo general de la Ilustración progresista, es, en varios sentidos, la condición para que surja un programa de política de la vida. En un mundo escindido todavía por las divisiones y marcado por formas de opresión antiguas y nuevas, la política de la emancipación no pierde importancia. Pero, al lado de esos anteriores afanes políticos, aparecen en la actualidad nuevas formas de interés por la política de la vida. En la sección final del libro subrayo los parámetros principales del programa de esta política. Se trata de un programa que nos exige encarar dilemas morales específicos y nos fuerza a plantear cuestiones existenciales que la modernidad ha excluido de sus instituciones.

1. Los contornos de la modernidad reciente

Iniciaré mi análisis exponiendo algunas conclusiones de un estudio sociológico concreto tomado con cierta arbitrariedad de un área de investigación particular. La obra *Second Chances*, de Judith Wallerstein y Sandra Blakeslee, es un estudio sobre el divorcio y el subsiguiente matrimonio.[1] El libro describe los efectos de la ruptura matrimonial a lo largo de un período de unos diez años en sesenta conjuntos de padres e hijos. El divorcio, señalan las autoras, es una crisis en la vida personal de los individuos que daña su seguridad y su sentimiento de bienestar, pero que también ofrece nuevas oportunidades de desarrollo personal y futura felicidad. La separación y el divorcio, con todas sus consecuencias, pueden provocar angustias y trastornos psicológicos duraderos; pero, al mismo tiempo, los cambios generados por la disolución del matrimonio proporcionan, según indican las autoras, posibilidades de «desarrollarse emocionalmente», de «establecer nuevas aptitudes y una nueva suficiencia» y de «consolidar relaciones íntimas más allá de lo que anteriormente se era capaz».

La separación marital, dicen Wallerstein y Blakeslee, es un hito que «congela ciertas imágenes que enmarcan la actividad posterior. En la manera como el matrimonio llegó a separarse arraiga a menudo la cólera, que se alimenta de aquélla: uno de los miembros de la pareja ha descubierto de pronto que el otro tiene un asunto con el mejor amigo de ambos; uno deja al otro una nota por la que le informa, sin previo aviso, que el matrimonio está muerto; uno de los padres se marcha de repente con los niños sin dejar una dirección...». El matrimonio roto se deplora, sin impor-

1. Judith WALLERSTEIN y Sandra BLAKESLEE, *Second Chances*, Londres, Bantam, 1989.

tar hasta qué punto sus miembros eran infelices o estaban desesperados mientras vivían juntos.

Cuanto más tiempo hayan convivido dos personas, tanto más tiende a prolongarse el período de duelo. El duelo deriva de la pérdida de los placeres y experiencias compartidas, además de la renuncia obligada a las esperanzas puestas en otro tiempo en la relación. Donde no se dé un proceso de duelo, el resultado suele ser la persistencia prolongada de sentimientos heridos que llevarán quizá a la desesperación y al hundimiento psicológico. De hecho, para la mayoría de las personas los sentimientos generados por el divorcio no parecen desaparecer del todo con el paso de los años; ciertos sucesos posteriores, como el nuevo matrimonio de la anterior pareja, los apuros económicos o las disputas sobre la educación de los hijos pueden revivirlos violentamente. En los casos en que uno de los dos continúa estando muy implicado emocionalmente con el otro, aunque sea de forma decididamente desfavorable, el resultado tiende a ser en tales situaciones un rebrote de amargura.

El paso por una fase de duelo es, según Wallerstein y Blakeslee, la clave para «recuperarse» tras el divorcio. Todo aquel que se «despareja» de su anterior esposo o esposa afronta la tarea de establecer un «nuevo sentido del yo», un «nuevo sentido de identidad». En un matrimonio duradero, el sentido de identidad de cada uno de sus componentes se vincula al de la otra persona y, desde luego, al matrimonio mismo. A raíz de la ruptura matrimonial, cada uno de los dos deberá «remontarse a su experiencia anterior y encontrar otras imágenes y raíces para su independencia, para ser capaz de vivir sola y hacerse cargo de la segunda oportunidad que les ofrece el divorcio».

Una persona separada o divorciada necesita coraje moral para intentar establecer nuevas relaciones y encontrar otros intereses. Mucha gente pierde en tales circunstancias la confianza en sus propios juicios y capacidades y puede llegar a sentir que no vale la pena hacer planes para el futuro. «Advierten que la vida asesta golpes duros y es fundamentalmente impredecible, llegan a la conclusión de que los planes mejor trazados fracasan y no se animan a proponerse objetivos a largo ni siquiera a corto plazo y mucho menos a trabajar para alcanzarlos.» La superación de esos sentimientos requiere constancia frente a los reveses y voluntad para modificar características o costumbres personales establecidas. Los hijos de padres divorciados, que sufren a menudo profundamente por la disolución del hogar familiar, necesitan también poseer cualidades similares. «Los hijos del divorcio —dicen Wallerstein y Blakeslee— se enfrentan a una tarea más difícil que los niños que han de lamentar la muerte de un padre. La muerte es ineludible, pero el divorcio se da entre personas vivas que pueden cambiar de forma de pensar. En lo hondo de sus almas, los niños escuchan imaginarias llamadas a la reconciliación... y puede ser que no logren superar esas fantasías hasta que ellos mismos se aparten, finalmente, de sus padres y abandonen el hogar.»[2]

Los problemas personales, los juicios y las crisis personales, las relaciones personales..., ¿qué nos dicen y qué expresan acerca del paisaje social de la modernidad? Algunos se sentirán inclinados a mantener que no mucho, pues no hay duda de que los sentimientos e intereses de las personas son bastante similares en cualquier tiempo y lugar. Podríamos aceptar que la llegada de la modernidad produce cambios importantes en el entorno social externo del individuo y afecta al matrimonio y a la familia así como a otras instituciones; pero los individuos cargan con su vida personal como siempre lo hicieron, arreglándose lo mejor que pueden con los cambios sociales en que se ven envueltos. Pero, ¿no será más bien lo contrario? En efecto, las circunstancias sociales no están separadas de la vida personal ni constituyen un medio externo a ella. Al luchar con sus problemas íntimos, los individuos ayudan activamente a reconstruir el universo de actividad social que los rodea.

El mundo de la modernidad reciente se extiende, sin duda, mucho más allá del medio de las actividades individuales y de los compromisos personales. Se trata de un mundo repleto de riesgos y peligros al que se aplica de modo particular la palabra «crisis», no como una mera interrupción sino como un estado de cosas más o menos continuo. Pero también se introduce profundamente en el corazón de la identidad del yo y de los sentimientos personales. El «nuevo sentimiento de identidad» que Wallerstein y Blakeslee mencionan como algo necesario tras el divorcio es una versión agudizada de un proceso de «encontrarse a sí mismo» impuesto a

2. *Ibíd.*, citas de las pp. 293, 294, 296, 297 y 308.

cada uno de nosotros por las condiciones sociales de la modernidad; un proceso de intervención y transformación activas.

Wallerstein y Blakeslee resumen los resultados de su investigación en un capítulo titulado «Peligro y oportunidad». Por más trillada que parezca, la frase se aplica no sólo al matrimonio y sus dificultades sino al mundo de la modernidad en conjunto. El ámbito de lo que hoy hemos llegado a denominar «relaciones personales» nos ofrece oportunidades de intimidad y expresión del yo que faltaban en otros medios mucho más tradicionales. Al mismo tiempo, esas relaciones resultan ser en cierto sentido arriesgadas y peligrosas. Los modos de comportamiento y sentimiento asociados a la vida sexual y marital se han convertido en algo movedizo, inestable y «abierto». Hay en ellos mucho que ganar; pero también nos encontramos aquí en un territorio aún por cartografiar y con nuevos peligros que correr.

Pensemos, por ejemplo, en un fenómeno ampliamente analizado por Wallerstein y Blakeslee: la naturaleza mudable de aquellas familias algunos de cuyos miembros no son consanguíneos. Muchas personas, mayores y niños, viven hoy en día en este tipo de familias que, por lo general, no se han formado, como en épocas anteriores, a consecuencia de la muerte de un cónyuge, sino por la reestructuración de los lazos matrimoniales tras un divorcio. El niño con un padrastro o madrastra puede tener dos padres o dos madres, dos series de hermanos y hermanas, además de otros nexos de parentela complejos, a consecuencia de los múltiples matrimonios de los padres. La misma terminología ofrece ya dificultades: ¿debería el niño llamar «madre» a su madrastra o más bien dirigirse a ella por su nombre? La dilucidación de estos problemas puede llegar a ser ardua y suponer un coste psicológico para todas las partes; pero también existe, desde luego, la oportunidad de nuevas formas de relación satisfactoria. Algo de lo que podemos estar seguros es de que los cambios que esto implica no son sólo exteriores al individuo. Los encargados de establecer estas formas nuevas de lazos familiares extensos deberán ser las mismas personas que se ven directamente involucradas en ellas.

La angustia es el correlato natural de cualquier tipo de peligro. Está causada por circunstancias perturbadoras o por la amenaza de que se produzcan, pero ayuda también a dar respuestas adaptativas y tomar iniciativas nuevas. Las autoras de *Second Chances* utilizan repetidamente expresiones como dolor, preocupación y duelo. Pero también los términos coraje y resolución. La vida crea problemas personales de manera aparentemente arbitraria y, al verlo así, algunas personas se refugian en una especie de parálisis resignada. Sin embargo, muchos son también capaces de atrapar con sentido más práctico las nuevas oportunidades que se les presentan cuando han caducado los modos de comportamiento preestablecidos y de cambiarse a sí mismos. ¿Hasta qué punto son nuevas estas angustias, peligros y oportunidades? ¿En qué sentido están influidas de manera clara por las instituciones de la modernidad? Éstas son las cuestiones a las que intentaré responder en las páginas siguientes.

Second Chances es una obra de sociología, pero no deberían leerla sólo los sociólogos. Los psicoterapeutas, los consejeros familiares, los asistentes sociales y otros profesionales interesados volverán probablemente sus páginas. Es perfectamente posible que el público profano, sobre todo quienes se hayan divorciado recientemente, lean el libro y relacionen sus ideas y conclusiones con las circunstancias de sus propias vidas. Las autoras son plenamente conscientes de esta posibilidad. Aunque el libro está escrito como un estudio de investigación que presenta una serie limitada de conclusiones, numerosos pasajes diseminados por el texto proponen respuestas prácticas y líneas de actuación que pueden seguir los recién separados o divorciados. Es indudable que sólo unos pocos libros ejercen gran influencia en el comportamiento social general. *Second Chances* es una pequeña aportación a un vasto flujo más o menos continuo de escritos técnicos o populares sobre el tema del matrimonio y las relaciones íntimas. Estas obras forman parte de la *reflexividad* de la modernidad: ayudan de manera continua a organizar y modificar los aspectos de la vida social que tratan o analizan. Cualquiera que observe el matrimonio en su forma actual o se enfrente a una situación de ruptura de un matrimonio o una relación íntima duradera sabe mucho (no siempre en el plano de la conciencia discursiva) sobre «lo que está ocurriendo» en la palestra social del matrimonio y el divorcio. Este tipo de conocimiento no es incidental para lo que realmente ocurre, sino constitutivo (y lo mismo puede decirse de todas las circunstancias de la vida social en condiciones de modernidad).

Pero las cosas no se limitan a esto: todos somos conscientes de la naturaleza refleja de la actividad social moderna y de las implicaciones que ello tiene para la vida de cualquier hombre o mujer. La identidad del yo constituye para nosotros una *trayectoria* a través de los diferentes marcos institucionales de modernidad a lo largo de la *duración* de lo que se suele llamar el «ciclo de vida», expresión que se ajusta con mucha mayor precisión a los contextos no modernos que a los modernos. Cada uno de nosotros no sólo «tiene» sino que *vive* una biografía reflejamente organizada en función de los flujos de la información social y psicológica acerca de los posibles modos de vida. La modernidad es un orden postradicional en el que a la cuestión «¿cómo he de vivir?», hay que responder con decisiones tomadas cada día sobre cómo comportarse, qué vestir, qué comer —y muchas otras cosas—; además, tal cuestión se ha de interpretar en el despliegue de la identidad del yo en el tiempo.

Pasemos ahora del plano de las vidas personales a otro más institucional. Para presentar el telón de fondo de este estudio como un todo debemos ofrecer una caracterización de ese fenómeno turbador y turbulento que es la modernidad.

La modernidad: algunas consideraciones generales

En este libro utilizo la palabra «modernidad» en un sentido muy general para referirme a las instituciones y modos de comportamiento impuestos primeramente en la Europa posterior al feudalismo, pero que en el siglo XX han ido adquiriendo por sus efectos un carácter histórico mundial. El término «modernidad» se puede considerar equivalente aproximadamente a la expresión «mundo industrializado», mientras se acepte que la industrialización no se reduce únicamente a su aspecto institucional.[3] Utilizo la palabra

3. En Anthony GIDDENS, *The Consequences of Modernity*, Cambridge, Polity, 1990, puede encontrarse una exposición más completa de los principales puntos de las secciones siguientes.

industrialización para referirme a las relaciones sociales que lleva consigo el empleo generalizado de la fuerza física y la maquinaria en los procesos de producción. En cuanto tal, es uno de los ejes institucionales de la modernidad. Otro de sus aspectos es el capitalismo, entendiendo este término como sistema de producción de mercancías que comprende tanto a los mercados de productos competitivos como a la transformación en mercancía de la fuerza del trabajo. Cada uno de estos aspectos puede distinguirse analíticamente de las instituciones de vigilancia, fundamento del crecimiento masivo del poder organizativo ligado a la aparición de la vida social moderna. La vigilancia se refiere al control supervisor de las poblaciones sometidas, tanto si este control adopta la forma de supervisión «visible», en el sentido dado por Foucault, como si se trata del empleo de la información para coordinar las actividades sociales. Este aspecto puede distinguirse a su vez del control de los medios de coacción en las condiciones de la «industrialización de la guerra». La modernidad nos introduce en una era de «guerra total», en la que el poder destructivo de las armas, al que nos hemos referido antes al hablar de la existencia del armamento nuclear, es inmenso.

La modernidad genera ciertas formas sociales diferenciadas, la más destacada de las cuales es el Estado nacional. Una observación trivial, desde luego, hasta que se cae en la cuenta de la tendencia generalizada de la sociología a centrarse en la «sociedad» como su materia propia. La «sociedad» de los sociólogos, al menos en su aplicación al período de la modernidad, es un Estado nacional, pero esto es una equivalencia más bien implícita que explícitamente tematizada. El Estado nacional, en cuanto entidad sociopolítica, contrasta fundamentalmente con la mayoría de los tipos del orden tradicional y nace sólo como parte de un sistema de Estado nacional más amplio (que en la actualidad tiene carácter mundial), posee formas muy específicas de territorialidad y capacidad de vigilancia y monopoliza eficazmente el control sobre los medios de coacción.[4] En la literatura especializada sobre relaciones internacionales, los Estados nacionales se tratan a menudo como «acto-

4. Anthony GIDDENS, *The Nation-State and Violence*, Cambridge, Polity, 1985.

res» —como «agentes» más bien que como «estructuras»— y existe para ello una neta justificación. En efecto, los Estados modernos son sistemas reflejamente controlados que, si bien no «actúan» en el sentido estricto del término, persiguen unos propósitos y planes coordinados a escala geopolítica. En cuanto tales, son un ejemplo magnífico de un rasgo más general de la modernidad, el auge de la *organización*. Lo que distingue a las organizaciones modernas no es tanto su tamaño o su carácter burocrático, cuanto el control reflejo concentrado que ambos aspectos permiten e imponen. Quien hable de modernidad, no hablará de organizaciones sino de organización (del control reglado de las relaciones sociales a lo largo de extensiones indefinidas de espacio y tiempo).

Las instituciones modernas no guardan *continuidad*, en varios aspectos clave, con la gama de las culturas y modos de vida premodernos. Una de las características más evidentes que separan la época moderna de cualquier otro período precedente es el extremo dinamismo de la modernidad. El mundo moderno es un «mundo desbocado»: no sólo el *paso* al que avanza el cambio social es mucho más rápido que el de todos los sistemas anteriores; también lo son sus *metas* y la *profundidad* con que afecta a las prácticas sociales y a los modos de comportamiento antes existentes.[5]

¿Cuál es la explicación del carácter singularmente dinámico de la vida social moderna? Tres elementos, o conjuntos de elementos principales entran aquí en consideración, y cada uno de ellos es fundamental para los argumentos expuestos en este libro. El primero es lo que llamo la *separación entre tiempo y espacio*. Todas las culturas han poseído, por supuesto, de una u otra forma modos de calcular el tiempo así como formas de situarse en el espacio. No existe sociedad cuyos individuos no tengan un sentido del futuro, el presente y el pasado. Toda cultura posee algún tipo de marcadores espaciales normalizados que indican una particular conciencia de la localización. Sin embargo, en condiciones de premodernidad, el tiempo y el espacio se vinculaban *mediante* la situación de un lugar.

Las culturas premodernas de mayor envergadura desarrollaron métodos de cálculo del tiempo y ordenación del espacio más for-

5. Véase Anthony GIDDENS, *Consequences of Modernity*.

males —como calendarios y mapas rudimentarios (por comparación con las exigencias modernas)—. En realidad, todo ello eran requisitos para el «distanciamiento» en el tiempo y el espacio exigido por la aparición de formas más amplias de sistemas sociales. Pero en las épocas premodernas el tiempo y el espacio siguieron esencialmente trabados por la localización para la mayoría de las personas y en la mayor parte de las actividades ordinarias de la vida cotidiana. Los hitos del «cuándo» no estaban conectados precisamente con el «dónde» de la conducta social sino con la sustancia de la conducta misma.

La separación de tiempo y espacio supuso, sobre todo, el desarrollo de una dimensión de tiempo «vacía», que fue la palanca principal que apartó también el espacio de la localización. El invento y difusión del reloj mecánico se suele considerar acertadamente como la expresión principal de este proceso, pero es importante no interpretar tal fenómeno de una manera demasiado superficial. La expansión del uso de los aparatos de medición mecánica del tiempo hizo posibles, pero también dio por supuestos, cambios estructurales profundos en el tejido de la vida de cada día (cambios que no podían ser sólo locales sino que, inevitablemente, tuvieron influencias universalizadoras). Un mundo con un sistema de datación universal y con zonas normalizadas para toda la tierra, como lo es el nuestro, es social y experiencialmente distinto del de todas las épocas anteriores. El mapamundi, en el que no existe un lugar privilegiado (una proyección universal), es el correlato simbólico del reloj en el «vaciamiento» del espacio. No es tan sólo un modo de representar «lo que siempre ha estado ahí» —la geografía de la tierra—, sino un elemento constitutivo de transformaciones absolutamente fundamentales de las relaciones sociales.

El vaciamiento del tiempo y el espacio no es en absoluto un proceso unilineal sino que se desarrolla de manera dialéctica. En las circunstancias sociales estructuradas por la separación de espacio y tiempo son posibles muchas formas de «tiempo vivido». Más aún, la disociación entre tiempo y espacio no significa que desde ese momento ambos se conviertan en aspectos mutuamente extraños de la organización social. Al contrario: esta situación proporciona el fundamento mismo de su recombinación según métodos que coordinan las actividades sociales sin la obligada referencia a las particularidades de la localización. Las organizaciones y la organización tan características de la modernidad son inconcebibles sin la reintegración del espacio y el tiempo disociados. La organización social moderna supone la coordinación precisa de las acciones de muchos seres humanos físicamente ausentes entre sí; el «cuándo» de estas acciones está directamente vinculado al «dónde», pero no, como en las épocas premodernas, por la mediación del lugar.

Todos nosotros podemos advertir hasta qué punto es fundamental la separación entre tiempo y espacio para el dinamismo masivo que la modernidad introduce en los asuntos sociales humanos. Este fenómeno universaliza el «empleo de la historia para hacer historia», tan intrínseco a los procesos que liberan la vida social moderna de las trabas de la tradición. Esta historicidad se mundializa en su forma con la creación de un «pasado» normalizado y un «futuro» universalmente aplicable: una fecha como la del «año 2000» se convierte en un hito reconocible para toda la humanidad.

El proceso de vaciamiento del tiempo y el espacio es fundamental para la segunda influencia importante que experimenta el dinamismo de la modernidad, el *desenclave* de las instituciones sociales. Elijo la metáfora del desenclave en contraposición deliberada al concepto de «diferenciación», adoptado a veces por los sociólogos para oponer los sistemas premodernos a los modernos. La diferenciación implica imágenes de separación progresiva de funciones; los modos de actividad, organizados en las sociedades premodernas de manera difusa, se hacen más especializados y precisos con el advenimiento de la modernidad. No hay duda de que esta idea tiene cierta validez, pero no logra captar un elemento esencial de la naturaleza y del impacto de las instituciones modernas: la «extracción» de las relaciones sociales de sus circunstancias locales y su rearticulación en regiones espaciotemporales indefinidas. Esta «extracción» es exactamente lo que quiero decir con el concepto de desenclave, que explica la tremenda aceleración del distanciamiento en el tiempo y el espacio introducido por la modernidad.

Los mecanismos de desenclave son de dos tipos que denomino «señales simbólicas» y «sistemas expertos». Al referirme a ellos en conjunto, hablaré de *sistemas abstractos*. Las señales simbólicas son medios de cambio de valor estándar y, por tanto, intercambiables en una pluralidad de circunstancias. El ejemplo por excelencia, y el más importante por su omnipresencia, es el dinero. Aunque todas las formas principales del sistema social premoderno desarrollaron el intercambio monetario de una u otra forma, la economía del dinero se hace muchísimo más compleja y abstracta con la aparición y maduración de la modernidad. El dinero deja en suspenso el tiempo (pues es un medio de crédito) y el espacio (ya que el valor normalizado permite transacciones entre una multiplicidad de individuos que nunca se encuentran físicamente). Los sistemas expertos dejan en suspenso el tiempo y el espacio al emplear modos de conocimiento técnico cuya validez no depende de quienes los practican y de los clientes que los utilizan. Tales sistemas impregnan virtualmente todos los aspectos de la vida social en condiciones de modernidad (los alimentos que comemos, las medicinas que tomamos, los edificios que habitamos, las formas de transporte de que nos servimos y una multiplicidad de otros fenómenos). Los sistemas expertos no quedan confinados a áreas de pericia tecnológica. Se extienden a las mismas relaciones sociales y a la intimidad del yo. El médico, el asistente social y el psicoterapeuta son personas clave en los sistemas expertos de la modernidad, al igual que el científico, el técnico o el ingeniero.

Ambos tipos de sistemas expertos dependen de forma esencial de la *confianza*, noción que, según señalamos, tiene una importancia primordial en este libro. La confianza difiere de aquella forma de fiabilidad que Georg Simmel denominó «conocimiento inductivo débil» que se da en las transacciones formales.[6] Ciertas decisiones de la vida se basan en conclusiones inductivas derivadas de tendencias previas o de una experiencia anterior y a las que se atribuye en cierto modo una credibilidad para el presente. Este tipo de fiabilidad puede ser un componente de la confianza, pero no basta por sí misma para definir una relación confiada. La confianza supone arrojarse a la entrega, implica una cualidad de «fe» irreducible. Se relaciona específicamente con la ausencia en el tiempo y el

6. Georg SIMMEL, *The Philosophy of Money*, Londres, Routledge, 1978, p. 179.

espacio, así como con el desconocimiento. No necesitamos confiar en alguien a quien siempre tenemos ante nuestros ojos y cuyas actividades pueden ser directamente controladas. Así, por ejemplo, los trabajos monótonos o ingratos y escasamente pagados, en los cuales es débil la motivación para realizar la tarea a conciencia, suelen ser posiciones de «baja confianza». Los puestos de «elevada confianza» son aquellos que se ocupan en gran medida lejos de la presencia del equipo directivo o supervisor.[7] De manera similar, no se requiere confianza cuando un individuo particular conoce más o menos un sistema técnico. Respecto a los sistemas expertos, la confianza deja en suspenso el conocimiento técnico limitado que posee la mayoría de la gente sobre la información codificada que afecta habitualmente a sus vidas.

La confianza, de varios tipos y niveles, sustenta una multitud de decisiones de cada día tomadas por todos nosotros al orientar nuestras actividades. Pero el hecho de confiar no es siempre, en absoluto, el resultado de decisiones adoptadas conscientemente; se trata más a menudo de una actitud mental generalizada que las fundamenta, algo que hunde sus raíces en la relación entre confianza y desarrollo de la personalidad. También *podemos* tomar la determinación de confiar, un fenómeno cuyo carácter común se debe al tercer elemento que está en la base de la modernidad (mencionado ya, pero analizado con más detalle en páginas posteriores): su reflexividad intrínseca. Sin embargo, la fe que implica la confianza tiende también a oponerse a esta decisión calculadora.

Las actitudes de confianza en relación con situaciones, personas o sistemas concretos y en otros niveles más generales, están directamente vinculadas a la *seguridad* psicológica de individuos y grupos. Confianza y seguridad, riesgo y peligro, existen en combinaciones diversas e históricamente singulares en condiciones de modernidad. Los mecanismos de desenclave, por ejemplo, logran establecer extensas zonas de relativa seguridad en la actividad social diaria. Las

7. Alan Fox, *Beyond Contract*, Londres, Faber, 1974. Uno de los pocos análisis de carácter general sobre la confianza en los sistemas puede verse en Susan P. Schapiro, «The social control of impersonal trust», *American Journal of Sociology*, 93, 1978.

personas que viven en los países industrializados, y actualmente en cualquier parte, están por lo general protegidos hasta cierto punto de algunos de los peligros que había que afrontar habitualmente en épocas premodernas (como los derivados de las inclemencias de la naturaleza). Por otro lado, los mismos mecanismos de desenclave generan nuevos riesgos y peligros que pueden ser locales o mundiales. Las materias alimentarias obtenidas por medios artificiales pueden tener características tóxicas que no aparecían en los alimentos más tradicionales; los peligros medioambientales pueden amenazar a todos los ecosistemas de la tierra.

La modernidad es esencialmente un orden postradicional. La transformación de tiempo y espacio, unida a los mecanismos de desenclave, liberan la vida social de la dependencia de los preceptos y prácticas establecidas. Ésta es la circunstancia en que aparece la *reflexividad* generalizada, el tercer elemento que influye de manera importante en el dinamismo de las instituciones modernas. La reflexividad de la modernidad se ha de distinguir del control reflejo de la acción, inherente a cualquier actividad humana. La reflexividad de la modernidad se refiere al hecho de que la mayoría de los aspectos de la actividad social y de las relaciones materiales con la naturaleza están sometidos a revisión continua a la luz de nuevas informaciones o conocimientos. Esta información o conocimiento no es algo accesorio en las instituciones modernas sino constitutivo de ellas (un fenómeno complicado, debido a las muchas posibilidades de pensar en la reflexividad existentes en las condiciones sociales de la modernidad). Tal como indicaba el análisis de *Second Chances*, las ciencias sociales desempeñan un papel fundamental en la reflexividad de la modernidad, pues no se limitan simplemente a «acumular conocimiento», como lo hacen las ciencias de la naturaleza.

ESQUEMA 1. *El dinamismo de la modernidad*

Separación de espacio y tiempo: es la condición para la articulación de las relaciones sociales en ámbitos extensos de tiempo y espacio, hasta llegar a incluir sistemas universales.

Mecanismos de desenclave: constan de señales simbólicas y sistemas expertos (ambos en conjunto = sistemas abstractos). Los mecanismos de desenclave disocian la interacción de las peculiaridades de lo local.

Reflexividad institucional: utilización regularizada del conocimiento de las circunstancias de la vida social en cuanto elemento constituyente de su organización y transformación.

Respecto al conocimiento científico, tanto social como natural, la reflexividad de la modernidad contradice las expectativas del pensamiento ilustrado (aun siendo el producto de ese pensamiento). Los primeros padres de la ciencia y la filosofía modernas creían estar preparando el camino para un conocimiento con fundamentos seguros acerca de los mundos natural y social: las pretensiones de razón eran oportunas para superar los dogmas de la tradición, al ofrecer un sentimiento de certeza en sustitución del carácter arbitrario de los usos y las costumbres. Pero la reflexividad de la modernidad mina, en realidad, la certeza del conocimiento, incluso en los terrenos más nucleares de las ciencias naturales. La ciencia no se basa en la acumulación inductiva de pruebas, sino en el principio metodológico de la duda. Cualquier opinión científica es susceptible de revisión —o deberá ser desechada plenamente— a la luz de nuevas ideas o descubrimientos, sin que importe lo apreciada que fuera o lo bien establecida que aparentemente estuviera. La relación plena entre modernidad y duda radical es una cuestión que, una vez expuesta, no sólo supone un trastorno para los filósofos sino que es *existencialmente turbadora* para el individuo común.

Lo local, lo mundial y la transformación de la vida cotidiana

Las tendencias universalizantes de la modernidad son inherentes a las influencias dinámicas que acabamos de esbozar. La reorganización del tiempo y el espacio, los mecanismos de desenclave y la reflexividad de la modernidad suponen propiedades universalizadoras que explican la naturaleza expansiva e irradiante de la vida social moderna cuando se topa con prácticas establecidas por la tradición. La universalización de la actividad social, que la modernidad ha generado, es de alguna manera un proceso de desarrollo de nexos genuinamente mundiales (como los que implica el sistema de Estados nacionales o la división internacional del trabajo). Sin embargo, en un sentido general, el concepto de universalización se entiende mejor si se considera que expresa aspectos fundamentales de distanciamiento espaciotemporal. La universalización atañe a la intersección de presencia y ausencia, al entrelazamiento de acontecimientos y relaciones sociales «a distancia» con los contextos locales. Deberíamos entender la difusión mundial de la modernidad en función de una relación constante entre distanciamiento y mutabilidad crónica de circunstancias y compromisos locales. Al igual que cualquiera de los otros procesos mencionados más arriba, la universalización se ha de entender como un fenómeno dialéctico en el que los sucesos que se producen en un polo de una relación distante provocan a menudo situaciones divergentes o incluso contrarias en el otro. La *dialéctica de lo local y lo universal* es un encarecimiento de los argumentos utilizados en este libro.

Universalización significa que nadie puede «desentenderse» de las transformaciones generadas por la modernidad en cuanto a las consecuencias de, al menos, algunos de los mecanismos de desenclave: así ocurre, por ejemplo, con los riesgos mundiales de una guerra nuclear o de una catástrofe ecológica. Muchos otros aspectos de las instituciones modernas, incluidos los que actúan a pequeña escala, afectan a personas que viven en ámbitos más tradicionales, fuera de las partes del mundo más decididamente «desarrolladas». No obstante, en esos sectores desarrollados, la conexión entre lo local y lo universal está vinculada a un conjunto de cambios profundos en la naturaleza de la vida cotidiana.

Podemos entender estos cambios directamente en función de los efectos de los mecanismos de desenclave que automatizan muchos aspectos de las actividades de cada día. Esta automatización, que prescinde de las habilidades del individuo, *no* es simplemente un proceso en el que el conocimiento cotidiano quede en manos de expertos y especialistas técnicos (pues en sus campos profesionales se producen con mucha frecuencia imponderables o se dan aspectos que son objeto de acaloradas discusiones); tampoco se trata de un proceso unilateral, pues al ser parte de la reflexividad de la modernidad, los agentes profanos en la materia se apropian constantemente, de una u otra manera, de la información especializada. Estas observaciones valen para los escritos de los sociólogos tanto como para los de algunos otros especialistas: ya hemos visto que los datos de libros como *Second Chances* son susceptibles de filtrarse a los medios donde las personas toman decisiones en materia de relación, matrimonio y divorcio. La confianza en los mecanismos de desenclave no es sólo cosa de los profanos, pues nadie puede ser experto más que en una mínima parte de los diversos aspectos de la vida social moderna, condicionada por sistemas abstractos. Cualquiera que viva en condiciones de modernidad se verá afectado por una multitud de sistemas abstractos y sólo podrá obtener, en el mejor de los casos, un conocimiento superficial de sus tecnicismos.

La conciencia de la fragilidad y los límites de los sistemas abstractos no se limita a los especialistas técnicos. Son pocas las personas que mantienen una confianza sin desvíos en los sistemas del conocimiento técnico que les afectan y todos, consciente o inconscientemente, elegimos entre las diversas posibilidades de acción que ofrecen esos sistemas (o el desentendimiento de ellos). A menudo la confianza se mezcla con una aceptación práctica: se trata de una especie de «contrato a tarea» que el individuo pacta con las instituciones de la modernidad. Con una confianza en los otros que se da por supuesta pueden coexistir diversas actitudes de escepticismo u hostilidad hacia algunos sistemas abstractos. Una persona puede llegar muy lejos, por ejemplo, en su propósito de no consumir alimentos con aditivos pero, si no cultiva lo que come, deberá confiar necesariamente en los proveedores de «alimentos naturales» en lo referente al suministro de productos de calidad. Una persona puede recurrir a la medicina holística tras haber sufrido un desencanto con la profesión médica ortodoxa, pero lo que se da en tal caso es, por supuesto, un cambio de fe. Una persona enferma puede sentirse tan escéptico frente a las pretensiones de cualquier forma de pericia psicoterapéutica que evitará entrar en contacto con cualquier profesional de la medicina, sin que le importe la evolución de su enfermedad. Pero, incluso a alguien que se desentienda de manera tan radical, podría resultarle virtualmente imposible escapar del todo de la influencia de los sistemas medicinales y de la investigación médica, pues repercuten en muchos aspectos del «entorno de conocimientos», así como en aspectos concretos de la vida cotidiana. Por ejemplo, influyen en las normas que regulan la producción de alimentos (tanto si son de carácter natural como artificial).

La mediación de la experiencia

Prácticamente toda experiencia humana es una experiencia mediada (por la socialización y, en especial, por la adquisición del lenguaje). El lenguaje y la memoria están intrínsecamente conectados tanto en la rememoración individual como en la institucionalización de la experiencia colectiva.[8] Para la vida humana el lenguaje es el medio primordial y original de distanciamiento espaciotemporal, pues eleva la actividad humana por encima de la inmediatez de la experiencia animal.[9] El lenguaje, según dice Lévi-Strauss, es una máquina del tiempo que permite la repetición de las prácticas sociales a lo largo de generaciones, al tiempo que hace también posible la diferenciación entre pasado, presente y futuro.[10] La palabra hablada es un medio, una huella, cuyo desvanecimiento en el tiempo y el espacio es compatible con la preservación del significado a lo largo del espacio y el tiempo gracias al dominio humano de las características estructurales del lenguaje. Oralidad y tradición están íntimamente relacionadas entre sí de forma inevitable. Según señala Walter Ong en su estudio del lenguaje y la escritura, las culturas orales «se interesan considerablemente por el pasado, que deja sus huellas en sus instituciones altamente conservadoras y en sus realizaciones verbales y procesos poéticos, que son de carácter

8. *Cf.* Paul CONNERTON, *How Societies Remember*, Cambridge, Cambridge University Press, 1989.

9. Anthony GIDDENS, *Central Problems in Social Theory*, Londres, Macmillan, 1979.

10. Claude LÉVI-STRAUSS, *Structural Anthropology*, Londres, Allen Lane, 1968.

formulario, relativamente invariables e ideados para preservar el conocimiento penosamente obtenido, recogido de la experiencia pasada y que, al no contar con un registro escrito, podría perderse».[11]

Aunque Lévi-Strauss y otros autores han investigado competentemente la relación entre la escritura y la aparición de sistemas sociales «cálidos», dinámicos, sólo Innis y McLuhan, siguiendo los pasos del primero, han teorizado de forma compleja el impacto de los medios de comunicación en el desarrollo social y en especial en relación con el advenimiento de la modernidad.[12] Ambos autores hacen hincapié en los nexos entre tipos dominantes de medios y transformaciones espaciotemporales. El grado en que un medio sirve para modificar las relaciones espaciotemporales no depende primordialmente del contenido de los «mensajes» que transmite, sino de su forma y sus modos de reproducción. Innis señala, por ejemplo, que la introducción del papiro como soporte de la escritura amplió en gran medida el ámbito de los sistemas administrativos, pues era mucho más fácil de transportar, almacenar y reproducir que los materiales anteriormente utilizados.

La modernidad es inseparable de sus «propios» medios, el texto impreso y, más tarde, la señal electrónica. El desarrollo y la expansión de las instituciones modernas van directamente ligados al enorme incremento de la mediatización de la experiencia que implican estas formas de comunicación. Cuando los libros se elaboraban a mano, la lectura era secuencial: el libro debía pasar de una persona a otra. Los libros y textos de las civilizaciones premodernas estaban socialmente ligados a la transmisión de las tradiciones y eran casi siempre de carácter esencialmente «clásico». El material impreso atraviesa el espacio con la misma facilidad que el tiempo, pues puede ser distribuido a muchos lectores de manera más o menos simultánea.[13] Sólo medio siglo después de la aparición de la Biblia de Gutenberg brotaron en todas las ciudades de

11. Walter J. ONG, *Interfaces of the Word*, Ithaca, Cornell University Press, 1977.

12. Harold INNIS, *Empire and Communications*, Oxford University Press, 1950; Marshall McLuhan, *Understanding Media*, Londres, Sphere, 1967.

13. Christopher SMALL, *The Printed Word*, Aberdeen, Aberdeen University Press, 1982.

Europa cientos de imprentas. Hoy en día la palabra impresa sigue ocupando el centro de la modernidad y de sus redes mundiales. Prácticamente todas las lenguas conocidas de la humanidad han sido puestas por escrito y el material impreso y la capacidad para producirlo e interpretarlo es un medio indispensable de coordinación administrativa y social, incluso en las sociedades con un bajo nivel de actividad letrada. Según cálculos, la cantidad de material impreso producido en todo el mundo se ha ido duplicando cada quince años desde la época de Gutenberg.[14]

La imprenta significó una de las influencias más importantes que contribuyeron a la aparición del Estado moderno temprano y otras instituciones precursoras de la modernidad; pero si contemplamos los orígenes de la modernidad reciente, la importancia recae en el desarrollo cada vez más interrelacionado entre medios impresos y comunicación electrónica. De acuerdo con una idea habitualmente admitida, la aparición de la circulación masiva de materiales impresos pertenece a una época anterior a la de los mensajes electrónicos. Esta opinión ha sido sostenida en especial por McLuhan, que contrapone de manera radical unos y otros. Desde el punto de vista de la pura sucesión cronológica, es cierto que el ejemplo por excelencia de material impreso masivo —la prensa periódica— inició su existencia alrededor de un siglo antes del advenimiento de la televisión. Sin embargo, es completamente equivocado considerar la primera como una simple fase anterior a la aparición de la segunda; la comunicación electrónica ha sido ya desde muy pronto un elemento vital para el desarrollo de los medios de comunicación impresos. Aunque la invención del telégrafo tuvo lugar algo después del primer florecimiento de los diarios y las revistas, fue esencial para la formación de lo que conocemos como publicaciones periódicas e incluso para la idea misma de «noticia». La comunicación teléfonica y por radio amplió aún más estos vínculos.

Los primeros diarios de noticias (y una gran variedad de revistas y publicaciones periódicas) fueron de importancia principal para llevar a término la separación entre el espacio y el tiempo,

14. J. M. STRAWSON, «Future methods and techniques», en Philip Hills (ed.), *The Future of the Printed Word*, Londres, Pinter, 1980, p. 15.

pero este proceso sólo se convirtió en fenómeno universal por la integración de medios impresos y electrónicos. Este hecho queda fácilmente demostrado por el desarrollo de la prensa moderna. Así, Susan Brooker-Gross ha examinado los cambios en el alcance espaciotemporal de dicha prensa y descubierto que las muestras típicas de noticias en un periódico norteamericano de mediados del siglo XIX, antes de la difusión del telégrafo, eran diferentes de las de los primeros años de dicho siglo y de las ofrecidas posteriormente. Esas noticias presentaban informaciones sobre ciudades de los Estados Unidos situadas a cierta distancia, pero dicha información carecía de la inmediatez a la que está acostumbrado el lector de la prensa actual.[15]

Brooker-Gross ha demostrado que antes de la aparición del telégrafo las noticias describían sucesos recientes y al alcance de los lectores; cuanto más alejado estuviera un acontecimiento particular, tanto más se demoraría su fecha de aparición. Las noticias provenientes de lugares lejanos llegaban en forma de lo que esta autora denomina «paquetes geográficos». Los materiales europeos, por ejemplo, se transportaban literalmente en paquetes por barco y se presentaban en la forma en que la prensa los encontraba: «Éstas son las noticias traídas por un barco llegado de Londres.» En otras palabras, los canales de comunicación y la presión provocada por las diferencias espaciotemporales configuraban directamente la presentación de las páginas impresas de noticias. Después de la introducción del telégrafo y, más tarde, del teléfono y otros medios electrónicos, el factor que determinaría la inclusión de un suceso sería el suceso mismo, más que el lugar donde hubiera ocurrido. La mayoría de los medios de información mantienen cierto sentido de «lugar privilegiado» respecto a su propia ubicación —dando así preferencia a las noticias locales—, pero sólo por contraste con la preeminencia atribuida al suceso.[16]

Las imágenes visuales presentadas por la televisión, el cine y

15. Susan R. BROOKER-GROSS, «The changing concept of place in the news», en Jacquelin Burgess y John R. Gold, *Geography, the Media and Popular Culture*, Londres, Croom Helm, 1985, p. 63.

16. *Cf.* E. RELPH, *Place and Placessness*, Londres, Pion. 1976. Joshua Meyrowitz, *No Sense of Place,* Oxford, Oxford University Press, 1985.

los vídeos crean, sin duda, redes de experiencia mediada inalcanzables para la palabra impresa. Sin embargo, estos medios, al igual que la prensa, las revistas, las publicaciones periódicas y otros tipos de material impreso, son tanto medios de expresión de las tendencias al desenclave y la mundialización de la modernidad como instrumentos de dichas tendencias. Las semejanzas entre medios impresos y electrónicos son más importantes que sus diferencias para la formación de las instituciones modernas. Así ocurre con dos rasgos básicos de la experiencia mediada en condiciones de modernidad. Uno de ellos es el *efecto collage*. Una vez que el suceso ha conseguido imponerse más o menos completamente a la localización, la presentación que de él hacen los medios adopta la forma de una yuxtaposición de relatos y materiales que comparten tan sólo su carácter «cronológico» y secuencial. La página de un periódico y la guía de un programa de televisión son ejemplos igualmente significativos del efecto *collage*. ¿Podría este efecto ser un indicio de la desaparición del relato y, quizá, de la disociación entre signos y referentes, como han sugerido algunos?[17] Seguramente no. Un *collage* no es, por definición, un relato; pero la coexistencia de diferentes materiales en los medios de comunicación no constituye un revoltijo caótico de signos. Las «historias» separadas yuxtapuestas una al lado de otra expresan, más bien, ciertos ordenamientos y una secuencialidad típica de un entorno espaciotemporal modificado en el que se ha desvanecido en gran medida el predominio de lo local. No se suman, por supuesto, para constituir un único relato, sino que dependen de unidades de pensamiento y conciencia y las expresan, en cierto sentido.

La experiencia mediada de los tiempos modernos se caracteriza por un segundo rasgo importante: la *intromisión de sucesos distantes en la conciencia cotidiana*, organizada, en parte, fundamentalmente en función de la noción que se tenga de ellos. Así, por ejemplo, ciertas personas pueden sentir como algo ajeno y remoto muchos de los sucesos referidos en las noticias; pero muchos otros penetran igualmente de manera habitual en la actividad de cada día. La familiaridad generada por la experiencia mediada puede

17. En especial Jean Baudrillard. Véase Mark POSTER, *Jean Baudrillard*, Cambridge, Polity, 1989.

provocar, quizá, bastante a menudo sentimientos de «inversión de la realidad»: al tropezarnos con ellos, el objeto y el suceso reales parecen tener una existencia menos concreta que sus representaciones en los medios de comunicación. Más aún, muchas experiencias que podrían ser raras en la vida cotidiana (como el contacto directo con la muerte) se nos muestran normalmente en las representaciones de los medios; sin embargo, el encuentro con esos fenómenos en su realidad misma es psicológicamente problemático. Más adelante me extenderé en la consideración de este hecho. En resumen, en las condiciones de modernidad, los medios no reflejan realidades sino que, en cierta medida, las configuran; pero esto no quiere decir que debamos sacar la conclusión de que los medios han creado un reino autónomo de «hiperrealidad», donde el signo o la imagen lo son todo.

La afirmación de que la modernidad fragmenta y disocia se ha convertido ya en un tópico. Algunos autores han supuesto incluso que esta fragmentación señala la aparición de una nueva fase en el desarrollo social, más allá de la modernidad (una era posmoderna). Sin embargo, los rasgos unificadores de las instituciones modernas son tan esenciales para la modernidad —en especial en la fase de la modernidad reciente— como los disgregadores. El «vaciamiento» de tiempo y espacio ha puesto en marcha procesos que han instaurado un «mundo» único allí donde anteriormente no existía. En la mayoría de las culturas premodernas, incluida la Europa medieval, tiempo y espacio se fundían con el mundo de los dioses y los espíritus y con la «prerrogativa dada a la localización».[18] En general, los múltiples modos de cultura y conciencia característicos de los «sistemas del mundo» premodernos formaban un conjunto auténticamente fragmentado de comunidades sociales humanas. En cambio, la modernidad tardía produce una situación en la que el género humano se convierte en ciertos aspectos en un «nosotros» que se enfrenta con problemas y posibilidades donde no existen los «otros»

18. Yi-Fu TUAN, *Topophilia*, Englewood Cliffs, Prentice-Hall, 1974; Robert David SACK, *Conceptions of Space in Sociological Thought*, Londres, Macmillan, 1980.

La modernidad reciente y sus parámetros existenciales

La modernidad reciente se caracteriza por un escepticismo generalizado respecto a las razones providenciales ligado al reconocimiento de que la ciencia y la tecnología tienen un doble filo y crean nuevos parámetros de riesgo y peligro, al tiempo que ofrecen posibilidades beneficiosas para la humanidad. Este escepticismo no se limita sólo a los escritos y valoraciones de filósofos e intelectuales: ya hemos visto que la conciencia de los parámetros existenciales de la reflexividad forma parte en buena medida de la reflexividad misma. Vivir en el «mundo» generado por la modernidad reciente es como cabalgar a hombros de una divinidad destructora.[19] No se trata sólo de que se produzcan procesos de cambio más o menos continuos y profundos sino, más bien, de que el cambio no se ajuste ni a las expectativas humanas ni al control del hombre. La previsión de que el medio social y natural se vería crecientemente sometido a un ordenamiento racional no ha resultado válida. La reflexividad de la modernidad está vinculada a este fenómeno de manera inmediata. La inclusión constante del conocimiento en las circunstancias de la acción que analiza o describe crea una serie de inseguridades que se suman al carácter circular y falible de las pretensiones de conocimiento postradicionales.

La razón providencial —la idea de que una comprensión de la naturaleza de las cosas crecientemente secularizada conduciría de manera intrínseca a una existencia más segura y gratificante para los seres humanos— conserva restos de concepciones fatalistas derivadas de épocas premodernas. Las nociones de destino pueden tener, por supuesto, un aspecto sombrío, pero siempre implican cierto preordenamiento de los sucesos. En condiciones de modernidad, las nociones tradicionales de destino pueden seguir existiendo, pero en su mayoría no concuerdan con unas perspectivas en las que el riesgo se ha convertido en elemento fundamental. Aceptar el riesgo en cuanto tal, tendencia que en cierto modo nos ha

19. Anthony GIDDENS, *Consequences of Modernity*. Un importante análisis que utiliza una metáfora bastante diferente, en James R. Rosenau, *Turbulence in World Politics*, Londres, Harvester, 1990.

sido impuesta por los sistemas abstractos de la modernidad, equivale a reconocer que ningún aspecto de nuestras actividades se atiene a una dirección predeterminada y que todos son susceptibles de verse afectados por sucesos contingentes. En este sentido es bastante ajustado calificar a la modernidad, como hace Ulrich Beck, de «sociedad de riesgo»,[20] expresión que se refiere a algo más que al hecho de que la vida social moderna introduce nuevas formas de peligro que debe afrontar la humanidad. Vivir en la «sociedad de riesgo» significa vivir con una actitud de cálculo hacia nuestras posibilidades de acción, tanto favorables como desfavorables, con las que nos enfrentamos de continuo en nuestra existencia social contemporánea individual y colectivamente.

Debido a su dinamismo reflejamente activado —aunque intrínsecamente errático—, la actividad social moderna tiene un carácter esencialmente contrafáctico. En un universo social postradicional, individuos y colectividades disponen en cualquier momento de una serie indefinida de actuaciones potenciales (con sus correspondientes riesgos). La elección entre esas alternativas es siempre un asunto de «como si», un problema de selección entre «mundos posibles». La mejor manera de entender la vida en circunstancias de modernidad es considerarla materia de apreciación rutinaria de condicionales contrafácticos y no un mero cambio de rumbo que partiera de una «orientación hacia el pasado», característica de las culturas tradicionales, y se dirigiese a una «orientación hacia el futuro».

Dada la extrema reflexividad de la modernidad tardía, el futuro no consiste simplemente en la expectativa de sucesos por venir. Los «futuros» están reflejamente organizados en el presente en función del flujo continuo de conocimiento hacia las circunstancias que lo han generado (el mismo proceso que, de manera aparentemente paradójica, suele contrariar las expectativas a las que da forma ese conocimiento). La popularidad de la futurología en el sistema de la modernidad reciente no es una preocupación de excéntricos, un equivalente contemporáneo de los antiguos echadores de suertes; indica el reconocimiento de que la atención a las

20. Ulrich BECK, *Risikogesellschaft: Auf dem Weg in eine andere Moderne*, Frankfurt, Suhrkamp, 1986.

posibilidades contrafácticas es intrínseca a la reflexividad en el terreno de la estimación y evaluación de riesgos. No hay duda de que, en cierto sentido, esta opinión se ha introducido en las instituciones modernas. Los seguros, por ejemplo, se han vinculado ya desde muy pronto, no sólo a los riesgos que implican los mercados capitalistas, sino a los futuros potenciales de un amplio abanico de características individuales y colectivas. El cálculo de futuros por parte de las compañías de seguros es en sí mismo una empresa arriesgada, pero es posible delimitar algunos aspectos clave del riesgo de una forma que no sería posible en la mayoría de las situaciones prácticas de la acción. El cálculo del riesgo por parte de las compañías de seguros es actuarial y su actitud típica es la de intentar eliminar aspectos o formas de riesgo que no se ajustan al cálculo de probabilidades de muestras amplias: es decir, los «actos de Dios».

La vida ha sido siempre un asunto arriesgado, cargado de peligros. ¿Por qué la evaluación del riesgo y la tendencia al pensamiento contrafáctico había de ser especialmente significativa en la vida social moderna por comparación con sistemas premodernos? Quisiera añadir a esta pregunta una cuestión sobre el conocimiento especializado: teniendo en cuenta que en las culturas premodernas las personas consultaban también a expertos, como magos o curanderos, para solucionar sus problemas, ¿hay en la modernidad algo específico en lo referente a la confianza y los sistemas abstractos? En cada uno de estos aspectos se dan de hecho diferencias importantes entre la generalidad de los sistemas premodernos y las instituciones de la modernidad. En cuanto a la segunda cuestión, las diferencias residen en el alcance general de los sistemas abstractos, junto con la naturaleza de la relación entre conocimiento técnico y conocimiento no especializado. En las sociedades premodernas había expertos, pero eran pocos los sistemas técnicos, sobre todo en las sociedades pequeñas; por tanto, los individuos de tales sociedades solían tener, si así lo deseaban, la posibilidad de vivir sus vidas casi exclusivamente en función de su conocimiento local o del de su grupo de parentesco inmediato. Este desentendimiento no es posible en los tiempos modernos. En cierto sentido, según he señalado, las cosas son así para cualquier habitante de la tierra, pero sobre todo para quienes viven en las zonas geográficas del corazón de la modernidad.

Al comparar los sistemas premodernos y modernos, la diferencia de relaciones entre conocimiento técnico y profano se refiere a la posibilidad de acceso de los agentes profanos a la destreza e información de los expertos. El conocimiento profesional de las culturas premodernas tiende a depender de procedimientos y formas simbólicas que se oponen a una codificación explícita. En los casos en que este conocimiento esté codificado, no estará a disposición de individuos no expertos, pues la instrucción es un monopolio de una minoría celosamente guardado. La salvaguarda del carácter esotérico del conocimiento especializado, sobre todo allí donde este aspecto esté desvinculado de la «destreza y el arte», es probablemente la base principal de cualquier rango distintivo alcanzado por los expertos. En los sistemas modernos, los aspectos esotéricos de la profesionalidad tienen poco o nada que ver con su inefabilidad y dependen de una combinación de entrenamiento y especialización prolongada (aunque no hay duda de que algunos expertos —como los sociólogos— suelen muy a menudo levantar un muro de jerga y ritual para proteger sus pretensiones de diferenciación técnica). La especialización es en realidad la clave del carácter de los sistemas modernos abstractos. El conocimiento contenido en las formas de profesionalización moderna está en principio al alcance de cualquiera, con tal de que posea los recursos disponibles de tiempo y energía para adquirirlo. El hecho de que todo cuanto una persona pueda lograr sea convertirse en experto en uno o dos pequeños ámbitos de los sistemas de conocimiento modernos, significa que los sistemas abstractos son opacos para la mayoría. Su cualidad de opacidad —el elemento que fundamenta la expansión de la confianza en el contexto de los mecanismos de desenclave— proviene de la intensidad misma de especialización que los sistemas abstractos exigen y, al mismo tiempo, estimulan.

La naturaleza especializada de los modernos expertos contribuye directamente al carácter errático y desbocado de la modernidad. La activación de esa pericia moderna, a diferencia de la mayoría de sus formas premodernas, es de carácter altamente reflejo y se orienta, por lo general, hacia un perfeccionamiento interno o eficacia continuos. Los esfuerzos de los expertos en la resolución de problemas tienden a medirse muy a menudo por su capacidad para definir las cuestiones con gran claridad o precisión (cualidades que a su vez tienen el efecto de producir una progresiva especialización). Sin embargo, cuanto mayor es la precisión con que se enfoca un problema, tanto más confusas resultan para los individuos afectados las zonas de conocimiento que lo rodean y menos probabilidad hay de que éstos sean capaces de prever las consecuencias de su aportación más allá de la esfera concreta de su aplicación. Aunque la pericia se organiza en el seno de sistemas de mayor abstracción, su propio enfoque resulta cada vez más limitado y puede llegar a provocar resultados no pretendidos, imprevistos e incontrolables (a no ser que los expertos desarrollen una pericia aún mayor, repitiendo así el mismo fenómeno).[21]

Esta combinación de pericia especializada y consecuencias imprevistas constituye una de las razones principales de por qué el pensamiento contrafáctico, unido al carácter central del concepto de riesgo, es tan importante en las condiciones de modernidad. En las culturas premodernas, «pensar de antemano» significa habitualmente utilizar inductivamente la experiencia acumulada o bien consultar a un vidente. Las cosechas se han de sembrar, por ejemplo, previendo las futuras necesidades y pensando en el cambio estacional. Para vincular las necesidades presentes a los resultados futuros se utilizarían métodos de explotación agrícola tradicionales, acompañados quizá de consejos profesionales de carácter mágico. En la vida social moderna los individuos pueden ser capaces de salir adelante durante ciertos períodos de tiempo combinando hábitos establecidos con consultas a expertos en áreas específicas para «reparaciones generales» y en caso de accidentes inesperados. Los expertos mismos —que, insisto una vez más, no forman un estrato claramente distinguible en el seno de la población— pueden actuar en su trabajo técnico centrándose resueltamente en un área de especialización reducida y prestando poca atención a las consecuencias o implicaciones de mayor alcance. En tales circunstancias, la evaluación del riesgo queda bastante bien «sepultada» dentro de formas de hacer las cosas más o menos sólidamente estable-

21. Sobre esta cuestión, véase Zygmunt BAUMAN, *Modernity and Ambivalence*, Cambridge, Polity, 1990.

cidas. Pero, en cualquier momento, estas prácticas pueden quedar de pronto caducas o verse sometidas a transformaciones bastante profundas.

El conocimiento de los expertos no crea áreas de carácter inductivo y estable; el resultado inevitable de la difusión de los sistemas abstractos es la aparición de ciertas situaciones y sucesos nuevos e intrínsecamente inconstantes. Hay además peligros generados fuera de los ámbitos de acción penetrados por la reflexividad (como los procedentes, por ejemplo, de terremotos o catástrofes naturales), pero la mayoría de ellos pasan por el filtro de esas esferas de acción o hasta cierto punto están producidos activamente por ellas. Con frecuencia pensamos en los riesgos en función de parámetros de probabilidad que pueden ser evaluados con precisión (de forma muy parecida a los cálculos de las compañías de seguros). Pero, en las condiciones de la modernidad tardía, muchas formas de riesgo no admiten una evaluación clara debido al medio mudable de conocimientos que los enmarca; e incluso las valoraciones del riesgo en situaciones relativamente delimitadas sólo son a menudo válidas «hasta nuevo aviso».

El porqué de la modernidad y de la identidad personal

En mi opinión, las transformaciones en la identidad del yo y la mundialización son los dos polos de la dialéctica de lo local y lo universal en las condiciones de modernidad reciente. En otras palabras, los cambios en aspectos íntimos de la vida personal están directamente ligados al establecimiento de vínculos sociales de alcance muy amplio. No quiero negar con ello la existencia de muchos tipos de lazos intermedios (por ejemplo, entre entidades locales y organizaciones estatales). Pero el grado de distanciamiento espaciotemporal introducido por la modernidad reciente se halla tan extendido que, por primera vez en la historia de la humanidad, el «yo» y la «sociedad» están interrelacionados en un medio mundial.

En las circunstancias de la modernidad reciente, son varios los factores que influyen de manera directa en la relación entre la identidad del yo y las instituciones modernas. Según hemos subrayado en las páginas anteriores, la modernidad introduce un dinamismo elemental en los asuntos humanos ligado a cambios en los mecanismos de confianza y en los entornos de riesgo. No creo que sea cierto, como han sugerido algunos, que la Edad Moderna sea específicamente una época de angustia, por contraste con épocas anteriores. La angustia y la inseguridad han torturado a otros períodos además del nuestro y probablemente hay pocos motivos para suponer, como se ha hecho algunas veces, que la vida en culturas más reducidas y tradicionales fue más equilibrada que la de hoy. No hay duda, sin embargo, de que el contenido y la forma de las angustias dominantes han cambiado.

La reflexividad de la modernidad alcanza al corazón del yo. Dicho de otra manera, en el contexto de un orden postradicional, el yo se convierte en un *proyecto reflejo*. Las transiciones en las vidas individuales han exigido siempre una reorganización psíquica, algo que en las culturas tradicionales solía quedar ritualizado en forma de *ritos de paso*. Pero en tales culturas, donde las cosas se mantenían más o menos inmutables generación tras generación en lo colectivo, los cambios en la identidad quedaban claramente marcados (como en el paso del individuo de la adolescencia a la edad adulta). En cambio, en las circunstancias de la modernidad, el yo alterado deberá ser explorado y construido como parte de un proceso reflejo para vincular el cambio personal y el social. En el estudio de Wallerstein y Blakeslee se insiste claramente en ello y su obra no es sólo un documento sobre ese proceso sino que constituye también una contribución al mismo. El «nuevo sentido del yo» que, como dicen las autoras, deben cultivar los individuos tras la separación marital, se construye como parte de un proceso de introducción de formas sociales innovadoras, como las que implica la moderna paternalidad no consanguínea (el mismo término de «parentalidad» [*parenting*] es una invención relativamente reciente que ha ayudado a la constitución de lo que ahora describe). El proceso de «remontarse a las experiencias tempranas de uno mismo», analizado por Wallerstein y Blakeslee, forma parte precisamente de una activación reflexiva de la identidad del yo; no está limitado a los momentos críticos de la vida, sino que es un rasgo general de la actividad social moderna en relación con la organización psíquica.

En semejantes circunstancias, los sistemas abstractos intervienen de manera crucial no sólo en el orden institucional de la modernidad sino también en la formación y continuidad del yo. La temprana socialización de los niños, por ejemplo, tiende a depender cada vez más del consejo y la instrucción de expertos (pediatras y educadores), más que de la iniciación directa de una generación por la otra (y ese consejo e instrucción responden a su vez reflejamente a la investigación continua). La sociología y la psicología están así ligadas de manera directa, en cuanto disciplinas académicas, a la reflexividad del yo. Pero la vinculación más distintiva entre los sistemas abstractos y el yo se ha de hallar en la aparición de todo tipo de formas de psicoterapia y asesoramiento. Una manera de interpretar el desarrollo de la psicoterapia es de orden puramente negativo, en cuanto respuesta a los efectos debilitadores de las instituciones modernas en la experiencia del yo y en las emociones. Podría decirse que la modernidad quiebra el marco protector de la pequeña comunidad y de la tradición, sustituyéndolas por organizaciones más amplias e impersonales. El individuo se siente despojado y solo en un mundo donde carece de los apoyos psicológicos y del sentimiento de seguridad que le procuraban otros ambientes más tradicionales. El psicoterapeuta ofrece la posibilidad de tener a alguien a quien dirigirse, una versión secular del confesonario.

No pretendo decir que este punto de vista se deba abandonar por completo, pues indudablemente contiene elementos válidos. Pero hay buenas razones para suponer que en esencia no es adecuado. La identidad del yo se hace problemática en la modernidad de una manera que contrasta con las relaciones entre yo y sociedad en circunstancias más tradicionales; sin embargo, no nos hallamos sólo ante una situación de pérdida y esto no significa tampoco que los niveles de angustia hayan de crecer necesariamente. La psicoterapia no es simplemente un medio de hacer frente a nuevas angustias, sino una expresión de la reflexividad del yo (fenómeno que tanto en el plano individual como en las instituciones más amplias de la modernidad, equilibra las oportunidades y las posibles catástrofes).

En los capítulos siguientes ampliaremos esta afirmación pero, antes de extendernos en tales cuestiones, habremos de abordar algunos problemas generales relativos al yo y su identidad. Estas consideraciones, junto con las ideas expuestas hasta aquí, constituirán un trasfondo conceptual general para el estudio en conjunto.

2. El yo: seguridad ontológica y angustia existencial

Una descripción de la identidad del yo deberá realizarse a modo de cuadro general de la naturaleza psicológica del individuo. En obras anteriores he propuesto que este cuadro habría de adoptar la forma de un «modelo de estratificación».[1] Comenzaremos partiendo de la premisa de que ser una persona es conocer, prácticamente siempre, mediante algún tipo de descripción o de alguna otra manera, tanto lo que uno hace como el por qué lo hace. La lógica de este punto de vista ha sido bien investigada desde las perspectivas de la fenomenología existencial y de la filosofía de Wittgenstein. Las convenciones sociales producidas y reproducidas en nuestras actividades de cada día están controladas reflejamente por el agente como parte de su «salir adelante» entre las abigarradas circunstancias de nuestras vidas. La conciencia refleja es en este sentido característica de cualquier acción humana y constituye la condición específica de la reflexividad institucional masivamente desarrollada de la que se ha hablado en el capítulo precedente considerándola un componente de la modernidad. Todos los seres humanos controlan constantemente las circunstancias de sus actividades como un rasgo de la acción que realizan y tal control posee siempre rasgos discursivos. En otras palabras, si se les pregunta sobre ello, los agentes son normalmente capaces de dar interpretaciones discursivas de la naturaleza del comportamiento adoptado y de las razones del mismo.

Sin embargo, la cognoscibilidad de los agentes humanos no se limita a la conciencia discursiva de las condiciones de su acción. Muchos de los elementos de la capacidad para «salir adelante» se

1. Anthony GIDDENS, *Central Problems in Social Theory*, 1979, y *The Constitution of Society*, Cambridge, Polity Press, 1984.

poseen en el nivel de la conciencia práctica, presente en la continuidad de las actividades de cada día. La conciencia práctica forma parte del control reflejo de la acción, pero es «no consciente» más bien que inconsciente. La mayoría de las formas de conciencia práctica podría no «tenerse en mente» en el curso de la realización de las actividades sociales, dado que sus cualidades tácitas o supuestas constituyen la condición esencial que permite a los actuantes concentrarse en tareas próximas. No existen, sin embargo, barreras cognitivas que separen la conciencia discursiva de la conciencia práctica, como sí las hay entre lo inconsciente y lo consciente, en términos generales. Los modos inconscientes de conocimiento y control emocional se oponen, por definición, a ser llevados a la conciencia y sólo aparecen en ella de forma distorsionada o traspuesta.

Seguridad ontológica y confianza

La conciencia práctica es el ancla cognitiva y emotiva de los sentimientos de *seguridad ontológica* que caracterizan amplias parcelas de la actividad humana en todas las culturas. La noción de seguridad ontológica se relaciona íntimamente con el carácter tácito de la conciencia práctica (o, dicho en términos fenomenológicos, con la «puesta entre paréntesis» que supone la «actitud natural» en la vida cotidiana). Por el otro lado de lo que podrían parecer aspectos muy triviales de la acción y el discurso diarios acecha el caos. Y este caos no es sólo desorganización sino la pérdida de sentimiento de la realidad misma de las cosas y de las demás personas. Los «experimentos» de Garfinkel con el lenguaje corriente se unen aquí muy estrechamente con la reflexión filosófica acerca de las características elementales de la existencia humana.[2] Responder a la demanda cotidiana más simple o dar contestación a la observación más superficial exige poner entre paréntesis una

2. Harold GARFINKEL, «A conception of, and experiments with, "trust" as a condition of stable concerted actions», en O. J. HARVEY, *Motivation and Social Interaction,* Nueva York, Ronald Press, 1963; sobre este asunto véase también John HERITAGE, *Garfinkel and Ethnomethodology,* Cambridge, Polity Press, 1984.

serie potencialmente casi infinita de posibilidades con que cuenta el individuo. Lo que hace «apropiada» o «aceptable» a una respuesta dada requiere un marco compartido —aunque no demostrado ni demostrable— de realidad. El sentimiento de realidad compartida de personas y cosas es tenaz y frágil a un tiempo. Su robustez se la comunica el elevado nivel de fiabilidad de las condiciones de la interacción social cotidiana, producidas y reproducidas por actuantes profanos. Los experimentos de Garfinkel contravenían unas convenciones mantenidas con tanta firmeza que las reacciones de quienes estaban expuestos a aquellas infracciones eran impresionantes e inmediatas. Se trataba de reacciones de desorientación cognitiva y emocional. La fragilidad de la actitud natural es evidente para cualquiera que estudie los protocolos de la obra de Garfinkel. Lo que se produce en tales casos en un flujo de angustia que las convenciones ordinarias de la vida diaria suelen mantener con éxito a raya. La actitud natural deja en suspenso las preguntas sobre nosotros mismos, los demás y el mundo objetal, que se ha de dar por supuesto a fin de salir adelante en la actividad de cada día. Si se plantearan de forma brusca, las respuestas a estas cuestiones serían más radicalmente inciertas que el sentimiento de que el conocimiento en conjunto «carece de base»; o, más bien, las dificultades inherentes a su resolución son una parte fundamental de por qué es imposible dar un fundamento completamente seguro a las formas aparentemente más «probables» de conocimientos y aserciones. Para vivir nuestras vidas damos normalmente por supuestas cuestiones que, según han descubierto siglos de indagación filosófica, se derrumban bajo una mirada escéptica. Algunas de esas cuestiones son las llamadas muy apropiadamente existenciales, tanto si se plantean en el plano del análisis filosófico como en un nivel más práctico, por parte de individuos que pasan por algún período de crisis psicológica. Se trata de cuestiones relativas al tiempo, el espacio, la continuidad y la identidad. En la actitud natural, los actuantes dan por supuestos parámetros existenciales de su actividad sustentados, pero no «fundamentados» de ningún modo, por las convenciones interaccionales observadas por ellos. Desde una perspectiva existencial suponen una aceptación tácita de las categorías de duración y extensión, junto con la de identidad de los objetos, de las demás personas y —punto de especial importancia para el presente estudio— del yo.

Investigar estas cuestiones en el plano abstracto de la filosofía es, desde luego, muy distinto que «vivirlas» en la realidad. El caos que amenaza desde la otra cara de la vulgaridad de las convenciones de cada día puede considerarse psicológicamente *temor* en el sentido de Kierkegaard: la perspectiva de verse abrumado por angustias que afectan a las mismas raíces de nuestro coherente sentido de «estar en el mundo». La conciencia práctica, junto con las rutinas cotidianas reproducidas por ella, ayudan a dejar en suspenso esa angustia, no sólo, ni siquiera ante todo, por la estabilidad social que implican, sino por su función constitutiva en la organización de un entorno «como si» en lo referente a las cuestiones existenciales. Ponen a nuestra disposición modos de orientación que en la práctica «responden» a las cuestiones que podrían plantearse acerca del marco de la existencia. Para el análisis que expondremos a continuación es de máxima importancia observar que los aspectos de afianzamiento de estas «respuestas» son más emocionales que simplemente cognitivos. Es muy importante saber, según veremos más adelante, hasta qué punto las diferentes circunstancias culturales permiten adquirir una «fe» en la coherencia de la vida cotidiana mediante interpretaciones simbólicas de las cuestiones existenciales. De todos modos, los marcos cognitivos de pensamiento no generan esa fe sin que se dé en el fondo un nivel correspondiente de compromiso emocional (cuyos orígenes, creo, son en buena medida inconscientes). La confianza, la esperanza y el coraje son esenciales para este compromiso.

¿Cómo se consigue esa fe desde el punto de vista del desarrollo psicológico del ser humano? ¿Qué es lo que genera una sensación de seguridad ontológica que llevará al individuo a través de los cambios, las crisis y las circunstancias de alto riesgo? La confianza en los anclajes existenciales de la realidad en un sentido emocional y, hasta cierto punto, cognitivo se basa en una certidumbre en la fiabilidad de las personas adquirida en las experiencias tempranas de la niñez. Lo que Erik Erikson denomina «confianza básica», haciéndose eco de D. W. Winnicot, constituye el nexo original del que surge una orientación hacia los demás, hacia el mundo objetivo y la identidad del yo que combina lo emotivo con lo cognitivo.[3] La experiencia de la confianza básica es el núcleo de la «esperanza» específica de la que habla Ernst Bloch y se halla en el origen de lo que Tillich denomina «el coraje de existir». La confianza básica, desarrollada por las atenciones afectuosas de los primeros cuidadores, vincula de manera decisiva la identidad del yo a nuestra estimación de los demás. La reciprocidad con los primeros cuidadores que supone la confianza básica es una socialidad fundamentalmente inconsciente que precede a la aparición de un «yo» y de un «mí» y es la base previa de cualquier diferenciación entre ambos.

La confianza básica está relacionada esencialmente con la organización interpersonal del espacio y el tiempo. La conciencia de la identidad diferenciada de las figuras parentales tiene su origen en la aceptación emocional de la *ausencia*: la «fe» en que el cuidador o la cuidadora regresarán, aunque no se encuentren ya en presencia del niño. La confianza básica se forja mediante lo que Winnicott denomina «espacio potencial» (en realidad, un fenómeno espaciotemporal) que relaciona, aunque los distancie, al niño y su cuidador principal. El espacio potencial se crea como medio por el que el niño pasa de la omnipotencia a la captación del principio de realidad. No obstante, aquí «realidad» no debería entenderse simplemente como un mundo de objetos dado sino como un conjunto de experiencias organizado constitutivamente por la relación mutua entre niño y cuidadores.

Desde los primeros días de la vida, el hábito y la rutina tienen un cometido fundamental en el establecimiento de relaciones en el espacio potencial entre el niño y sus cuidadores. Entre la rutina, reproducción de convenciones coordinadas, y los sentimientos de seguridad ontológica en las posteriores actividades del individuo se establecen vínculos nucleares. Desde esos vínculos podemos ver por qué ciertos aspectos, aparentemente menores, de las rutinas diarias se cargan del significado emocional revelado por los experimentos de Garfinkel. Pero, al mismo tiempo, las rutinas diarias expresan ambivalencias profundas presentes en su compromiso tem-

3. Para una exposición más completa, véase Anthony GIDDENS, *The Consequences of Modernity*; y, en su fuente original, Erik ERIKSON, *Childhood and Society*, Nueva York, Norton, 1950.

prano con la disciplina. Las actividades rutinarias no se ejecutan nunca de manera meramente automática, según expuso con claridad Wittgenstein. Respecto al control del cuerpo y el discurso, el actuante deberá mantener una constante vigilancia a fin de «salir adelante» en la vida social. El mantenimiento de hábitos y rutinas es un baluarte contra la amenaza de la angustia, pero al mismo tiempo es un fenómeno cargado de tensión en sí y de por sí.

El niño, según dice Winnicott, se encuentra «siempre al borde de una angustia impensable». El lactante no es un «ser» sino alguien que «va siendo», que ha de ser «llamado a la existencia» por el medio nutricio que le proporcionan sus cuidadores.[4] La disciplina de la rutina ayuda a constituir un «marco formado» para la existencia mediante el cultivo de un sentimiento de «ser» y su distinción del «no ser», elemento esencial para la seguridad ontológica. Este sentimiento implica orientarse hacia aspectos del mundo objetivo que introducen restos simbólicos en la vida posterior del individuo. Los «objetos transicionales», en la terminología de Winnicott, tienden un puente a través del espacio potencial entre el niño y sus cuidadores. Estos primeros «objetos no yo», al igual que las rutinas a las que están unidos prácticamente siempre, son al mismo tiempo defensas contra la angustia y vínculos con una naciente experiencia de un mundo estabilizado de objetos y personas. Los objetos transicionales preceden en el tiempo a la «prueba de realidad» en el sentido freudiano, pues forman parte de los medios concretos por los que el niño pasa del control omnipotente al control por manipulación.

La confianza que, en circunstancias normales, presta el niño a sus cuidadores podría considerarse, en mi opinión, una especie de *vacunación emocional* contra las angustias existenciales (una protección contra amenazas y peligros futuros que permite al individuo mantener la esperanza frente a cualquier circunstancia debilitadora que haya de afrontar más tarde). La confianza básica es un dispositivo protector contra riesgos y peligros de las circunstancias de acción e interacción. Es el apoyo emocional más importante de un caparazón defensivo o *coraza protectora* que todas las personas

4. D. W. WINNICOTT, *The Maturational Processes and the Facilitating Environment*, Londres, Hogarth, 1965, pp. 57, 86.

normales llevan consigo como medio que les permite salir adelante en los asuntos de la vida cotidiana.

El mantenimiento de la vida, en un sentido de salud tanto corporal como psicológica, está inherentemente sometido a riesgos. El hecho de que la conducta de los seres humanos se vea influida tan fuertemente por la experiencia mediada, unido a la capacidad de cálculo que poseen los agentes humanos, significa que toda persona puede —en principio— sentirse abrumada por angustias referentes a los riesgos que implica la misma tarea de vivir. Ese sentimiento de «invulnerabilidad», que bloquea las posibilidades perjudiciales en favor de una actitud generalizada de esperanza, deriva de la confianza básica. La coraza protectora es en esencia un sentimiento de «irrealidad» más que una firme convicción de seguridad: consiste en dejar en suspenso en la práctica posibles sucesos capaces de amenazar la integridad corporal o psicológica del agente. La barrera protectora que proporciona puede ser atravesada, temporal o más permanentemente, por acontecimientos que demuestran la realidad de las contingencias desfavorables que implica cualquier riesgo. ¿Qué conductor no ha tenido la experiencia, al pasar junto a la escena de un grave accidente de tráfico, de volverse tan juicioso como para conducir a continuación más despacio, durante algunos kilómetros? Un ejemplo como éste demuestra los riesgos de la conducción —no en un universo contrafáctico de posibilidades abstractas, sino de una manera tangible y vívida— y sirve, por tanto, temporalmente para retirar la coraza protectora. Pero el sentimiento de relativa invulnerabilidad vuelve pronto y lo más probable es que el conductor tienda de nuevo a acelerar.

Al hacer hincapié en la interdependencia entre las rutinas que se dan por supuestas y la seguridad ontológica no queremos decir que el sentimiento de la «bondad de las cosas» derive de una adhesión tenaz a los hábitos. Al contrario, una sumisión ciega a las rutinas establecidas, ocurra lo que ocurra, es señal de compulsión neurótica. Esta compulsión tiene sus orígenes en la capacidad del niño —por la razón que sea— para abrir un espacio potencial y generar confianza básica. Se trata de una compulsividad nacida de una angustia no domeñada, carente de la esperanza específica que da lugar a compromisos sociales más allá de las pautas establecidas. Si la rutina es un elemento fundamental de la autonomía del desarrollo del individuo, el dominio práctico de cómo «salir adelante» en las circunstancias de la vida social no se opone a la creatividad, sino que la presupone y es presupuesta por ella. El caso paradigmático es el de la adquisición y uso del lenguaje, pero lo que vale para el terreno discursivo vale también para formas anteriores de aprendizaje o experiencia.

La creatividad, que significa capacidad para actuar o pensar de forma innovadora en relación con los modos de actividad preestablecidos, está íntimamente ligada a la confianza básica. A su vez la confianza es en cierto sentido creativa por su misma naturaleza, pues implica un compromiso que es un «salto a lo desconocido», un abandonarse en manos de la suerte, lo cual implica una disposición a aceptar experiencias nuevas. Sin embargo, confiar es también (inconsciente o conscientemente) enfrentarse a la posibilidad de privación: en el caso de la confianza básica, la posible privación del socorro de la persona o personas encargadas del cuidado. El miedo a la privación genera un esfuerzo; las relaciones que sostienen la confianza básica son «elaboradas» emocionalmente por el niño a una con el aprendizaje del «trabajo cognitivo», que ha de incorporarse a la ejecución de lo convencional, incluso a la más repetitiva.

Un compromiso creativo con los demás y con el mundo de los objetos es casi con seguridad un componente esencial de la satisfacción psicológica y el descubrimiento del «sentido moral». Para ver que la experiencia de creatividad *en cuanto* fenómeno rutinario es un sostén básico del sentimiento de valía personal y, por tanto, de salud psicológica no necesitamos recurrir a ninguna antropología filosófica arcana. Allí donde los individuos no puedan vivir creativamente, debido a la ejecución compulsiva de rutinas o por ser incapaces de atribuir una «solidez» plena a las personas y objetos que los rodean, es probable que surjan la melancolía crónica o la tendencia a la esquizofrenia. Winnicott señala que, en los primeros tiempos de la vida del niño, un «entorno acorde con las expectativas medias» es condición necesaria para el desarrollo de ese compromiso creativo. El niño deberá pasar por una fase de «locura» que, en palabras de Winnicott, «capacita al bebé para enloquecer de una manera particular permitida a los niños» y que «sólo se convierte en locura auténtica si aparece en la vida posterior». La «locura» del niño es su creatividad en el estadio en que se adquieren las primeras rutinas que abren el espacio potencial entre el niño y sus cuidadores. El niño «crea un objeto, pero el objeto no podría ser creado en cuanto tal si no hubiera existido ya».[5]

La instauración de la confianza básica es la condición para la elaboración tanto de la identidad del yo como de la identidad de las demás personas y objetos. El espacio potencial entre el niño y sus cuidadores suministra los medios para rechazar el objeto extraño como «no yo». Después de la fase de fusión con el agente cuidador principal, el niño se separa de ese agente al tiempo que el cuidador reduce el grado de atención constante prestada a la satisfacción de las necesidades del bebé. El espacio potencial que permite la aparición temprana (e inconsciente) de un no yo por separación coincide con el estadio de separación alcanzado por el adulto en algún momento de la psicoterapia. Al igual que ocurre con la adhesión del niño en edad temprana, cualquier ruptura que no se produzca por la confianza y la fiabilidad puede tener consecuencias traumáticas. En el paciente, tanto si es niño como adulto, la confianza es una manera de solucionar las ausencias espaciotemporales que supone la apertura del espacio potencial. El paciente, al igual que el niño, aunque de manera más consciente y reflexiva, echa a andar como parte de un proceso de logro de autonomía, en el que el psicoanalista tolera también esa separación.

Angustia y organización social

En el apartado anterior he mantenido que las rutinas adquiridas en los primeros tiempos de la vida del ser humano, y las formas de control asociadas a ellas, son mucho más que simples modos de ajuste con un mundo previamente dado de personas y objetos. Son elementos constitutivos de una aceptación emocional de la realidad del «mundo externo», sin la que sería imposible una existencia humana segura. Esta aceptación es al mismo tiempo el origen de la identidad del yo, por el aprendizaje de lo que es no yo.

5. D. W. WINNICOTT, «Creativity and its origins», en su obra *Playing and Reality*, Harmondsworth, Penguin, 1974, p. 83.

Aunque esta opinión hace hincapié en los aspectos emocionales de los primeros encuentros con la realidad, es perfectamente compatible con el punto de vista de la naturaleza de la realidad externa expuesto por Wittgenstein. La filosofía wittgensteiniana se ha visto a veces empujada por sus intérpretes hacia una dirección relativista, pero parece claro que Wittgenstein no era relativista. Existe un mundo universalmente experimentado de realidad externa, pero no se refleja directamente en los elementos significativos de las convenciones en función de las cuales organizan su comportamiento los actuantes. La significación no se elabora mediante descripciones de la realidad externa ni consiste en códigos semióticos ordenados al margen de nuestros encuentros con esa realidad. Ocurre más bien que «aquello de lo que no se puede hablar» —intercambios con personas y objetos en la práctica de cada día— constituye la condición necesaria de lo que puede decirse y de los significados presentes en la conciencia práctica.

Conocer el significado de las palabras es, pues, ser capaz de utilizarlas como parte integrante de las acciones rutinarias de la vida cotidiana. Nuestro conocimiento de la realidad no nace de percibirla tal cual es sino como un resultado de las diferencias establecidas en la práctica diaria. El conocimiento del significado de la palabra «mesa» es el conocimiento de la utilidad de una mesa, lo cual implica también el conocimiento de en qué difiere el uso de una mesa del de otros objetos funcionales, como una silla o un banco. Los significados presuponen conjuntos de diferencias, pero se trata de diferencias aceptadas como parte de la realidad según la encontramos en nuestra experiencia cotidiana, y no sólo de diferencias entre significantes en el sentido estructuralista.

Las diferencias elaboradas en forma de significados lingüísticos se establecen en el espacio potencial abierto entre el niño y sus cuidadores antes de la adquisición del lenguaje. La realidad no es simplemente el aquí y ahora, el contexto de la percepción sensible inmediata, sino la identidad y el cambio en lo *ausente* (alejado de la vista por el momento o, de hecho, no encontrado nunca sino meramente aceptado como algo que está «ahí»). Así pues, el aprendizaje de la realidad externa es en gran medida un asunto de experiencia mediada. Aunque la mayoría de las ricas texturas de una experiencia así dependen de detalles lingüísticos diferenciados, cierta captación de las cualidades de la realidad exterior comienza mucho antes. El aprendizaje de las características de las personas y objetos ausentes —la aceptación del mundo real en cuanto tal— depende de la seguridad emocional proporcionada por la confianza básica. El sentimiento de no realidad que puede amenazar las vidas de aquellos individuos en cuya infancia temprana se desarrolló escasamente la confianza básica puede adoptar muchas formas. Estas personas pueden sentir que el mundo objetivo u otras personas tienen sólo una existencia difusa o ser incapaces de mantener un sentido claro de continuidad de la identidad del yo.

La angustia se ha de entender en relación con el sistema de seguridad global que el individuo desarrolla y no sólo como un fenómeno situacional específico ligado a unos riesgos o peligros concretos. Según piensan prácticamente todos los estudiosos del tema, la angustia se debe distinguir del miedo. El miedo es una respuesta a una amenaza concreta y tiene, por tanto, un objeto definido. Como dice Freud, la angustia, a diferencia del miedo, «no tiene en cuenta el objeto»: en otras palabras, la angustia es un estado generalizado de las emociones del individuo. Más adelante Freud señala que la medida en que se sentirá angustia en una situación dada depende en buena medida del «conocimiento y sensación de poder de una persona respecto al mundo externo».[6] Una situación de «disponibilidad para la angustia» es diferente de la angustia en cuanto tal, pues es una condición fisiológica y funcional del organismo para afrontar una amenaza. La disposición para la acción es, por así decirlo, lo que facilita una respuesta apropiada ante el peligro; la angustia misma no es resolutiva y tiende a paralizar más que a generar acciones adecuadas.[7]

Al ser la angustia algo difuso, no se fija a nada: carece de un objeto específico, puede llegar a adherirse a cosas, rasgos o situaciones que constituyen una respuesta indirecta (si bien inconscientemente precisa) a lo que originariamente la provocó. Los escritos de Freud contienen muchos ejemplos de personas que mostraban

6. Sigmund Freud, *Introductory Lectures on Psychoanalysis*, Harmondsworth, Penguin, 1974, p. 395.
7. Sigmund Freud, «Anxiety», en *ibíd.*

fijaciones u obsesiones de varios tipos, pero que, por lo demás, parecían relativamente libres de sentimientos de angustia. La angustia es un sucedáneo: el síntoma sustituye a la angustia, que es «tragada» por el modelo rígido de comportamiento adoptado. El modelo está, sin embargo, cargado de tensión pues, cuando la persona es incapaz de comportarse de la manera correspondiente o se le impide hacerlo, se produce una irrupción de angustia. Las formaciones sustitutivas tienen dos ventajas frente al control de la angustia: evitan la experiencia directa del conflicto psíquico derivado de la ambivalencia y bloquean el ulterior desarrollo de la angustia a partir de su fuente originaria. Parece razonable concluir que la angustia no deriva de la represión inconsciente; al contrario, la represión y los síntomas de comportamiento asociados a ella están generados por la angustia. La angustia es en esencia un miedo que ha perdido su objeto debido a tensiones emocionales formadas inconscientemente y que expresan «peligros internos» más que amenazas externas. Deberíamos entender la angustia esencialmente como un estado de miedo inconscientemente organizado. Los sentimientos de angustia pueden experimentarse hasta cierto punto de forma consciente, pero una persona que diga «me siento angustiada» es también normalmente consciente de lo que le produce esa angustia. Esta situación es específicamente diferente de la del carácter de «no fijación» de la angustia en el plano del inconsciente.

Toda persona establece un marco de seguridad ontológica de algún tipo basado en rutinas diversas. Los individuos se las componen con los peligros y los miedos ligados a ellos recurriendo a «fórmulas» emocionales y de comportamiento que han pasado a ser parte de la conducta y el pensamiento cotidianos. La angustia difiere también del miedo por el hecho de referirse a amenazas a la integridad y seguridad del sistema del individuo (inconscientemente) percibidas. El análisis de la angustia expuesto por Harry Stack Sullivan es aquí más útil que el del mismo Freud.[8] Sullivan subraya que la necesidad de cierta sensación de seguridad surge muy pronto en la vida del niño y es «mucho más importante en el ser

8. Harry STACK SULLIVAN, *Conceptions of Modern Psychiatry*, Nueva York, Orton, 1953.

humano que los impulsos resultantes de la sensación de hambre o sed».[9]

Sullivan, como Winnicott y Erikson, insiste en que el sentimiento de seguridad adquirido tempranamente por el niño procede de las atenciones de sus cuidadores en la crianza (y que este autor interpreta en función de la sensibilidad del niño hacia la aprobación o desaprobación por parte de los padres). La angustia se experimenta por medio de un sentimiento —real o imaginario— de desaprobación del cuidador mucho antes de que se desarrollen respuestas a la desaprobación del otro conscientemente formadas. La angustia se siente como una experiencia «cósmica» relacionada con las reacciones de los demás y con la aparición de la autoestima. La angustia ataca el centro del yo una vez establecido un sistema básico de seguridad, lo cual hace tan difícil para el individuo objetivarla. La aparición de la angustia tiende a amenazar la conciencia de la identidad del yo, que se oscurece en relación con los rasgos constitutivos del mundo de los objetos. El individuo experimenta el yo en relación con un mundo de personas y objetos, cognitivamente organizado por medio de la confianza básica, sólo en función de ese sistema de seguridad fundamental, origen del sentimiento de seguridad ontológica.

La distinción entre angustia y miedo, o ansiedad relacionada con un objeto externamente constituido, se ha vinculado muchas veces a una ulterior distinción entre angustia neurótica y normal.[10] No obstante, esta última distinción parece innecesaria si reconocemos que la angustia depende fundamentalmente de operaciones inconscientes. Toda angustia es a la vez normal y neurótica: normal, porque los mecanismos del sistema de seguridad básica comportan siempre elementos generadores de angustia; y neurótica, en cuanto que la angustia «carece de objeto», en el sentido freudiano de la expresión. El efecto paralizante de la angustia sobre la personalidad, o su expresión, por ejemplo, en comportamientos compulsivos o fóbicos, varía de acuerdo con el desarrollo psicosocial del individuo, pero estas características no son una

9. *Ibíd*, p. 14.
10. *Cf.* Rollo MAY, *The Meaning of Anxiety*, Nueva York, Washington Square Press, 1977.

función de diferentes tipos de angustia. Tienen que ver más bien con el nivel de angustia y con la naturaleza de las represiones relacionadas con ella.

La angustia tiene su raíz en la separación del agente cuidador primordial (habitualmente la madre), fenómeno que en el caso del niño amenaza el núcleo mismo del yo naciente y la seguridad ontológica, desde un punto de vista más general. El miedo a la pérdida —el lado negativo de la confianza desarrollada a lo largo de las ausencias espaciotemporales de las personas parentales— es un rasgo omnipresente en el sistema temprano de seguridad. A su vez se asocia con la hostilidad, generada por los sentimientos de abandono y antítesis de los de amor que, combinados con la confianza, dan lugar a la esperanza y al coraje. La hostilidad provocada por la angustia en el niño se entiende muy bien como reacción al dolor de la desesperanza. A no ser que se reprima y canalice, esta hostilidad puede dar pie a la aparición de angustias cada vez mayores, especialmente cuando la manifestación de disgusto por parte del niño provoca una reacción hostil en las figuras parentales.[11]

Identificación y proyección son otros tantos medios por los que se evita la posible espiral de la angustia y la hostilidad. La identificación es parcial y contextual (la apropiación de rasgos o modelos de comportamiento de los otros, apropiados para resolver o aminorar las pautas de producción de angustia). Por otra parte, es siempre una realidad cargada de tensión debido a su parcialidad, pues contiene mecanismos de proyección y es fundamentalmente una reacción defensiva a la angustia parcial. La angustia estimulada por la ausencia del cuidador, relación espaciotemporal que constituye el terreno donde se desarrolla la confianza básica, es el primer impulso hacia la identificación y también el inicio de procesos de aprendizaje cognitivo por los que se captan características del mundo objetivo. Hacerse «parte de los demás» fomenta, en otras palabras, una comprensión gradual de la ausencia y de lo que «el otro» *es* en cuanto persona distinta.

Dado que la angustia, la confianza y las rutinas diarias de interacción social están tan íntimamente ligadas unas con otras, pode-

11. Sigmund FREUD, «Anxiety».

mos entender fácilmente los rituales de la vida cotidiana como mecanismos para salir adelante. Esta afirmación no significa que dichos rituales deban interpretarse en términos funcionales, como medios para reducir la angustia (y, por tanto, para la integración social), sino que guardan relación con la forma de control social de la angustia. La observación de la «indiferencia civil» entre personas desconocidas que pasan por la calle, analizada tan brillantemente por Goffman, sirve para mantener actitudes de confianza generalizada de las que depende la interacción en situaciones públicas.[12] Esta actitud es una parte esencial de la manera como se «efectúa» la modernidad en la interacción diaria, según podemos observar comparando este fenómeno con otras actitudes típicas de las condiciones premodernas.

La indiferencia civil representa un contrato implícito de reconocimiento y protección mutuos formulado por quienes participan de las circunstancias de la vida social moderna. Cuando una persona se encuentra con otra en la calle demuestra que el otro es merecedor de respeto al dirigirle una ojeada controlada y, seguidamente, al ajustar su mirada, que no constituye una amenaza para él; lo mismo ocurre con la otra persona. En muchas situaciones tradicionales donde los límites entre «conocidos» y «extraños» están claramente perfilados, la gente no posee ritos de indiferencia civil. En estos casos se evitará mirar al otro o se clavará en él la vista de una forma que parecería brusca o amenazante en un entorno social moderno.

Los ritos de confianza y tacto en la vida cotidiana, tal como han sido analizados por Goffman, son mucho más que unos simples medios para salvaguardar la estima de uno mismo y de los demás (o, cuando se utilizan de determinada manera, para atacar o minar dicha autoestima). En la medida en que afectan a la sustancia misma de la interacción de cada día —por el control de los gestos corporales y la expresión del rostro y la mirada, y por el uso del lenguaje— tocan los aspectos más básicos de la seguridad ontológica.

---

12. Ervin Goffman, *Relations in Public*, Londres, Allen Lane, 1971.

Cuestiones existenciales

Ser ontológicamente seguro es poseer, en el nivel del inconsciente y de la conciencia práctica, «respuestas» a cuestiones existenciales fundamentales que se plantea de alguna manera toda vida humana. La angustia acompaña en cierto sentido a la libertad del hombre, según dice Kierkegaard; la libertad no es una característica dada de la persona humana, sino que deriva de la adquisición de una comprensión ontológica de la realidad exterior y de la identidad personal. La autonomía que adquieren los seres humanos nace de su capacidad para ampliar el ámbito de su experiencia mediada, para familiarizarse con las propiedades de objetos y sucesos situados fuera del entorno inmediato de la actividad sensorial. Teniendo en cuenta esto, podemos reinterpretar la descripción de angustia dada por Kierkegaard como «la posibilidad de libertad».[13] En cuanto fenómeno general, la angustia deriva de la capacidad —y, de hecho, de la necesidad— del individuo de pensar con antelación, de adelantarse a las posibilidades futuras relacionadas de manera contrafáctica con la acción presente. Pero en un sentido más profundo, la angustia —o su posibilidad— deriva de la misma «fe» en la existencia independiente de personas y objetos que implica la seguridad ontológica.

La cuestión existencial primordial a la que el niño «da respuesta» en el curso de su desarrollo psicológico temprano se refiere a la *existencia misma*, al descubrimiento de un marco ontológico de «realidad externa». Cuando Kierkegaard analiza la angustia —o temor elemental— como «la lucha del ser contra el no ser» apunta directamente a esta cuestión. Para el individuo humano «ser» es tener conciencia ontológica,[14] que no es lo mismo que conciencia de la identidad del yo, por más íntima que pueda ser la relación entre las dos en la experiencia evolutiva del niño. La «lucha del ser contra el no ser» es la tarea perpetua del individuo, que no consis-

13. Sören KIERKEGAARD, *The Concept of Dread*, Londres, Macmillan, 1944, p. 99.

14. Anthony GIDDENS, *New Rules of Sociological Method*, Londres, MacMillan, 1981.

te en «aceptar» la realidad, sino en crear puntos de referencia ontológica como un aspecto integral del «salir adelante» en las situaciones de la vida diaria. La existencia es un modo de estar en el mundo, en el sentido de Kierkegaard. Al «realizar» la vida de cada día, todos los seres humanos «responden» a la cuestión del ser y lo hacen por la naturaleza de las actividades que llevan a cabo. Como sucede con otras cuestiones existenciales a las que aludiremos más adelante, tales «respuestas» se dan fundamentalmente en el plano de la conducta.

En situaciones de premodernidad, la tradición tiene una función clave en la articulación de la acción y los marcos ontológicos; la tradición ofrece un medio organizador de la vida social ajustado específicamente a los preceptos ontológicos. En primer lugar, la tradición ordena el tiempo de tal manera que restringe la apertura de los futuros contrafácticos. Las personas de todas las culturas, incluso de las más decididamente tradicionales, distinguen futuro, presente y pasado y sopesan las líneas de acción alternativas en función de consideraciones futuras probables. Pero, según vimos en el capítulo anterior, allí donde predominen los modos de práctica tradicional, el pasado introduce en el futuro una amplia banda de «práctica auténtica». El tiempo no está vacío y un «modo de ser» coherente relaciona el futuro con el pasado. Además, la tradición crea un sentimiento de solidez de las cosas que combina típicamente elementos cognitivos y morales. El mundo es como es porque es como debe ser. Por supuesto, en muchas culturas tradicionales y en prácticamente todos los sistemas religiosos racionalistas aparecen concepciones ontológicas explícitas (aunque pueden mantener una relación muy tensa con la ejecución de las mismas prácticas tradicionales).

Un segundo tipo de cuestiones concierne no tanto a la naturaleza del ser cuanto a las relaciones entre el mundo exterior y la *vida humana*. Se da también aquí un aspecto temporal básico que opone la finitud humana a la infinitud temporal o «eternidad». Todos los seres humanos viven en situación de lo que he denominado en otro lugar *contradicción existencial*: pertenecemos al mundo inanimado pero estamos contrapuestos a él en cuanto seres conscientes, conocedores de nuestro carácter finito. Según dice Heidegger, el Dasein es un ser que no sólo vive y muere, sino que se da cuenta del horizonte de su propia mortalidad. Ésta es la «conciencia existencial del no ser», de la que habla Tillich cuando dice que «la conciencia del no ser es parte del ser de cada uno».[15] Considerada en un sentido puramente biológico, la muerte —cesación de las funciones biológicas del organismo— es relativamente no problemática. Kierkegaard señala que, a diferencia de la muerte biológica, la «muerte subjetiva» es una «incertidumbre absoluta» (algo de lo que no podemos poseer una comprensión intrínseca). El problema existencial es cómo abordar la muerte subjetiva: «La cuestión es que el individuo vivo queda absolutamente excluido de la posibilidad de abordar la muerte en cualquier sentido, pues no es capaz de aproximarse experimentalmente lo bastante sin sacrificarse irónicamente en el altar de su propio experimento y, dado que no puede hacerlo reversible empíricamente, no aprende nada de él.»[16]

El horizonte existencial de la finitud no ocupa en la teoría psicoanalítica un lugar destacado en los orígenes de la angustia (o, más bien, el inconsciente no puede concebir su propia muerte, y no por las razones dadas por Kierkegaard, sino porque carece de sentido del tiempo). En la teoría de Freud la angustia por la muerte proviene primariamente del miedo a la pérdida de los otros, y está, por tanto, directamente ligada al control temprano de la ausencia. La discrepancia entre estas dos interpretaciones es, sin embargo, más aparente que real. En efecto, si no podemos entender la «muerte subjetiva», entonces la muerte no es ni más ni menos que la transición del ser al no ser; y el miedo al no ser es una de las angustias primordiales del niño en su desarrollo. Las amenazas contra el ser del niño son ante todo sentimientos o presentimientos de pérdida (la constatación de que la permanencia de personas y objetos está vinculada a las relaciones estables suministradas por los agentes cuidadores). La posible pérdida de los cuidadores proporciona el marco inicial a partir del cual surgen los miedos a la muerte y a la enfermedad en relación al yo. Podría ser cierto que en el plano del inconsciente la persona no sea capaz de concebir su muerte. Tal como dice Freud, inconscientemente todos nosotros

15. Paul TILLICH, *The Courage to Be*, Londres, Collins, 1977.

16. Sören KIERKEGAARD, *Concluding Unscientific Postcript*, Princeton, Princeton University Press, 1941, p. 147.

pensamos sobrevivir como espectadores de nuestra propia muerte. Pero la conciencia de finitud que los seres humanos adquieren con el desarrollo del dominio cognitivo de las categorías temporales está asociada a angustias de un tipo absolutamente fundamental.

La aceptación por parte de los actores humanos de la centralidad existencial de la conciencia de la muerte no obliga a respaldar la filosofía de la «autenticidad» que Kierkegaard y Heidegger han construido sobre ella. Para Heidegger la muerte es la «posibilidad más íntima» del *Dasein*, posibilidad que, al revelarse a sí misma como necesidad, hace de la *vida auténtica* una opción. La finitud es lo que nos permite discernir un sentido moral en sucesos que de otro modo serían fugaces, algo que se le negaría a un ser sin horizontes finitos. La «llamada de la conciencia» que comporta la comprensión de la finitud estimula a los seres humanos a percibir su «esencia temporal en cuanto seres sometidos a la muerte». Lo que Heidegger denomina «resolución» es la urgencia que se hace sentir como una necesidad de arrojarse a lo que la vida ofrece antes de que «se acabe» el tiempo (para el individuo).[17] Heidegger no ofrece esta visión a modo de filosofía moral sino como una exposición de las realidades de la experiencia humana. Sin embargo, se trata seguramente de una postura difícil de sostener sobre una base trascendental. Por encima de todo, es una visión dirigida a la civilización afectada por lo que Kierkegaard denomina «enfermedad hacia la muerte» (con lo que se refiere a la propensión a aceptar que, para el individuo, la muerte es realmente el fin).[18] Mientras la angustia por la finitud, derivada del desarrollo psicológico del individuo, es universal, las representaciones culturales no lo son. Las cosmologías religiosas pueden recurrir a tales angustias para desarrollar ideas de vida más allá de la muerte o ciclos de renacimiento. Sin embargo, la transitoriedad de la existencia individual no es siempre, ni mucho menos, el principal medio del que se sirven para fomentar los propósitos morales.

Un tercer tipo de cuestión existencial se refiere a la existencia

17. Citas de Martin HEIDEGGER, *Being and Time*, Oxford, Blackwell, 1962, pp. 143-145.

18. Sören KIERKEGAARD, *The Sickness Unto Death*, Harmondsworth, Penguin, 1989.

de *los otros*. En la temprana literatura fenomenológica no ha habido cuestión tan estudiada como ésta, pero debemos tener cuidado de evitar los errores filosóficos de los que ha sido víctima dicha literatura. Husserl se apoyó en el racionalismo cartesiano para su formulación del conocimiento interpersonal. Dada esta postura, por más que el individuo pueda sentir el cuerpo de otra persona no será capaz de percibir a tal individuo como sujeto. «Conozco mi alma mejor que mi cuerpo», escribió Descartes. Pero sólo puedo conocer el cuerpo del otro, seguía diciendo, pues no tengo acceso a la conciencia de esa persona.[19] Según Husserl, sólo advertimos los sentimientos y experiencias de otra persona basándonos en deducciones empáticas a partir de nosotros mismos. Según es bien sabido, la inadecuación de este punto de vista resultó ser una de las dificultades insolubles de esta filosofía. Una filosofía trascendental del ego acaba en un solipsismo irremediable.

La dificultad se evita en la postura del último Wittgenstein, así como en las versiones más complejas de la fenomenología existencialista. La conciencia del yo no tiene primacía sobre la conciencia de los otros, pues el lenguaje —intrínsecamente público— es el medio de acceso a ambos. La intersubjetividad no deriva de la subjetividad, sino al contrario. Pero, ¿cómo podríamos extendernos sobre esta opinión en términos evolutivos, teniendo en cuenta que las experiencias tempranas del niño preceden a la adquisición del lenguaje? ¿Y en qué sentido la existencia de los otros es un problema existencial, si no aceptamos el punto de vista de Husserl? Las respuestas derivan de los argumentos ya expuestos en las páginas precedentes. El aprendizaje de las cualidades de los otros está ligado de manera inmediata a las exploraciones tempranas del mundo de los objetos y a las primeras emociones de lo que más tarde serán sentimientos firmes de identidad del yo. El individuo no es un ser que encuentre a los otros en un momento súbito; «el descubrimiento de los otros» es de importancia clave, en sentido emocional-cognitivo, en el desarrollo inicial de la conciencia del yo en cuanto tal. La adquisición ulterior del lenguaje no sería posible si los procesos evolutivos tempranos no estuvieran bien iniciados para ese momento.

19. René DESCARTES, *Meditations on First Philosophy*, Cambridge, Cambridge University Press, 1986, p. 98.

El «problema de los otros» no es una cuestión de saber cómo el individuo pasa de la certeza de sus propias experiencias íntimas al otro no susceptible de ser conocido. Más bien atañe a las vinculaciones inherentes entre el aprendizaje de las características de los demás y los otros ejes principales de la seguridad ontológica. La confianza en los otros en los primeros tiempos de la vida del niño y, de manera crónica, en las actividades del adulto está en el origen de la experiencia de un mundo externo estable y de un sentimiento coherente de la identidad del yo. Se trata aquí de una «fe» en la fiabilidad e integridad de los demás. La confianza en los otros seres se inicia en la situación de confianza individual (confianza en las figuras de los cuidadores). Pero, por un lado, precede a la conciencia de esos cuidadores como «personas» y, por otro, da origen más tarde a un componente genérico de la naturaleza intersubjetiva de la vida social. La confianza, las relaciones interpersonales y la convicción de la «realidad» de las cosas van unidas en las condiciones de vida adulta. Las respuestas de los otros son necesarias para mantener un mundo «observable/concerniente», y sin embargo no existe un punto donde se puedan apoyar con absoluta fiabilidad. La reproducción social no se despliega con ninguna de las determinaciones causales características del mundo físico sino que aparece como un rasgo siempre contingente del uso bien informado de la convención. Por otra parte, el mundo social no debería entenderse como una multiplicidad de situaciones en las que el «ego» se enfrenta al «alter», sino como aquella en que cada persona se ve igualmente implicada en el proceso activo de organizar una interacción social predecible. El orden de la vida cotidiana es un suceso milagroso, pero no está producido por ninguna clase de intervención externa; su realización es el efecto continuo de la actividad completamente rutinaria de actores corrientes. Este orden es sólido y constante; sin embargo, la más somera mirada de una persona a otra, la inflexión de su voz, el cambio de la expresión facial o de las actitudes del cuerpo puede amenazarlo.

Un cuarto tipo de cuestión existencial atañe precisamente a la *identidad del yo*. Pero, ¿qué es exactamente la identidad del yo? Dado que el yo es un fenómeno un tanto informe, la identidad del yo no puede referirse meramente a su persistencia a lo largo del tiempo, en el sentido que darían los filósofos a la «identidad» de los objetos o las cosas.[20] La «identidad» del yo, a diferencia del yo en cuanto fenómeno genérico, supone conciencia refleja. Es aquello «de» lo que es consciente el individuo en la expresión «conciencia del yo». En otras palabras, la identidad del yo nos es algo meramente dado como resultado de las continuidades del sistema de acción individual, sino algo que ha de ser creado y mantenido habitualmente en las actividades reflejas del individuo.

Un rasgo discursivo que ancla la identidad del yo es la diferenciación lingüística entre «yo/mí/tú» (o sus equivalentes). Sin embargo, no podemos contentarnos con la formulación de G. H. Mead de la pareja yo/mí en relación con la identidad del yo. En la teoría de Mead el «mí» es la identidad —identidad social— de la que el «yo» toma conciencia en el curso del desarrollo psicológico del niño. El «yo» es, por así decirlo, el deseo activo y primitivo del individuo que aferra el «mí» como reflejo de los nexos sociales. Podemos estar de acuerdo con Mead en que el niño comienza a desarrollar un yo en respuesta al medio social de su experiencia temprana. Pero la relación yo/mí (y la yo/mí/tú) no conecta la parte no socializada del individuo (el yo) con el «yo social», sino que es interior al lenguaje. El «yo» es un conector lingüístico que toma su significado de las redes de términos por las que se adquiere un sistema discursivo de subjetividad. La capacidad para utilizar el «yo» y otros términos asociados de subjetividad es una condición para que aparezca la conciencia del yo, pero no la define en cuanto tal.

La identidad del yo no es un rasgo distintivo, ni siquiera una colección de rasgos poseídos por el individuo. Es *el yo entendido reflexivamente por la persona en función de su biografía*. Aquí identidad supone continuidad en el tiempo y el espacio: pero la identidad del yo es esa continuidad interpretada reflejamente por el agente. Esto incluye el componente cognitivo de la personalidad. Ser una «persona» no es simplemente ser un actor reflejo sino tener un concepto de persona (en su aplicación al yo y a los otros). Lo que se entiende por «persona» varía, sin duda, de una cultura a

20. Esta cuestión, como es natural, ha sido muy debatida por los filósofos, sobre todo siguiendo los pasos de Hume. En los últimos veinte años ha aparecido un gran número de importantes publicaciones dedicadas a este problema.

otra, aunque hay elementos de esa noción comunes a todas las culturas. La capacidad para utilizar el «yo» en contextos cambiantes, característica de todas las culturas conocidas, es el rasgo más elemental de las concepciones reflejas de la personalidad.

La mejor manera de analizar la identidad del yo en la generalidad de los casos es contrastarlo con los individuos cuyo sentido del yo está escindido o trastornado. Laing presenta un notable análisis de esta cuestión.[21] El individuo, ontológicamente inseguro, señala este autor, tiende a presentar una o más de las siguientes características. En primer lugar, puede faltarle un sentimiento coherente de continuidad biológica. Un individuo puede no llegar a alcanzar una noción duradera de su estar vivo. Laing cita a un personaje de Kafka que dice: «Nunca ha habido un tiempo en que me haya sentido convencido en mi interior de estar vivo.»[22] La discontinuidad en la experiencia temporal es a menudo un rasgo básico de este sentimiento. El tiempo puede comprenderse como una serie de momentos discretos, cada uno de los cuales separa las experiencias anteriores de las siguientes de manera que resulte imposible sustentar una «crónica» continua. La angustia por verse borrado, por ser tragado, aplastado o abrumado por acontecimientos que nos afectan desde fuera suele ser el correlato de estos sentimientos. En segundo lugar, en un medio externo pleno de cambios, la persona se siente obsesivamente preocupada por aprensiones de posibles riesgos que amenazan su existencia y paralizada para la acción práctica. El individuo experimenta lo que Laing denomina «mortalidad interior», que deriva de una incapacidad para bloquear los peligros que acechan desde el exterior (una incapacidad para mantener la coraza protectora a la que me referí anteriormente). Las personas sepultadas por tales angustias buscarán quizá «fundirse con el entorno» a fin de evitar convertirse en blanco de los peligros que les acechan. En tercer lugar, la persona fracasa en su intento de desarrollar o mantener confianza en su propia integridad. El individuo se siente moralmente «vacío» por carecer del «calor de una visión amable de sí mismo».[23] Paradójicamente, es muy frecuente que el actor someta

21. R. D. Laing, *The Divided Self*, Harmondsworth, Penguin, 1965.
22. *Ibíd*, p. 108.
23. *Ibíd*, p. 112.

su conducta y sus pensamientos a un examen constante. Este tipo de autoexamen es obsesivo; sus resultados prácticos son muy parecidos a los de los otros casos, una sensación de que la espontaneidad viva del yo se ha convertido en algo muerto y sin vida.

Lo opuesto a estas características es un sentimiento normal de identidad del yo. Una persona con un sentimiento razonablemente estable de la identidad personal tiene sensación de continuidad biográfica y es capaz de captarla reflejamente y, en mayor o menor grado, de comunicarse con los demás. Por sus tempranas relaciones de confianza, esta persona ha formado además una coraza protectora que «filtra» en la conducta práctica de cada día muchos de los peligros que amenazan en principio la integridad del yo. Finalmente, el individuo es capaz de aceptar esta integridad como algo valioso. Hay en él suficiente aprecio de sí mismo como para mantener la sensación de que su yo es algo «vivo» (en el ámbito del control reflejo, más que como calidad inerte de las cosas en el mundo de los objetos).

La cuestión existencial de la identidad del yo está ligada a la naturaleza frágil de la biografía que el individuo «suministra» acerca de sí. La identidad de una persona no se ha de encontrar en el comportamiento ni —por más importante que ello sea— en las reacciones de los demás, sino en la capacidad para *llevar adelante una crónica particular*. Para mantener una interacción regular con los demás en el mundo cotidiano, la biografía individual no puede ser del todo ficticia. Deberá incorporar constantemente sucesos que ocurren en el mundo exterior y distribuirlos en la «historia» continua del yo. En palabras de Charles Taylor, «para tener un sentimiento de quiénes somos, debemos poseer una idea de cómo hemos llegado a ser y de dónde venimos».[24] Hay, seguramente, un aspecto inconsciente en esta «obra» continua, organizada quizá de manera básica mediante los sueños. La ensoñación podría muy bien ser una selección inconsciente y una renuncia a recuerdos que se efectúa al finalizar el día.[25]

24. Charles TAYLOR, *Sources of the Self,* Cambridge, Cambridge University Press, 1989. Sobre crónicas de la identidad del yo, véase también Alasdair MACINTYRE, *After Virtue,* Londres, Duckworth, 1981.

25. Anthony GIDDENS, *Constitution of Society,* cap. II.

Un sentido estable de la identidad del yo presupone los demás elementos de la seguridad ontológica —aceptación de la realidad de las cosas y de los otros—, pero no deriva directamente de ellos. Al igual que otros aspectos existenciales de la seguridad ontológica, los sentimientos de identidad del yo son a la vez robustos y frágiles. Frágiles, porque la biografía que el individuo conserva reflejamente en la mente es sólo una «historia» entre otras historias posibles que podrían ser narradas acerca de su evolución en cuanto yo; robusta, porque a menudo se mantiene con suficiente seguridad un sentimiento de identidad del yo como para capear tensiones o cambios importantes del medio social en el que se mueve la persona.

ESQUEMA 2. *Cuestiones existenciales.*

Las cuestiones existenciales se refieren básicamente a parámetros de la vida humana y obtienen «respuesta» de todo aquel que «sale adelante» en las circunstancias de la actividad social. Suponen los siguientes elementos ontológicos y epistemológicos:

Existencia y ser: la naturaleza de la existencia, la identidad de objetos y sucesos.

Finitud y vida humana: la contradicción existencial por la que los seres humanos son segregados por la naturaleza de sí misma debido a su condición de criaturas sentientes y reflexivas.

La experiencia de los otros: cómo interpretan los individuos las características y acciones de los demás.

La continuidad de la identidad del yo: la persistencia de sentimientos de la personalidad en un yo y un cuerpo constantes.

El «contenido» de la identidad del yo —los rasgos de los que están construidas las biografías— varían social y culturalmente, como ocurre con otros ámbitos existenciales. Esto, en cierto sentido, es bastante obvio. El nombre de una persona es, por ejemplo, un elemento primordial en su biografía; las prácticas de la denominación social, la medida en que los nombres expresan relaciones de parentesco, el cambio o no de nombre en ciertas etapas de la vida son cosas que difieren entre culturas. Pero hay aún otras diferencias más sutiles y también más importantes. Las biografías reflejas difieren en gran medida, de la misma manera que los relatos (en función, por ejemplo, de la forma y el estilo). Según expondré, esta cuestión es de importancia fundamental para la valoración de los mecanismos de la identidad del yo en condiciones de modernidad.

El cuerpo y el yo

El yo, naturalmente, esta corporeizado. La conciencia de la forma y propiedades del cuerpo se halla en el origen mismo de las exploraciones primeras del mundo por las que el niño aprende los rasgos de los objetos y de las demás personas. Un niño no aprende que algo «tiene» un cuerpo, pues la autoconciencia surge de la diferenciación corporal, y no al contrario. Wittgenstein, una vez más, tiene mucho que enseñarnos sobre la relación entre el cuerpo y el yo. El niño aprende acerca de su cuerpo principalmente en función de su implicación práctica con el mundo objetivo y con los demás. La realidad se capta en la *práctica* diaria. El cuerpo no es, pues, una simple «entidad» sino que se experimenta como un modo práctico de solucionar las situaciones y sucesos externos (Merleau-Ponty insistió también en ello). Las expresiones del rostro y otros gestos proporcionan el contenido fundamental de esta contextualidad o indicialidad, condición para la comunicación cotidiana. Aprender a ser un agente competente —capaz de estar a la misma altura que los demás en la producción y reproducción de relaciones sociales— equivale a estar en condiciones de ejercer un control continuo y acertado sobre el rostro y el cuerpo. El control corporal es un aspecto esencial de lo que «no podemos decir con palabras», pues constituye el marco necesario para lo que podemos decir (o decir con sentido).

Las obras de Goffman y Garfinkel son de muchas maneras una exploración empírica de los temas planteados por Wittgenstein en un plano filosófico. Muestran lo estricto, completo e ilimitado de este control que se espera ejerza el individuo sobre el cuerpo en todas las condiciones de interacción social. Ser un agente competente significa, además, no sólo mantener ese control continuo sino que los otros lo vean. Un agente competente es aquel a quien los demás agentes ven habitualmente como tal. Este agente deberá evitar la pérdida del control corporal o indicar a los demás mediante gestos o exclamaciones que, si tal cosa sucede, no se está produciendo ningún «fallo».[26]

El control rutinario del cuerpo es fundamental para el mantenimiento de la coraza protectora en las situaciones de interacción diaria. En las situaciones ordinarias la persona mantiene una orientación corporal que muestra lo que Goffman denomina «control cómodo».[27] La experiencia y destrezas corporales son características que influyen de manera adecuada en lo que el individuo considera peligros pertinentes y trata, por tanto, como algo alarmante. Según la sucinta indicación de Goffman, «casi todas las actividades ejercidas en la actualidad sin dificultades por el individuo requirieron de él en algún momento anterior la aplicación de un esfuerzo serio. Caminar por una calle, pronunciar una frase completa, llevar pantalones largos, atarse los zapatos, sumar una columna de cifras, todas esas rutinas que permiten al individuo una actuación no meditada y competente, son logros conseguidos mediante un proceso de adquisición cuyas etapas iniciales se superaron entre sudores fríos».[28] La facilidad con que una persona se desenvuelve en una situación concreta presupone una experiencia larga en afrontar las amenazas y oportunidades que aquélla presenta. Los actuantes han aprendido a moverse en un «tiempo de reacción corto para su supervivencia»: un intervalo breve, necesario para sentir la alarma y responder adecuadamente. El autocon-

26. Ervin Goffman, *Relations in Public.*
27. *Ibíd.*, p. 248.
28. *Ibíd.*

trol del cuerpo ha de ser, sin embargo, tan completo y constante que todos los individuos resultan vulnerables en momentos de tensión, cuando su competencia se viene abajo y se ve amenazado el marco de seguridad ontológica.

El problema del cuerpo en la teoría social reciente se asocia en concreto al nombre de Foucault. Foucault analizó el cuerpo en relación con los mecanismos de poder, centrándose en particular en la aparición del «poder disciplinario» en condiciones de modernidad. El cuerpo se convierte en el punto focal del poder y ese poder, en vez de intentar «marcarlo» externamente, como ocurría en épocas premodernas, lo somete a una disciplina interna de autocontrol. Según el retrato trazado por Foucault, los mecanismos disciplinarios producen «cuerpos dóciles».[29] Sin embargo, por más importante que pueda ser la interpretación que hace Foucault de la disciplina, su visión del cuerpo es esencialmente deficiente. No es capaz de analizar la relación entre el cuerpo y su actuación, pues los identifica a todos los efectos. En esencia, el cuerpo unido al poder es igual a actuación. Pero esta idea no es válida y resulta excesivamente simple comparada con el punto de vista desarrollado antes de Foucault por Merleau-Ponty y, recientemente, por Goffman. La disciplina corporal es intrínseca al agente social competente; más que estar vinculada a la modernidad, es una calidad transcultural; y es además un rasgo constante del flujo de la conducta en la *durée* de la vida cotidiana. Pero, sobre todo, el control rutinario del cuerpo es parte integrante de la naturaleza misma tanto de la actuación como del ser aceptable (fiable) para los otros como competente.

Este significado doble del cuerpo respecto a la actuación puede explicar el carácter aparentemente universal de la distinción yo/mí. El control reglado del cuerpo es un medio fundamental para el mantenimiento de una biografía de la identidad del yo; pero al mismo tiempo el yo está también más o menos constantemente «expuesto» a los demás debido a su corporeización. La necesidad de tratar simultáneamente ambos aspectos del cuerpo, que tiene su origen en la experiencia temprana del niño, es la principal razón de por qué el sentimiento de integridad corporal —de la

29. Michel FOUCAULT, *Discipline and Punish*, Londres, Allen Lane, 1979.

existencia del yo a salvo «en» el cuerpo— está tan íntimamente ligada a la valoración continua por los otros. Lo que Goffman denomina «apariencia normal» forma parte de las circunstancias habituales de interacción. Las apariencias normales son las actitudes corporales (estrictamente controladas) mediante las cuales el individuo reproduce activamente la coraza protectora en condiciones de «normalidad». «Las apariencias normales indican que es seguro y sano continuar con la actividad actual y prestar sólo una atención superficial a la comprobación de la estabilidad del medio.»[30] Esas apariencias son la manifestación corporal del proceso de «puesta entre paréntesis» descrito más arriba. Al igual que todos los demás aspectos de la interacción de la vida diaria, las apariencias normales se han de tratar con inmenso cuidado, si bien uno de los rasgos clave es la aparente ausencia de tal cuidado.

Para el sentimiento de seguridad ontológica tiene vital importancia saber hasta qué punto se puede mantener una apariencia normal de manera adecuada a la crónica biográfica del individuo. Todos los seres humanos en todas las culturas mantienen una división entre su identidad del yo y las «actuaciones» efectuadas en circunstancias sociales concretas. Pero en algunos casos el individuo podría llegar a sentir que todo el flujo de sus actividades es afectado o falso. Una rutina establecida pierde validez por una u otra razón. Por ejemplo, un esposo puede ocultar a su esposa que tiene un lío y piensa divorciarse de ella. En tales casos las rutinas habituales se convierten en actuaciones falsas, rutinas teatralizadas respecto de las cuales la persona se siente un tanto distante (el individuo ha de continuar con las apariencias ordinarias haciendo como si no pasara nada). Las cosas estructuradas habitualmente en forma de conciencia práctica resultan artificiales y, probablemente, problemáticas en el plano del inconsciente. El papel del esposo cumplidor corresponde, de hecho, a un personaje falso, aunque no comprometa seriamente la imagen que el individuo tiene de sí mismo.

Sin embargo, en los casos en que la disociación es más profunda y menos incidental puede producirse una dislocación más grave. Una persona siente que, más que atenerse a sus acciones

30. Ervin GOFFMAN, *Relations in Public*, p. 250.

rutinarias por razones válidas, las está teatralizando continuamente en su mayoría o en su totalidad. Si la opinión de Laing es correcta, esta situación conduciría de forma característica a una «descorporeización» del yo. La mayoría de los seres humanos está absorta en su cuerpo y se siente un todo unificado formado por el cuerpo y el yo. Una discrepancia demasiado radical entre las rutinas aceptadas y la crónica biográfica del individuo crea lo que Laing (siguiendo a Winnicott) denomina un falso yo (en el que el cuerpo aparece como objeto o instrumento manipulado por el yo desde bambalinas). La desvinculación del cuerpo —o quizá una fusión completa del yo y el cuerpo— en forma de éxtasis espiritual es un ideal común a todas las religiones universales y aparece aquí bajo una luz favorable. Pero cuando esta disociación se produce como un rasgo indeseado de la personalidad, expresa las angustias existenciales que afectan directamente a la identidad del yo.

La persona descorporeizada puede sentirse no implicada en el deseo corporal y experimentar los peligros como si se tratara de amenazas a otro. Dicha persona puede ser en realidad capaz de capear los asaltos contra el bienestar físico del cuerpo con más facilidad que un individuo normal; pero el precio de esta capacidad es el de una angustia intensa de otro tipo. En tales casos, la crónica de la identidad del yo está tejida de tal manera que permite al individuo ser testigo de las acciones de su cuerpo con un distanciamiento neutral, con cinismo, con odio o con humor irónico, según los casos. Kierkegaard escribía sobre estos fenómenos al hablar del «encerramiento» del yo respecto del cuerpo; las acciones individuales parecen estar bajo control remoto.[31] La descorporeización está relacionada con la inversión de la realidad mencionada en el capítulo anterior. Algunos prisioneros de los campos de concentración nazis durante la última Guerra Mundial, sometidos a horrorosas presiones físicas y psicológicas, experimentaron estados de disociación del cuerpo y el yo. Para ellos, el hecho de sentirse «fuera» del cuerpo —situación descrita «como un sueño», «irreal» o «como la de un personaje teatral»— parece haber sido un fenómeno funcional que les permitía distanciarse de las penalidades físi-

31. Sören KIERKEGAARD, *Sickness Unto Death.*

cas sufridas por sus cuerpos.[32] Las sensaciones de irrealidad por parte de personas esquizoides suelen tener una forma similar e implican, quizá, mecanismos de defensa análogos. La descorporeización es un intento por trascender los peligros y sentirse a salvo.

La descorporeización en versiones de menor importancia es un rasgo característico de la ruptura de la seguridad ontológica experimentada por cualquier persona en situaciones tensas de la vida cotidiana. La desintegración es una reacción temporal ante un peligro pasajero, no una disociación crónica. No tiene nada de fantasioso ver una relación estrecha entre Winnicott, Laing y Lacan en este punto. En efecto, si la hipótesis del estadio especular es válida, la percepción del cuerpo como algo separado —en la imaginación— es fundamental para la formación de la identidad del yo en una fase particular del desarrollo del niño. La crónica de la identidad del yo no puede comenzar hasta haber superado esta fase; o, dicho más exactamente, la aparición de tal relato es el medio de trascenderla. Con este telón de fondo no es sorprendente que, en circunstancias de tensión, se den comúnmente sentimientos de separación del cuerpo. El individuo entra temporalmente en un estadio esquizóideo y se distancia de lo que hace el cuerpo o de lo que se le hace.

La imagen especular y el yo pueden invertirse en personalidades esquizoides más acusadas y semipermanentes. La experiencia de la actuación se retira del cuerpo y se atribuye a un mundo imaginario de biografía narrativa separado de la intersección entre lo imaginario y el principio de realidad del que depende la actividad social ordinaria. La identidad del yo no está ya incorporada a las rutinas diarias en las que se ve envuelta la persona. El individuo puede en realidad sentirse invisible para los demás, pues el cuerpo deja de ser el «vehículo del yo». Freud señala que los niños suelen jugar a ser invisibles y que este juego puede realizarse frente a un espejo. El niño encuentra un método para desaparecer, retirándose del espejo o saliendo del campo de visión de su propio reflejo. El juego alude a angustias profundas. El miedo a hacerse invisible está ligado a las relaciones tempranas con las figuras parentales

32. Bruno Bettelheim, *The Informed Heart*, Londres, Palladin, 1970. Nuevos análisis en Anthony Giddens, *Central Problems.*

(sobre todo el miedo a que la madre ausente no regrese nunca más). Los intentos de desaparición del niño están íntimamente asociados a la dificultad para comprender que el progenitor ausente no se ha «marchado para siempre».[33]

El sentimiento de invisibilidad es susceptible de hacerse crónico si la amenaza de desaparición del progenitor se asocia a las defensas contra la «presencia» plena del cuerpo. Volvemos a ver aquí la importancia fundamental del hecho de que, en el desarrollo «psicológico» normal, el cuerpo es mucho más que un dispositivo para dirigir hacia los demás sentimientos de menor importancia. El yo total no se ha de ver nunca en la superficie del cuerpo o en sus ademanes; pero, cuando no es visible en absoluto, los sentimientos ordinarios de corporeidad —de ser «con» y «en» el flujo de la conducta diaria— se dislocan o disuelven.

Laing describe cuatro características de la patología de la persona con falso yo:

1. El sistema del falso yo se hace progresivamente más envolvente y omnipresente.
2. Se autonomiza cada vez más de las rutinas corporales.
3. Se siente «hostigado» por fragmentos de conducta compulsivos.
4. Las acciones del cuerpo resultan progresivamente «muertas, irreales, falsas, mecánicas».[34]

El sentido de distanciamiento más o menos completo de las rutinas cotidianas está muy bien expuesto en una descripción médica dada por Laing de un joven esquizofrénico. Esta persona llegó a sentir que los pensamientos de su «cerebro», según su expresión, no eran en realidad suyos. Sentía que estaba «representando» todas sus reacciones ante las convenciones de la vida social de cada día, respecto de las cuales percibía que su cuerpo era maquinal o «neutral», o bien era presa de una insondable compulsión. Así, por ejemplo, si su mujer le servía una taza de té, él le respondía con una sonrisa y pronunciaba una palabra de agradecimiento. Pero

33. Sigmund Freud, *Beyond the Pleasure Principle*, Londres, Hogart, 1950.
34. Laing, *Divided Self*, p 144.

inmediatamente se sentía abrumado por una profunda revulsión: su mujer habría actuado, según él, mecánicamente y él habría reaccionado ateniéndose a los mismos «mecanismos sociales» (de acuerdo con su expresión literal).

«Salir adelante» en las situaciones de la vida social diaria implica un trabajo constante y sin tregua por parte de todos cuantos participan en la interacción social. Gran parte de este esfuerzo pasa desapercibido para la gente corriente, debido a su profundo arraigo en la conciencia práctica del control del cuerpo y la expresión facial. Pero en el caso de la persona esquizoide o esquizofrénica, incapaz de mantener una aceptación tan inconsciente de la integridad corporal, el esfuerzo para adoptar apariencias normales puede convertirse en una terrible carga (finalmente, esta persona podría ser literalmente incapaz de «salir adelante» —en el doble sentido de la expresión— y se retraería más o menos completamente a una vida interior fantasiosa).

El cuerpo, por supuesto, no es sólo un medio de acción localizado. Es también un organismo físico que ha de ser cuidado por su poseedor; es sexuado y es también fuente de placer y dolor. Un aspecto fundamental de la condición humana es que los seres humanos no pueden cuidar de sí mismos durante los primeros años de su vida. Los hábitos asistenciales son fundamentales para las condiciones de confianza en la vida del niño: los cuidadores adultos son también sus proveedores. La mejor manera de entender los modos de subvenir a la alimentación y a otras necesidades orgánicas es considerarlos *regímenes* (el niño aprende pronto que el alimento no está a su disposición cuando se le antoja sino sólo periódicamente). Los regímenes son siempre en parte materia de influencia y gusto individual: el mismo recién nacido condiciona activamente las respuestas de sus cuidadores, a veces de forma fundamental. Pero los regímenes responden también siempre a una organización social y cultural. La normalización o reglamentación de los regímenes alimenticios en el adulto o su abandono a las inclinaciones individuales dependen de la naturaleza de una determinada cultura. Las mismas observaciones son aplicables a los regímenes sexuales, tanto para la conducta del adulto como para la del niño. El vestido es otro tipo de régimen. La ropa es en todas las culturas mucho más que un simple medio de proteger el cuerpo: es, evidentemente, un instrumento de exhibición simbólica, una manera de dar forma externa a la crónica de la identidad del yo.

Los regímenes difieren de las rutinas ordinarias del «salir adelante». Todas las rutinas sociales suponen un control continuo del cuerpo, pero los regímenes son prácticas aprendidas que implican un control riguroso de las necesidades orgánicas. Con la excepción parcial del vestido, los regímenes son impuestos por el carácter fisiológico del organismo, al margen de los elementos simbólicos de que se revistan. Los regímenes se centran en la satisfacción/privación y son, por tanto, focos de energías motivadoras (comenzando, según estableció claramente Freud, por los primeros ajustes inconscientes del principio de realidad). Los tipos de regímenes individuales constituidos como hábitos de conducta subsisten, pues, como elementos inconscientes condicionantes del comportamiento y están ligados a modelos motivacionales duraderos. Los regímenes son modos de autodisciplina, pero no están constituidos únicamente por las órdenes de las convenciones en la vida cotidiana; son hábitos personales, organizados en cierta medida de acuerdo con las convenciones sociales pero configurados también por las inclinaciones y disposiciones de la persona.

Los regímenes son de importancia fundamental para la identidad del yo, precisamente porque conectan hábitos con determinados aspectos de la apariencia corporal. Los hábitos del comer son demostraciones rituales por sí mismas pero afectan también a la forma corporal indicando, quizá, algo acerca del origen del individuo así como cierta imagen propia cultivada por él. Los regímenes alimenticios tienen también sus patologías y están relacionados con diversas formas de insistencia elogiosa en la disciplina corporal. El ascetismo, que supone el ayuno y otras formas de privación del cuerpo, se asocia habitualmente a la búsqueda de valores religiosos, al igual que ciertos tipos de régimen corporal en general. En un plano mucho más personal, la renuncia a los recursos físicos es una señal frecuente de perturbaciones psicológicas en cualquier forma de sociedad (como también lo es ser condescendiente con las apetencias). Algo similar puede decirse de los regímenes sexuales. El celibato es una forma de renunciamiento corporal estimado en algunos sistemas religiosos, pero puede ser también expresión de dificultades personales, al igual que pueden serlo diversos tipos de obsesiones sexuales. Los regímenes del aderezo individual están igualmente ligados a fuerzas fundamentales de la personalidad. El vestido es un medio de autoexhibición, pero se relaciona directamente con el ocultamiento/revelación por lo que respecta a las biografías personales: vincula la convención con aspectos básicos de la identidad.

¿Qué habremos de pensar del cuerpo en relación con sus características sexuales? Nada hay más claro que el hecho de que el género es un asunto de aprendizaje y «trabajo» continuado, más que una simple extensión de la diferencia sexual biológicamente dada. En cuanto a este aspecto del cuerpo, podemos volver a los temas centrales de la metodología etnológica según los ha expuesto Garfinkel. La etnometodología se ha identificado tan íntimamente con el análisis conversacional que se olvida fácilmente que la obra de Garfinkel se elaboró a partir de un interés concreto por el tratamiento del género. El caso de Agnes, el transexual analizado en *Studies in Ethnomethodology*, muestra que ser «hombre» o «mujer» depende del control continuado del cuerpo y sus ademanes. De hecho no hay ni una sola cualidad corporal que distinga a todos los hombres de todas las mujeres.[35] Sólo aquellos pocos individuos que poseen algo parecido a una experiencia plena de ser miembros de ambos sexos pueden apreciar por entero hasta qué punto son omnipresentes los detalles de la exhibición y manejo del cuerpo por medio de los cuales se «hace» el género.

Motivación

Según se explicó al principio del capítulo, las razones de una acción forman intrínsecamente parte del control reflejo de la misma ejercido por todos los agentes humanos. Más que estar unidas a modo de secuencias o agregados, las razones son una cualidad constante de la acción. Todo agente competente se «mantiene en contacto» de forma habitual con los principios de su conducta,

35. Harold GARFINKEL, *Studies in Ethnomethodology*, Cambridge, Polity Press, 1984.

como un aspecto de la producción y reproducción de la misma. Las razones se distinguen de los motivos, que se refieren a la fuente originaria de la acción. Los motivos no afectan de manera constante a la acción como lo hacen las razones. Muchos aspectos del comportamiento rutinario no están directamente motivados (son ejecutados simplemente como elementos de la vida cotidiana). Los motivos no existen como unidades discretas psicológicas, y tampoco las razones. Deberíamos considerar la motivación como un «estado afectivo» subyacente del individuo, que implica formas inconscientes de afecto y ramalazos, o incitaciones, experimentados más conscientemente.

Los niños no tienen motivos, sino sólo necesidades o deseos. Un niño no es, desde luego, un organismo pasivo sino que incita activa y urgentemente a sus cuidadores a responder a sus deseos reaccionando ante cualquier régimen que puedan intentar imponerle. Las necesidades, sin embargo, no son motivos pues no implican una anticipación cognoscitiva de un estado de cosas que deba percibirse (una característica definitoria de la motivación). Los motivos nacen esencialmente de la angustia, ligada a los procesos de aprendizaje que dan origen a un sentimiento de seguridad ontológica. Así pues, la motivación habrá de analizarse en función de las características del sistema de seguridad básico, según hemos expuesto anteriormente. Más en concreto, los motivos están ligados a las emociones vinculadas con las relaciones tempranas de confianza. Las relaciones de confianza pueden entenderse en función de la formación de *nexos* sociales (lazos de dependencia con otras personas emocionalmente cargados, comenzando por los establecidos con los cuidadores).[36] Los vínculos trabados con los primeros cuidadores, que dejan ecos que afectan a todas las relaciones sociales íntimas que se forman en la vida adulta, implican actitudes emotivas de varios tipos. Aunque se haya de aprender qué es «una» emoción —y, según ha demostrado la interpretación constructivista, se trata de algo sustancialmente contextual—,[37] las

36. Para este análisis me he servido de la obra de Thomas J. Scheff y Suzanne Retzinger, *Emotion and Violence,* Nueva York, Lexington Books, 1991, aunque no busco, como hacen ellos, las conexiones ente vergüenza, cólera y violencia.

37. Véase Rom HARRÉ, *Personal Being,* Oxford, Blackwell, 1983.

reacciones emotivas son intrínsecas a la vida del niño pequeño. Las actitudes emocionales del bebé, entre las que se cuenta el llanto y las expresiones faciales de contento y las expresiones de atención por parte de los cuidadores, son elementos integrantes del desarrollo de los lazos sociales.

Al activar los intereses emocionales de los primeros tiempos de su vida, el niño se ve implicado en tensiones que afectan a los vínculos con sus cuidadores. La *culpa* es una manifestación provocada por las angustias así estimuladas. La culpa es angustia provocada por el miedo a la transgresión, cuando los pensamientos o actividades de las personas no están a la altura de las expectativas de carácter normativo. Según ha demostrado Klein convincentemente, la experiencia de culpa se da en la vida del niño mucho antes de lo que suponía Freud. Los mecanismos de culpa han sido analizados muy por extenso en la literatura de la teoría psicoanalítica; sin embargo, para los problemas de la identidad del yo, la *vergüenza* tiene una importancia mayor, aunque ha sido menos estudiada. Lo opuesto a la culpa es la reparación y se refiere a acciones o a omisiones. La culpa experimentada como una característica omnipresente del inconsciente puede afectar a más aspectos de la identidad del yo que la vergüenza, pero su acento principal tiende a recaer sobre elementos parciales de la conducta y sobre los modos de retribución que suponen o acarrean.

La vergüenza afecta de manera directa a la identidad del yo, pues es en esencia angustia referida a la adecuación de la crónica por la que el individuo mantiene una biografía coherente. Surge tan tempranamente como la culpa, pues se halla estimulada por experiencias en las que se generan sentimientos de inadecuación o humillación (sentimientos que preceden con mucho al dominio del lenguaje diferenciado). Algunos autores han mantenido que mientras la culpa es un estado de angustia privado, la vergüenza es un estado de angustia público. Sin embargo, ésta no es la manera más indicada para distinguir entre ambas, pues las dos atañen, en sus formas más acusadas, a figuras introyectadas (en especial en el nivel del inconsciente). Así, Sartre trata la vergüenza como un fenómeno esencialmente visible, proponiendo como ejemplo al hombre que ejecuta un gesto vulgar cuando un suceso concreto le produce cierta irritación; en ese momento, advierte que ha sido observado y, al verse de pronto ante los ojos del otro, siente vergüenza.[38] Pero también podemos sentirnos avergonzados estando completamente solos; de hecho, la vergüenza puede ser un tipo de sensación persistente y muy profundo, provocado por ciertos signos visibles para los demás.[39] La vergüenza depende de sentimientos de insuficiencia personal entre los que puede hallarse un componente básico de carácter psicológico individual originado en una edad temprana. La vergüenza deberá entenderse en relación con la integridad del yo, mientras que la culpa deriva de sentimientos de haber obrado mal.

Helen Lewis ha distinguido en general dos estados de vergüenza: uno que denomina «abierto, indiferenciado» y otro al que llama vergüenza «eludida».[40] La vergüenza abierta se refiere a los sentimientos que experimenta un niño cuando es humillado de alguna manera por otras personas. La vergüenza eludida es el correlato de la culpa no reconocida: se trata de una vergüenza que nace de las angustias inconscientemente experimentadas relativas a las ineptitudes del yo. Según la descripción de Lewis, la vergüenza eludida conecta directamente con los sentimientos de inseguridad ontológica: consiste en un miedo reprimido a que la crónica de la identidad del yo no pueda resistir las presiones abrumadoras que pesan sobre su coherencia o aceptabilidad social. La vergüenza devora las raíces de la confianza de forma más corrosiva que la culpa, pues aquélla está comprometida de manera fundamental con el miedo infantil a verse abandonado. La confianza en los demás es la clave del desarrollo de un sentimiento de seguridad ontológica en el niño pequeño, pero su compañera ineludible es la inquietud provocada por la ausencia.

La vergüenza y la confianza están íntimamente ligadas entre sí, pues la experiencia de la vergüenza puede amenazar o destruir la confianza. Así, por ejemplo, cuando una persona interpreta —correcta o equivocadamente— una respuesta de otra como indicación de que sus suposiciones sobre la opinión de ésta son falsas,

38. Jean-Paul SARTRE, *Being and Nothingness*, Londres, Methuen, 1969.

39. Gabriele TAYLOR, *Pride, Shame and Guilt*, Oxford, Clevedon Press, 1985.

40. Helen B. LEWIS, *Shame and Guilt in Neurosis*, Nueva York, International Universities Press, 1971.

puede estar comprometiendo toda una serie de relaciones de confianza establecidas previamente. La confianza básica se forma en el niño como parte de la experiencia de un mundo coherente, continuo y seguro. Allí donde se violan estas expectativas se puede producir una pérdida de la confianza no sólo en otras personas sino en la coherencia del mundo objetivo. Según dice Helen Lynd, una vez que esto ocurre «nos volvemos extraños en un mundo donde pensábamos encontrarnos como en casa. Experimentamos angustia al darnos cuenta de que no podemos confiar en nuestras respuestas a cuestiones como "¿quién soy?" "¿cuál es mi lugar?"... cada vez que se repite una violación de la confianza nos volvemos de nuevo niños inseguros de nosotros mismos en un mundo ajeno».[41]

La vergüenza es el lado malo del sistema motivacional del agente. La otra cara de la vergüenza es el *orgullo* o autoestima: la confianza en la integridad y valor de la crónica de la identidad del yo. Una persona que alimente con éxito un sentimiento de orgullo por su yo será psicológicamente capaz de sentir que su biografía está justificada y es unitaria. El mantenimiento del sentimiento de orgullo tiene efectos que van más allá de la simple protección o realce de la identidad del yo, debido a las relaciones intrínsecas entre la coherencia del yo, sus relaciones con los otros y el sentimiento de seguridad ontológica, más en general. Allí donde los componentes esenciales de la identidad del yo se vean amenazados por razones anteriormente analizadas, pueden correr peligro otros aspectos de la «realidad» del mundo.

El orgullo, fundado en el vínculo social, es continuamente vulnerable a las reacciones de los demás y la experiencia de la vergüenza suele centrarse en ese aspecto «visible» del yo que es el cuerpo. Freud ligaba de hecho la vergüenza al miedo a exponer el cuerpo y a la desnudez: la vergüenza nace de verse desnudo ante las miradas del observador distante. Sin embargo, el miedo a ser visto desnudo es primariamente un fenómeno simbólico que expresa la tensión entre orgullo y vergüenza en la interacción social. El hecho de que la culpa no tenga un correlato positivo correspon-

41. Helen M. LYND, *Shame and the Search for Identity*, Londres, Routledge, 1958, pp. 46-47.

diente al orgullo o autoestima indica la diferencia entre culpa y vergüenza en cuanto a su relevancia para la identidad del yo.

Antes de continuar nuestro análisis nos sería útil aquí inspirarnos en la obra de Erikson y Lynd y confrontar de manera categorial el «eje de la culpa» con el «eje de la vergüenza» de la personalidad (reconociendo que cada uno de ellos forma parte de las actitudes y los comportamientos del individuo, a menudo en situaciones idénticas).

La vergüenza suele estar relegada a un lugar de menor importancia en la literatura psicoanalítica, en parte porque Freud escribió sólo escasamente acerca de ella, pero sobre todo porque alude a conceptos que no se integran fácilmente en la corriente principal de la teoría psicoanalítica y que son precisamente los del yo y su identidad.[42] Piers y Singer relacionan culpa y vergüenza con el superego y con el ideal del ego, respectivamente.[43] La culpa es angustia que se genera siempre que se transgreden las restricciones impuestas por el superego, mientras que la vergüenza deriva de un fracaso en la satisfacción de las expectativas contenidas en el ideal del ego. Según Piers y Singer, la culpa se genera «siempre que se toca o transgrede un límite», mientras que la vergüenza «se produce cuando no se alcanza un objetivo» e «indica una "deficiencia"».[44] No obstante, más que utilizar la noción de ideal de ego podemos apoyarnos en Kohut para relacionar la vergüenza con el yo ideal, concepto éste más amplio y válido. El yo ideal es el «yo según yo quiero que sea».

La vergüenza hunde sus raíces en el «medio arcaico» donde el individuo desarrolla originariamente un sentimiento de identidad del yo aparte de las identidades de las personas de sus cuidadores. El «yo ideal» es un componente esencial de la identidad del yo, pues constituye un canal de aspiraciones positivas en función de las cuales se elabora la crónica de la identidad del yo. En muchos casos, la omnipotencia inicial se moldea hasta convertirse en un sentimiento fiable de autoestima por medio de la aceptación de las

42. Heinz Kohut, *The Analysis of the Self*, Nueva York, International Universities Press, 1971.

43. G. Piers y M. Singer, *Shame and Guilt*, Nueva York, Norton, 1953.

44. *Ibíd.*, p 142.

Eje de la culpa	*Eje de la vergüenza*
Se refiere a actos discontinuos relacionados con el quebrantamiento de códigos o tabúes.	Se refiere al tejido superficial de la identidad del yo.
Implica procesos acumulativos en los que se da un desarrollo de la autonomía por el dominio de las represiones.	Implica una visión de la naturaleza de la crónica de la identidad del yo que no progresa necesariamente.
Exposición de delitos o transgresiones de menor cuantía.	Exposición de rasgos ocultos que comprometen la crónica de la identidad del yo.
Preocupación por el quebrantamiento de códigos de «conducta pertinente» respecto del cuerpo.	Preocupación por el cuerpo en relación con los mecanismos de identidad del yo.
Sentimiento de actuación equivocada en relación con el otro a quien se respeta o ama.	Sentimiento de la propia inadecuación frente al otro a quien se respeta o ama.
La confianza se basa en la ausencia de traición o deslealtad.	La confianza se basa en ser «conocido por el otro»; la revelación del yo no implica angustia por sentirse expuesto.
La superación de la culpa lleva a un sentimiento de rectitud moral.	La superación de la vergüenza conduce a un afianzamiento de la identidad del yo.

imperfecciones y las limitaciones del yo. Una «disminución gradual del ámbito y el poder de la fantasía grandiosa», en expresión de Kohut, «es en general condición para la salud mental del sector narcisista de la personalidad».[45] La experiencia de la vergüenza tiene una importancia fundamental en este proceso. Sin embargo, en ciertas circunstancias, en concreto en el caso de los desórdenes de la personalidad narcisista, el sentido del orgullo por uno mismo y por los propios logros experimenta un hiperdesarrollo (a pesar de los sentimientos ocultos de inferioridad) o se quiebra. Kohut describe esta situación como

45. Heinz Kohut, *Analysis of the Self*, p. 108.

> la lucha por reunificarse entablada por el paciente que sufre un trastorno narcisista de la personalidad, la desesperación —*desesperación sin culpa*, lo subrayo—, de quienes [por ejemplo] en la Baja Edad Media descubren que las pautas básicas de su yo no se habían realizado según lo dispuesto en sus ambiciones e ideales esenciales... Para algunos es el momento de la máxima desesperanza, del aletargamiento más absoluto, de esa depresión sin sentimiento de culpa y de autoagresión que se apodera de quienes sienten haber fracasado...[46]

La vergüenza está directamente relacionada con el narcisismo, pero no va necesariamente acompañada por un yo ideal despótico en sus ambiciones. La vergüenza se relaciona con la dificultad de las personas para separar su identidad de su «unicidad» original con los agentes cuidadores y con su omnipotencia sólo escasamente restringida. La falta de coherencia en los modales o la dificultad para encontrar ideales válidos a los que aspirar puede ser tan importante en relación con la angustia de la vergüenza como las circunstancias cuyos objetivos no son alcanzables por resultar excesivamente exigentes.

Erikson ha observado que «hoy en día el paciente sufre sobre todo por el problema de no saber en qué debería creer y quién debería —o, en realidad, querría— ser o llegar a ser; en cambio, el paciente del psicoanálisis temprano sufría sobre todo por las inhibiciones que le impedían ser lo que, o quien, creía saber que era».[47] En los capítulos siguientes de este libro intentaré ilustrar los motivos de ello e indicar además por qué, en condiciones de modernidad, la vergüenza tiende a aparecer más en primer plano que la culpa como un rasgo de organización del psiquismo.

---

46. Heinz KOHUT, *The Restoration of Self*, Nueva York, International Universities Press, 1977, pp. 238, 241.
47. ERIKSON, *Childhood and Society*, p. 242.

3. La trayectoria del yo

En este capítulo, que amplía el tema del yo, me atendré a la misma línea seguida en el capítulo 1 y recurriré a obras de análisis y consejos prácticos que no sólo describen un «tema» sino que contribuyen a constituir los campos de acción que abordan.

Self-Therapy, obra de Janette Rainwater, es un libro directamente orientado a la práctica. Al igual que el estudio de Wallerstein y Blakeslee, es uno más entre una variedad indefinida de obras sobre su materia y aparece en este análisis por razones sintomáticas más que por su propia importancia. El subtítulo, *A Guide to Becoming Your Own Therapist*, está pensado como un programa de autorrealización al alcance de cualquiera:

> Usted se siente, quizá, inquieto. O abrumado por las exigencias de su esposa, su marido, sus hijos o el trabajo. Es posible que tenga la sensación de que las personas más próximas no le aprecian. Quizá está enfadado porque la vida no le tiene en cuenta y aún no ha realizado todas las grandes cosas que había esperado llevar a cabo. Tiene la sensación de que a su vida le falta algo. Le ha atraído el título de este libro y desea hacerse realmente con las riendas. ¿Qué hacer?[1]

¿Qué hacer? ¿Cómo actuar? ¿Quién ser? Son cuestiones fundamentales para cualquiera que viva en las circunstancias de la modernidad tardía, y a las que respondemos todos en uno u otro plano, discursivamente o por medio de nuestro comportamiento social diario. Se trata de cuestiones existenciales, aunque, según

1. Janette Rainwater, *Self-Therapy*, Londres, Crucible, 1989, p. 9.

veremos más adelante, su relación con las analizadas en el capítulo anterior es problemática.

En el libro de Rainwater aparece expuesta muy pronto una idea clave de su punto de vista. La autora admite que la psicoterapia con otra persona —psiquiatra o consejero— es una parte importante, a menudo, de hecho, crucial, del proceso de autorrealización. Pero, dice Rainwater, la terapia sólo puede tener éxito si implica la propia reflexividad del individuo: «cuando los clientes comienzan también a aprender a practicar la autoterapia».[2] En efecto, la terapia no es algo que se «hace» o que le «ocurre» a una persona; es una experiencia que implica al individuo en una reflexión sistemática sobre el curso del desarrollo de su vida. El psicoterapeuta es en el mejor de los casos un catalizador que puede acelerar lo que debe ser un proceso de autoterapia. Esta afirmación, advierte Rainwater, es también válida para su libro, que puede informar a alguien sobre los posibles modos y direcciones para cambiarse a sí mismo, pero que la persona afectada habrá de organizar interpretativamente en relación con los problemas de su vida.

La autoterapia se basa primeramente y ante todo en una continua autoobservación. Cualquier momento de la vida, subraya Rainwater, es un «momento nuevo» en el que el individuo puede preguntar: «¿qué deseo para mí mismo?». Vivir cada momento de manera reflexiva es tener una conciencia aguda del pensamiento, los sentimientos y las sensaciones corporales. La conciencia permite un posible cambio y puede provocarlo realmente en y a través de uno mismo. Por ejemplo, la cuestión: «¿Es usted consciente de respirar en este preciso momento?», suele provocar, al menos cuando se plantea, un cambio instantáneo. El plantear tal pregunta puede hacer que la persona «se dé cuenta de que está inhibiendo un ciclo normal de respiración plena y permite a su cuerpo exhalar un "¡Ah!" de relajación, aspirar profundamente y a continuación echar el aliento». «Y bien —añade Rainwater abriendo un paréntesis para el lector—, ¿cómo respira usted ahora mismo, tras haber leído este párrafo?» [3] Pregunta que por mi parte podría hacer a modo de eco a cualquiera que lea este texto en particular...

2. *Ibíd.*
3. *Ibíd.*, p. 11.

La conciencia presente, o lo que Rainwater llama «el tipo rutinario de autoobservación», no nos ha de llevar a una inmersión constante en la experiencia del momento. Al contrario, es la auténtica condición para planear con eficacia. La autoterapia significa un intento de vivir cada momento en plenitud, pero no quiere decir, expresamente, que hayamos de sucumbir a la atracción del presente. La cuestión «¿Qué deseo para mí en este momento?» no equivale a vivir al día. El «arte de estar en el ahora» genera ese conocimiento de uno mismo necesario para planear de antemano y construir una trayectoria de vida acorde con los deseos íntimos del individuo. La terapia es un proceso de crecimiento que debe abarcar además los cambios importantes por los que probablemente pasará la vida de una persona. Escribir un diario y redactar una autobiografía de las ideas o de la vida real son medios recomendados para planear el futuro. El diario, sugiere Rainwater, debería escribirse totalmente para uno mismo, nunca con la idea de mostrarlo a nadie más. Es un terreno donde el individuo puede ser completamente honesto y en el que, al aprender de experiencias y errores anteriormente anotados, puede trazar el mapa de un proceso de crecimiento continuado. Al margen de que el diario tenga o no forma autobiográfica explícita, «el pensamiento autobiográfico» es un elemento central de la autoterapia. En efecto, desarrollar un sentido coherente de la historia de la propia vida es un medio primordial para escapar de la esclavitud del pasado y abrirse al futuro. El autor de una autobiografía se ve obligado a retroceder tanto como pueda hacia su infancia temprana y establecer, al mismo tiempo, líneas de posible evolución que abarquen el futuro.

La autobiografía es una intervención correctora en el pasado y no una mera crónica de sucesos ocurridos. Uno de sus aspectos es, por ejemplo, el de «dar pábulo al niño que fuimos». Al volver el pensamiento atrás hasta alguna fase difícil o traumática de la infancia, la persona habla al niño que fue, consolándolo y sosteniéndolo y ofreciéndole consejo. De este modo, piensa Rainwater, se logra superar los sentimientos de «si entonces yo...» y avenirse con ellos. «El propósito fundamental de escribir un material autobiográfico es el de ayudarse a arreglárselas con el pasado...» [4] Otro

4. *Ibíd.*, p. 56.

aspecto es el «ejercicio correctivo y emocional de la experiencia». La persona pone por escrito un suceso del pasado en forma de relato breve redactado en presente, recordando con el máximo detalle lo que ocurrió y los sentimientos concomitantes. A continuación la historia se reescribe de la forma en que a la persona le habría gustado que ocurriera, con nuevos diálogos, sentimientos y una nueva resolución del episodio.

La reconstrucción del pasado va unida a la anticipación de la posible trayectoria vital en el futuro. La autoterapia supone lo que Rainwater llama un «diálogo con el tiempo», un proceso de autocuestionamiento sobre la manera en que el individuo actúa con el tiempo de su vida. Pensar en el tiempo de forma práctica —como aquello que hace posible vivir la vida, más que una cantidad finita en huida constante— permite evitar una actitud «impotente y desesperanzada». El tiempo que «nos lleva» implica una concepción de fatalidad similar a la que hallamos en muchas culturas tradicionales, donde las personas son prisioneras de acontecimientos y situaciones preestablecidas e incapaces de someter sus vidas al imperio de la concepción que tienen de sí mismas. Mantener un diálogo con el tiempo significa reconocer los sucesos que nos preocupan (que fueron reales en el pasado y posiblemente se habrán de afrontar en el futuro) y aceptar sus consecuencias. Rainwater presenta una «escala de puntuación» para los incidentes que provocan tensión, basada en los estudios dedicados a estos temas (resaltando al mismo tiempo que dichos incidentes pueden relacionarse causalmente con el brote de una enfermedad física). Los ejemplos que aduce son la muerte del cónyuge, el divorcio o la separación marital, la pérdida del trabajo, las dificultades económicas y muchos otros acontecimientos o situaciones.

«Hacerse con las riendas de la propia vida» implica riesgo, pues significa encarar una multiplicidad de posibilidades abiertas. El individuo debe estar preparado para romper más o menos completamente con el pasado, si fuera necesario, y considerar nuevos rumbos de acción que no se pueden guiar simplemente por hábitos establecidos. La seguridad lograda al precio de cargar con las pautas establecidas es frágil y se quiebra en algún momento. Más que suministrar los medios para dominar el futuro, presagia el miedo a él:

> las personas que temen el futuro intentan «asegurarse» (con el dinero, las propiedades, la seguridad social, las relaciones personales, los contratos matrimoniales). Los padres pretenden mantener a sus hijos atados a ellos. Algunos niños asustadizos se resisten a abandonar el nido del hogar. Esposos y esposas se esfuerzan por garantizarse la continuidad de la vida y servicios del otro. La dura verdad psicológica es que las relaciones humanas no son permanentes, como no lo son el mercado de valores, el tiempo atmosférico, la «seguridad nacional», etc. Este aferrarse a la seguridad puede ser muy descorazonador para las relaciones interpersonales y una traba para el propio desarrollo. Cuanto más capaces seamos de aprender a comportarnos con autenticidad en el presente con nuestros prójimos, sin establecer reglas ni levantar vallas para el futuro, más fuertes seremos y más íntimos y felices en nuestras relaciones.

Y al final... la muerte: «y la posibilidad de ser, también aquí, quienes nos hagamos con las riendas».[5] Al pedir a las personas que piensen en la muerte, dice Rainwater, se suscitan dos actitudes características. En una, la muerte se asocia con el miedo, como en el caso de quienes dedican mucho tiempo a lamentarse por su propia muerte o por la de los seres queridos; en la otra, la muerte se considera materia incognoscible y, por tanto, una cuestión que se debe evitar en la medida de lo posible. Ambas actitudes —el miedo a la muerte y la negación de ella— pueden abordarse mediante un programa de ayuda a sí mismo basado en las mismas técnicas descritas en otros pasajes del libro de Rainwater. Volver el pensamiento al pasado, a la primera experiencia del fallecimiento de otra persona, nos permite comenzar a poner al descubierto sentimientos ocultos acerca de la muerte. En este caso la mirada hacia el futuro implica considerar los años de vida que, en nuestra opinión, aún tenemos por delante e imaginar las circunstancias de la futura muerte. El enfrentamiento imaginado con ella nos permite volver a plantearnos la cuestión general: «¿Qué hacer?»

5. *Ibíd.*, p. 194.

Imagínese que le han dicho que sólo le quedan tres años de vida. Su salud será buena durante ese tiempo... ¿Cuál ha sido su respuesta inmediata?... ¿Comenzar a planear la manera de pasar el tiempo? ¿O irritarse por su brevedad? Más que «enfurecerse por la muerte de la luz» o de empantanarse en los mecanismos sobre la manera de morir en este supuesto imaginario, decida cómo desea pasar su tiempo, *cómo quiere vivir estos tres últimos años.*

¿Dónde le apetece vivir?
¿Con quién desea vivir?
¿Quiere trabajar?
¿Quiere estudiar?
¿Hay en sus fantasías algún elemento que querría incorporar a su vida ordinaria?[6]

Identidad del yo, historia, modernidad

¿Hasta qué punto son distintivos, desde una perspectiva histórica, los intereses y orientaciones expresados en el «manual para ayudarse a sí mismo» de Rainwater? Naturalmente, podríamos limitarnos a decir que la búsqueda de la identidad del yo es un problema moderno que tiene, quizá, sus orígenes en el individualismo occidental. Baumeister pretende que en la época premoderna faltaba esa insistencia nuestra, ahora normal, en la individualidad.[7] La idea de que toda persona tiene un carácter único y posibilidades especiales, susceptibles o no de cumplirse, es ajena a la cultura premoderna. En la Europa medieval el linaje, el género, el rango social y otros atributos decisivos para la identidad estaban relativamente fijados. A lo largo de los diversos estadios de la vida se producirían cambios; pero tales cambios estarían dirigidos por procesos institucionalizados y el papel del individuo en ellos era relativamente pasivo. El análisis de Baumeister recuerda al de

6. *Ibíd.*, p. 209.
7. Roy F. BAUMEISTER, *Identity. Cultural Change and the Struggle for Self*, Nueva York, Oxford University Press, 1986.

Durkheim: en cierto sentido el «individuo» no existe en las culturas tradicionales, donde no se elogiaba la individualidad. Sólo con la aparición de las sociedades modernas y, más en concreto, con la diferenciación de la división del trabajo, el individuo concreto se convirtió en foco de atención.[8]

No hay duda de que estas opiniones encierran algo de verdad. Pero, por mi parte, no creo que la existencia del «individuo», y mucho menos del yo, sea un rasgo distintivo de la modernidad. No hay duda de que la «individualidad» ha sido estimada —con límites variables— en todas las culturas, como también lo ha sido, en un sentido u otro, el cultivo de las posibilidades individuales. Más que hablar en términos generales de «individuo», «yo» o incluso «identidad del yo», deberíamos intentar descomponer estas cuestiones en detalles más sutiles. Podemos comenzar por situar algunos de los puntos específicos del retrato que traza Rainwater de lo que es la psicoterapia, los efectos que produce y sus implicaciones. Podemos extraer de su texto los siguientes elementos:

1. El yo está visto como un proyecto reflejo del que es responsable el individuo (esta cuestión apareció anteriormente, en el capítulo 1). No somos lo que somos, sino lo que nos hacemos. No sería correcto decir que el yo se considera completamente vacío de contenido, pues existen procesos psicológicos de autoformación y necesidades psicológicas que suministran parámetros para la reorganización del yo. No obstante, y por otra parte, lo que el individuo llega a ser depende de los esfuerzos reconstructivos que acometa. Tales esfuerzos son algo más que un mero «llegar a conocerse» mejor: el conocimiento de uno mismo está subordinado al propósito más incluyente y fundamental de construir/reconstruir un sentido de identidad coherente y provechoso. La implicación de este tipo de reflexividad en la investigación social y psicológica es muy evidente y constituye una característica general de la perspectiva psicoterapéutica recomendada.

2. El yo realiza una trayectoria de desarrollo del pasado a un futuro previsto. El individuo se apropia de su pasado indagando a

8. Emile DURKHEIM, *The Division of Labour in Society*, Londres, Macmillan, 1984.

través del mismo a la luz de lo que se prevé para un futuro (organizado). La trayectoria del yo posee una coherencia que deriva de la conciencia cognitiva de las diversas fases del tiempo de la vida. El tiempo de la vida, más que los sucesos del mundo exterior, se convierte en «cuadro de fondo» dominante en el sentido gestáltico. No se trata en absoluto de que todos los acontecimientos o instituciones externas sean una imagen borrosa sobre la que sólo la vida tiene forma y resalta con claro relieve; sin embargo, esos sucesos sólo se intervienen en la medida en que proporcionan apoyo al desarrollo del yo, levantan barreras que deben superarse o son fuente de inseguridades que hay que afrontar.

3. La reflexividad del yo es continua y generalizada. En cada momento, o al menos a intervalos regulares, se le pide al individuo que se interrogue a sí mismo por lo que sucede, y él, comenzando con una serie de cuestiones planteadas conscientemente, se acostumbra a preguntar «¿cómo puedo aprovechar este momento para cambiar?». La reflexividad forma parte, en este sentido, de la historicidad refleja de la modernidad, en cuanto que es distinta del control reflejo más genérico de la acción. Según subraya Rainwater, se trata de un arte práctico de autoobservación:

> ¿Qué ocurre en este preciso momento?
> ¿En qué pienso?
> ¿Qué estoy haciendo?
> ¿Qué siento?
> ¿Cómo respiro?[9]

4. Está claro que la identidad del yo, como fenómeno coherente, presupone una crónica: se explicita la crónica del yo. Llevar un diario y redactar una autobiografía son recomendaciones fundamentales para mantener un sentimiento integrado del yo. Los historiadores admiten en general que la escritura de autobiografías (y de biografías) sólo se desarrolló durante la época moderna.[10] La mayoría de las autobiografías publicadas son, naturalmente, panegíricos de las vidas y hazañas de individuos distinguidos: son for-

9. Janette Rainwater, *Self-Therapy*, p. 15.

10. John O. Lyons, *The Invention of the Self*, Carbondale, Southern Illinois University Press, 1978.

mas de destacar las experiencias especiales de tales personas de entre las de la población en general. Vista así, la autobiografía parece más bien un rasgo marginal de la distintividad del individuo en su totalidad. Pero una autobiografía —en especial en el sentido amplio de historia interpretativa del yo presentada por el individuo en cuestión, tanto si está puesta por escrito como si no— se sitúa en la actualidad en el centro de la identidad del yo en la vida social moderna. Como cualquier otra crónica formalizada, se trata de algo que debe ser elaborado y exige obviamente recursos creativos.

5. La realización del yo implica el control del tiempo; fundamentalmente el establecimiento de zonas de tiempo personal que sólo guardan relaciones remotas con los órdenes temporales externos (el mundo rutinario espaciotemporal dominado por el reloj y por las normas universales de medida). La insistencia en la primacía del tiempo personal (la *durée* de la vida social cotidiana) se encuentra profusamente en el libro de Rainwater (aunque, según hemos visto, no se presenta como una filosofía del «presente absoluto», sino como un modo de controlar el tiempo disponible de la vida). «Mantener un diálogo con el tiempo» es la auténtica base de autorrealización, pues es la condición esencial para conseguir satisfacción en cualquier momento dado (para vivir plenamente). El futuro se piensa como un eco de las posibilidades que, sin embargo, no está abierto a la acción plena de la contingencia. El futuro ha de ser ordenado en la medida de lo posible justamente por esos procesos activos de control temporal e interacción activa de los que depende la integración de la crónica del yo.

6. La reflexividad del yo se *extiende al cuerpo*, entendido —según hemos insinuado en el capítulo precedente— como parte de un sistema de acción más que como un mero objeto pasivo. La observación de los procesos corporales («¿Cómo respiro?») es inherente a la atención refleja continua que el agente se ve instado a prestar a su comportamiento. La conciencia del cuerpo es fundamental para «captar la plenitud del momento» e implica el control consciente de la percepción sensorial del entorno, así como de los principales órganos y de las disposiciones corporales en conjunto. La conciencia del cuerpo implica también la de las exigencias del ejercicio y la dieta. Rainwater señala que las personas hablan de «seguir una dieta» (¡pero todos nos atenemos a alguna!). Nuestra

dieta es lo que comemos; en muchos momentos críticos del día tomamos decisiones sobre si comeremos o beberemos y qué será exactamente lo que comamos o bebamos. «Si no le agrada la dieta que mantiene, dispone ya de un nuevo minuto y un nuevo momento de elección y podrá cambiarla. ¡La decisión está en sus manos!» [11]

La conciencia del cuerpo recuerda a los regímenes practicados en algunas religiones tradicionales, en especial las orientales. De hecho Rainwater, como muchos otros que escriben sobre realización del yo o sobre psicoterapia en la actualidad, recurre a algunos de estos regímenes en los programas que expone. Sin embargo, las diferencias son acusadas. En efecto, la autora presenta la conciencia del cuerpo como un medio para construir un yo diferenciado, y no para disolver el ego. La experiencia del cuerpo es una manera de cohesionar el yo como una totalidad integrada que le permita decir al individuo: «aquí es donde vivo».

7. La realización del yo se entiende como un *equilibrio entre oportunidad y riesgo*. Desprenderse del pasado mediante las diversas técnicas de liberación de los hábitos emocionales opresivos es algo que genera una multiplicidad de oportunidades para el desarrollo propio. El mundo se llena de posibles vías de ser y actuar en forma de compromisos experienciales que el individuo es capaz de iniciar desde ese momento. No sería correcto decir que la persona psicológicamente liberada afronta el riesgo, mientras que el yo más tradicional no lo hace; se trata más bien de la *conciencia secular del riesgo* inherente a las estrategias de cálculo que se han de adoptar en relación con el futuro.

El individuo tiene que afrontar nuevos azares como parte obligada de su ruptura con las pautas de comportamiento establecidas (incluido el riesgo de que las cosas puedan quizá ir peor que antes). Otro libro sobre autoterapia describe la situación de la siguiente manera:

> Para que su vida cambie a mejor, deberá aprovechar las oportunidades. Tendrá que salir de su rutina, encontrarse con gente nueva, explorar nuevas ideas y recorrer senderos que no

11. Janette RAINWATER, *Self-Therapy*, p. 172.

le resulten familiares. En cierto sentido, los riesgos de crecer implican penetrar en lo desconocido, en una tierra ignota cuya lengua y costumbres son diferentes y donde usted deberá aprender a moverse... Lo paradójico es que, hasta que no nos hayamos desentendido de lo que nos hace sentirnos seguros, nunca podremos confiar realmente en el amigo, el compañero o el trabajo que nos ofrece algo. La verdadera seguridad personal no viene de fuera, sino de dentro. Cuando nos sentimos realmente seguros, debemos confiar plenamente en nosotros mismos.

Si rechazamos deliberadamente aceptar riesgos para desarrollarnos, quedaremos inevitablemente atrapados en nuestra situación o terminaremos por cargar con ellos sin encontrarnos preparados. En cualquiera de los dos casos habremos limitado nuestro crecimiento personal y nos habremos impedido una acción que nos habría proporcionado una gran estima propia.[12]

8. La línea moral de realización del yo es una línea de *autenticidad* (aunque no en el sentido heideggeriano) y se basa en «ser fiel a uno mismo». El progreso personal depende de la superación de bloqueos y tensiones emocionales que nos impiden comprendernos como realmente somos. Ser capaz de actuar con autenticidad es más que actuar simplemente en función del conocimiento del yo, por más válido y posible que éste sea; significa también desenmarañar —según la expresión de Laing— el yo verdadero del falso. En cuanto individuos no somos capaces de «hacer historia», pero si ignoramos nuestra experiencia interior, estaremos condenados a repetirla, al quedar prisioneros de rasgos faltos de autenticidad porque dimanan de sentimientos y situaciones pasadas que nos han sido impuestas por otros (especialmente en la infancia temprana). El santo y seña de la autoterapia es «recuperarse o repetir».

La moralidad de la autenticidad elude cualquier criterio moral universal y hace referencia a los demás únicamente dentro del ám-

12. Sharon WEGSCHEIDER-CRUSE, *Learning to Love Yourself*, Deerfield Beach, Health Communications, 1987.

bito de las relaciones íntimas (si bien dicho ámbito se acepta como algo de suma importancia para el yo). Ser sincero con uno mismo significa encontrarse, pero, dado que se trata de un proceso activo de construcción del yo, ha de estar configurado por objetivos generales (los de liberarse de las dependencias y lograr la plenitud). La plenitud es en cierta medida un fenómeno moral, pues significa fomentar un sentimiento de ser «bueno», de ser una «persona valiosa»: «Sé que en cuanto aumente mi autoestima, sentiré más integridad, honestidad, compasión, energía y amor.»[13]

9. El proceso de la vida se contempla como un conjunto de «pasajes». El individuo pasará probablemente, o con seguridad, por ellos, pero dichos pasajes no están institucionalizados ni van acompañados de ritos formalizados. Todos ellos implican una pérdida (y, posiblemente, también una ganancia) que —como en el caso de la separación marital— habrá de ser objeto de duelo para que la realización del yo siga su curso normal. Los pasajes de la vida dan una especial contundencia a la interacción entre riesgo y oportunidad a la que anteriormente nos hemos referido (sobre todo, aunque no exclusivamente, cuando su principal iniciador es el individuo afectado). Resolver una transición importante en la vida, abandonar el hogar, obtener un trabajo nuevo, afrontar el paro, establecer una nueva relación, moverse por terrenos o rutinas diferentes, hacer frente a la enfermedad, iniciar una psicoterapia..., todo ello significa correr de forma consciente riesgos interesantes a fin de aferrar las nuevas oportunidades a las que nos dan acceso las crisis personales. La diferencia entre los pasajes de la vida y otros procesos análogos en situaciones tradicionales no consiste sólo en la ausencia de un ritual. Más importante es aún el hecho de que tales pasajes formen parte de la trayectoria reflejamente activada de la realización del yo y sean superados por medio de ella.

10. La línea de desarrollo del yo es *internamente referencial*: el único hilo conector significante es la trayectoria de la vida en cuanto tal. La integridad personal, como logro de un yo auténtico, nace de integrar las experiencias de la vida en la crónica del desarrollo del yo, de la creación de un sistema de creencias personales mediante el cual el individuo reconoce que «ante todo se debe leal-

13. *Ibíd.*, p. 79.

tad a sí mismo». Los puntos de referencia esenciales están establecidos «desde dentro», en función de cómo el individuo construye/reconstruye la historia de su vida.

Sobre todo esto se plantean, por supuesto, cuestiones a las que se podría responder. ¿En qué medida son válidas estas concepciones? ¿Son ideológicas en algún sentido? ¿Tienen más que ver con la psicoterapia que con cualquier otro cambio que pueda haber afectado al yo en las condiciones sociales de la modernidad? De momento quedan en suspenso estos problemas. Considero justificado afirmar que por más parciales, inadecuadas y subjetivas que puedan ser las ideas que acabamos de esbozar, indican algo real en torno al yo y a su identidad en el mundo contemporáneo (el mundo de la modernidad tardía). Al relacionarlas con las transformaciones características de este mundo podemos ver cómo es posible que sea así.

Estilos y planes de vida

El telón de fondo es aquí el terreno existencial de la vida de la modernidad tardía. En un universo social postradicional, reflejamente organizado, invadido por sistemas abstractos y en el que la reordenación del tiempo y el espacio reordena lo local con lo universal, el yo experimenta cambios masivos. La psicoterapia, incluida la autoterapia, expresa esos cambios y proporciona al mismo tiempo programas para realizarlos en forma de realización del yo. En el plano del yo, un componente fundamental de la actividad diaria es el de la mera *elección*. Obviamente, no hay cultura que elimine del todo la elección en los asuntos cotidianos y todas las tradiciones son efectivamente elecciones entre un conjunto indefinido de posibles pautas de comportamiento. Sin embargo, la tradición o los hábitos establecidos ordenan la vida dentro de canales relativamente impuestos. La modernidad coloca al individuo frente a una compleja diversidad de elecciones y, al carecer de carácter fundacional, ofrece al mismo tiempo poca ayuda en cuanto a qué opción se habrá de escoger. De ello pueden derivar varias consecuencias.

Una de ellas se refiere a la primacía del *estilo de vida* (y su inevitabilidad para el agente individual). La noción de estilo de vida resulta un tanto trivial porque muy a menudo suele concebirse únicamente en función de un consumismo social: los estilos de vida, según los presentan las revistas elegantes y las imágenes publicitarias.* Sin embargo, hay aquí algo mucho más fundamental que lo que da a entender esta idea: en las condiciones de la modernidad reciente todos nosotros nos atenemos a estilos de vida, pero además, en cierto sentido, nos vemos forzados a hacerlo (no tenemos más elección que elegir). Un estilo de vida puede definirse como un conjunto de prácticas más o menos integrado que un individuo adopta no sólo porque satisfacen necesidades utilitarias, sino porque dan forma material a una crónica concreta de la identidad del yo.

La expresión «estilo de vida» no es un término muy aplicable a las culturas tradicionales, pues implica elección entre una pluralidad de posibles opciones y más que ser «transmitido» es «adoptado». Los estilos de vida son prácticas hechas rutina: las rutinas presentes en los hábitos del vestir, el comer, los modos de actuar y los medios privilegiados para encontrarse con los demás; pero las rutinas que se practican están reflejamente abiertas al cambio en función de la naturaleza móvil de la identidad del yo. Cada una de las pequeñas decisiones que toma la persona cada día (qué ponerse, qué comer, cómo comportarse en el trabajo, con quién verse al finalizar la tarde) contribuye a tales rutinas. Todas esas elecciones —así como otras de mayor amplitud y consecuencias— son decisiones referentes no sólo a cómo actuar sino a quién ser. Cuanto más postradicionales sean las circunstancias en que se mueva el individuo, más afectará el estilo de vida al núcleo mismo de la identidad del yo, a su hacerse y rehacerse.

* El término «estilo de vida» es un interesante ejemplo de reflexividad. Según William Safire, columnista del *New York Times*, derivaría de los escritos de Alfred Adler y de allí lo habrían tomado los radicales de los años sesenta y los publicistas, por aquellas mismas fechas. Sin embargo, en opinión de Dennis Wrong, el autor más influyente en este punto fue Max Weber: el «estudio de la vida», relacionado con el uso weberiano de *Stände*, acabó convirtiéndose en «estilo de vida» en la lengua corriente.[14]

14. Dennis H. Wrong, «The influence of sociological ideas on American culture», en Herbert J. Gans, *Sociology in America*, Beverly Hills, Sage, 1990.

Se suele pensar que la noción de estilo de vida se aplica específicamente al área del consumo. Es cierto que el mundo del trabajo está dominado por la compulsión económica y que los estilos de comportamiento en el puesto de trabajo están menos sujetos al control del individuo que en las situaciones ajenas al trabajo. Pero, aunque estas diferencias existen claramente, sería erróneo suponer que el estilo de vida se refiere únicamente a actividades realizadas fuera del trabajo. El trabajo condiciona fuertemente las *oportunidades de vida*, en el sentido weberiano. El concepto de oportunidad de vida se ha de entender en función de la accesibilidad a posibles estilos de vida. Ahora bien, el trabajo no está en absoluto separado del terreno donde se dan las elecciones plurales, y elección del trabajo y del medio de trabajo son un elemento básico de las orientaciones de estilo de vida en la moderna división de aquél, que es extremadamente compleja.

Hablar de una multiplicidad de elecciones no supone que todas ellas estén abiertas a todo el mundo o que las personas decidan siempre sobre opciones con pleno conocimiento del abanico de alternativas factibles. En el trabajo, como en el terreno del consumo, existe una multiplicidad de elecciones de estilo de vida para todos los grupos que se han liberado de las trabas de las condiciones de actividad tradicionales. Naturalmente, según ha señalado insistentemente Bourdieu, las variaciones de estilo de vida entre grupos son también atributos de estratificación elementalmente estructurantes y no sólo el «resultado» de las diferencias de clase en el reino de la producción.[15]

Los modelos generales de estilo de vida son, por supuesto, menos diversos que la pluralidad de estilos accesibles a las decisiones diarias e incluso a las estrategias a largo plazo. Un estilo de vida implica un haz de hábitos y orientaciones y posee, por tanto, cierta unidad —importante para mantener un sentimiento continuo de seguridad ontológica— que relaciona opciones en un modelo más o menos ordenado. Cualquiera que haya adoptado un estilo dado de vida habrá de considerar forzosamente que varias opciones son «de carácter ajeno» a dicho estilo, como lo harían otras personas

15. Pierre BOURDIEU, *Distinction*, Cambridge, Mass., Harvard University Press, 1986.

con quienes interactuara. Por otra parte, la selección o creación de estilos de vida está influida por presiones de grupo y por la visibilidad de los modelos de rol, así como por las circunstancias socioeconómicas.

La pluralidad de elecciones que se presenta a los individuos en la situación de modernidad reciente depende de varios factores. El primero es el hecho de vivir en un orden postradicional. Actuar en un mundo de elecciones plurales y comprometerse en él es optar entre alternativas, dado que las marcas puestas por la tradición están ahora en blanco. Así, alguien podría decidir, por ejemplo, ignorar los hallazgos de la investigación que muestran que una dieta con una elevada proporción de frutas y fibra y baja en azúcar, grasas y alcohol es beneficiosa físicamente y reduce el riesgo de contraer algunos tipos de enfermedades. Esta persona podría mantenerse fiel a la misma dieta de alimentos no fibrosos, grasos y azucarados que consumían los individuos de la generación anterior. Sin embargo, dadas las opciones disponibles en cuestión de dieta y el hecho de que el individuo tiene al menos cierta idea de ellas, su conducta formaría también parte de un estilo de vida característico.

El segundo es lo que Berger denominaba la «pluralización de los mundos de vida».[16] Según señala este autor, durante la mayor parte de la historia humana la gente vivió en situaciones sociales muy estrechamente relacionadas entre sí. Tanto si se trataba de las condiciones del trabajo, como del ocio o la familia, el individuo solía vivir dentro de una serie de entornos comparables (fenómeno fuertemente reforzado por el predominio de la comunidad local en la mayoría de las culturas premodernas). Las circunstancias de la vida moderna son mucho más diversas y segmentadas. Un elemento particular de esa segmentación es la diferenciación entre ámbitos públicos y privados (pero cada uno de ellos está sujeto igualmente a una pluralización interna). Los estilos de vida van característicamente unidos a un medio de acción específico y constituyen su expresión. Las opciones de estilo de vida son, pues, a menudo decisiones que se ven absorbidas por estos medios a expensas de otras alternativas posibles. Al ser característico de los

16. Peter Berger *et al.*, *The Homeless Mind*, Harmondsworth, Penguin, 1974.

individuos moverse entre los diferentes entornos o localizaciones en el curso de su vida cotidiana, podrán sentirse incómodos en aquellos ambientes que, en cierto modo, pongan en cuestión su propio estilo de vida.

Las elecciones de estilo de vida y actividad tienden muy a menudo a adquirir para el individuo un carácter segmentario, debido en parte a la existencia de múltiples medios de acción: los modos de acción observados en una circunstancia concreta pueden diferir más o menos sustancialmente de los adoptados en otras. Denominaré a estos segmentos sectores de *estilo de vida*. Un sector de estilo de vida se refiere a una «porción» de las actividades generales del individuo; dentro de él se adopta y lleva a cabo un conjunto razonablemente consistente de prácticas. Los sectores de estilo de vida son aspectos de la regionalización de las actividades.[17] Un sector de estilo de vida puede incluir, por ejemplo, lo que una persona hace ciertas tardes o fines de semana, por contraposición con otros momentos de la misma; una amistad o un matrimonio pueden ser también un sector de estilo de vida en la medida en que las formas específicas de comportamiento elegido en el espacio-tiempo les dan coherencia interna.

Un tercer factor que condiciona la pluralidad de elección es el impacto existencial provocado en condiciones de modernidad por la naturaleza contextual de creencias acreditadas. Según señalé en el capítulo primero, el proyecto de la Ilustración de sustituir la tradición arbitraria y las pretensiones especulativas de conocimiento por la certeza de la razón acabó en un completo fracaso. La reflexividad de la modernidad no actúa en condiciones de certeza progresiva sino de duda metódica. Las autoridades más fiables sólo son fiables «hasta nuevo aviso»; y los sistemas abstractos que impregnan en tan considerable proporción la vida diaria, más que ofrecer guías o recetas de acción fijas proporcionan una multiplicidad de posibilidades. Siempre podemos dirigirnos a los expertos, pero es frecuente que ellos mismos estén en desacuerdo tanto acerca de la teoría como del diagnóstico práctico. Pensemos en la psicoterapia. Cualquier interesado en ella se enfrenta a una desconcertante variedad de escuelas de pensamiento y tipos de pro-

17. Anthony GIDDENS, *The Constitution of Society*, cap. IV.

grama y deberá tener igualmente en cuenta el hecho de que algunos psicólogos descartan por completo la eficacia de la mayoría de las formas de terapia. Lo mismo vale para las áreas más rigurosas de la ciencia pura, sobre todo desde que también pueden ponerse en duda las pretensiones genéricas de ciencia. Así, una persona con un problema médico concreto puede verse abocada a decidir no sólo entre formas alternativas de tratamiento tecnificado sino también entre las afirmaciones opuestas de la medicina científica y la holística (donde pueden darse también innumerables variantes que propondrán sus soluciones particulares).

En cuarto lugar, el predominio de la experiencia mediada influye igualmente, sin duda, en el pluralismo de elección de manera obvia y de formas más sutiles. Con la creciente generalización de los medios de comunicación, cualquiera que pretenda recabar información pertinente tendrá al alcance de su vista, en principio, un variado número de situaciones. El efecto de *collage* de la televisión y la prensa da forma específica a la yuxtaposición de ambientes y elecciones potenciales de estilo de vida. Por otra parte, la influencia de los medios de comunicación no se ejerce exclusivamente en la dirección de la diversificación y la fragmentación. Los medios ofrecen acceso a situaciones con las que el individuo podría no entrar nunca en contacto personal, pero al mismo tiempo se superan ciertas fronteras entre ámbitos que anteriormente se hallaban separados. Según señala Meyrowitz, los medios de comunicación, en especial los electrónicos, alteran la «geografía situacional» de la vida social: «Los medios nos convierten cada vez más en audiencia "directa" de los acontecimientos que se producen en otros lugares y nos permiten acceder a audiencias que no se hallan "físicamente presentes".» [18] Como resultado de ello, la unión tradicional entre «circunstancia física» y «situación social» ha quedado minada; las situaciones sociales mediadas construyen nuevas formas de participación común —y nuevas diferencias— entre las formas de experiencia social previamente establecidas. Aunque se pueden criticar las interpretaciones particulares de Meyrowitz, la tendencia general de este punto de vista es sin duda correcta.

En un mundo de opciones alternativas de estilo de vida, la *pla-*

18. Joshua Meyrowitz, *No Sense of Place.*

nificación estratégica de la vida adquiere una especial importancia. Al igual que los modelos de estilo de vida, los planes de vida de uno u otro tipo acompañan inevitablemente, en cierto modo, a las formas sociales postradicionales.[19] Los planes de vida son el contenido sustancial de la trayectoria reflejamente organizada del yo. La planificación de la vida es un medio de preparar una línea de acción futura activada en función de la biografía del yo. Podríamos hablar aquí también de la existencia de calendarios personales, de *calendarios de plan de vida*, en relación con los cuales se gestiona el tiempo personal de la vida. Los calendarios personales son dispositivos para situar en el tiempo los acontecimientos significativos en la vida de un individuo incorporándolos a una cronología personalizada. Al igual que los planes de vida, los calendarios personales están sujetos de manera característica a revisión y recomposición en función de las alteraciones de las circunstancias o del marco intelectual del individuo. Según señala el análisis de *Second Chances*, el momento «en que me casé» puede verse desplazado por «cuando se rompió el matrimonio», en cuanto efemóride fundamental en un calendario de plan de vida, como hito psicológico más significativo. Los calendarios personales incluyen muy a menudo elementos de experiencia mediada (como cuando un matrimonio recuerda, por ejemplo, haberse casado «dos semanas después del asesinato del presidente Kennedy»).[20]

La planificación de la vida supone un modo específico de organizar el tiempo, pues la construcción refleja de la identidad del yo depende tanto de la preparación para el futuro como de la interpretación del pasado, aunque en este proceso es siempre importante la «reelaboración» de los sucesos del pasado. La planificación de la vida no implica necesariamente prepararse estratégicamente para la vida futura como totalidad, si bien el libro de Rainwater deja bien claro que llegar a prever momentos tan alejados como el fin imaginado de la propia vida y cada una de las posibles fases intermedias es fundamental para la realización del yo.[21]

19. *Cf.* BERGER *et al.*, *Homeless Mind*, pp. 69 ss.

20. Véase Harvey SACKS, «On members measurement systems», *Research on Language and Social Interaction*, 22, 1988-1989.

21. Janette RAINWATER, *Self-Therapy*, pp. 56 ss.

Las elecciones de estilo de vida y la planificación de la vida no se dan solamente «en» la vida diaria de los agentes sociales ni son constitutivas de ella, sino que crean situaciones institucionales que les ayudan a configurar sus actos. Ésta es una de las razones de por qué, en las condiciones de la modernidad reciente, su influencia es más o menos universal, sin que importe el carácter limitador de las situaciones sociales de los individuos o grupos concretos. Consideremos la posición de una mujer negra, cabeza de una familia uniparental con varios hijos, que viva en condiciones de pobreza en el centro de la ciudad. Se puede suponer que esa persona habrá de observar exclusivamente con envidia amarga las opciones de que disponen los más privilegiados. Para ella sólo existe la fatiga de una sucesión de actividades diarias ejecutadas dentro de límites estrictamente definidos: no tiene la oportunidad de seguir estilos de vida diferentes y apenas le es posible planificar la vida, pues está dominada por exigencias externas.

Es evidente que las oportunidades de vida condicionan las elecciones de vida para cualquier individuo o grupo (deberíamos recordar que las elecciones de estilo de vida se suelen utilizar de forma activa para reforzar la distribución de las oportunidades de vida). La emancipación de situaciones de opresión es el medio necesario para ampliar el campo de algunos tipos de opciones de estilo de vida (véase más adelante el capítulo VII, «Aparición de la política de la vida»). Sin embargo, hasta los individuos menos privilegiados viven actualmente en condiciones invadidas por componentes institucionales de modernidad. Las posibilidades negadas por la privación económica son diferentes y se sienten de distinta manera —*en cuanto* posibilidades— en el caso de quienes quedan excluidos por los marcos de la tradición. Además, en algunas circunstancias de pobreza el poder de la tradición ha quedado quizá aún más completamente destruido que en otros ámbitos. En consecuencia, la construcción creativa de un estilo de vida puede convertirse en un rasgo especialmente característico de tales situaciones. Los hábitos de estilo de vida están formados por las resistencias de la vida del gueto tanto como por la elaboración directa de estilos culturales y modos de actividad distintivos.

En tales situaciones, la creación refleja de la identidad del yo puede ser tan importante como entre las capas sociales ricas y verse tan fuertemente afectada por influencias universalizantes como en el caso de éstas. Por muy restringida y ardua que sea su vida, una mujer negra que se halle al frente de un hogar sin padre conocerá, no obstante, los factores que alteran la posición de las mujeres en general y sus actividades quedarán modificadas, casi con certeza, por ese conocimiento. Dada la naturaleza rudimentaria de sus circunstancias sociales, se verá prácticamente obligada a indagar nuevos modos de actividad para con sus hijos, sus relaciones sexuales y sus amistades. Aunque quizá no esté articulada discursivamente en cuanto tal, esta indagación implica una modelación refleja de la identidad de su yo. No obstante, las privaciones que sufre pueden hacer que esas tareas le resulten una carga casi insoportable, una fuente de desesperación más que de autoenriquecimiento.

La planificación de la vida es un ejemplo específico de un fenómeno más general que analizaré con cierto detalle en un capítulo posterior como «colonización del futuro». El «diálogo con el tiempo» de Rainwater es practicado sin duda de formas diversas en las distintas situaciones sociales y en el seno de los diferentes estratos. La orientación hacia el control del tiempo que la autora describe (y por la que aboga) genera rechazos y dislocaciones temporales así como el intento reflejo de traer el futuro al presente. Un quinceañero que «va a la deriva» se niega a imaginar una posible carrera y «no piensa en el futuro», rechaza esa orientación pero lo hace de una manera específicamente opuesta a cierta forma de pensar cada vez más temporal.

Finalmente, la pluralidad de elección puede vincularse directamente a las relaciones con los otros (a la transformación de la intimidad).[22] No expondré un análisis detallado sobre si las relaciones personales son en la actualidad significativamente distintas de los lazos estrechos interpersonales de las situaciones premodernas. Sabemos que el matrimonio moderno difiere de manera muy impresionante de las instituciones matrimoniales de la Europa anterior a la modernidad, así como de la generalidad de las culturas no modernas. Algo análogo puede decirse de la amistad. Los griegos no tenían una palabra para el concepto de «amigo» en el sentido actual: *philos* se utilizaba para referirse a «cualquier persona "muy

22. Anthony GIDDENS, *The Consequences of Modernity.*

próxima y querida", sin distinguir si se trataba de parientes, afines u otros individuos no relacionados por la sangre».[23] La red de *philoi* de una persona estaba dada en buena parte por la posición social del individuo; sólo quedaba un estrecho margen de maniobra para la elección espontánea. Una situación así es característica de muchas culturas tradicionales en las que, si existe la noción de «amigo», se refiere sobre todo a los próximos, por oposición a los forasteros (extranjeros o enemigos potenciales). Una de las características de los sistemas modernos de intimidad sexual y amistad es que los compañeros se eligen entre diversas posibilidades. Naturalmente, la proximidad es por lo general necesaria para desarrollar relaciones íntimas y la extensión de la elección real varía de acuerdo con muchas diferencias sociales y psicológicas. Pero los anuncios de corazones solitarios, las citas registradas en el ordenador y otras formas de servicios de contactos demuestran suficientemente que la elección plural es fácil de conseguir, con tal que la persona esté dispuesta a desprenderse de los últimos vestigios de la forma tradicional de hacer las cosas. Sólo cuando los lazos han sido elegidos más o menos libremente podemos hablar de «relaciones» en el sentido que este término ha adquirido recientemente en el lenguaje no especializado. Los vínculos sexuales razonablemente duraderos y las relaciones de matrimonio y amistad tienden a aproximarse hoy en día a la *relación pura*. En condiciones de modernidad reciente y por razones cuya explicación dejaremos una vez más para más adelante, la relación pura (que no tiene nada que ver con la pureza sexual) acaba teniendo una importancia fundamental para el proyecto reflejo del yo. Esto es tan evidente en el libro de Rainwater como en prácticamente todas las obras de psicoterapia, tanto las que están dirigidas a la autoterapia como las que no lo están.

Teoría y práctica de la relación pura

El siguiente pasaje aparece bajo el encabezamiento «Inseguridad emocional en las relaciones» y está extraído de la obra de She-

23. Pat EASTERLING, «Friendship and the Greeks», en Roy PORTER y Sylvana TOMASELLI, *The Dialectics of Friendship*, Londres, Routledge, 1989, p. 11.

re Hite *Mujeres y amor*. El estudio de Hite se basa en extensos comentarios recogidos entre mujeres norteamericanas sobre sus experiencias y sentimientos en relación con los hombres. Ésta es la respuesta de una de ellas:

> Por algún motivo, tengo la sensación de una permanente insatisfacción. O bien él no me llama, o cuando me llama no es romántico, o cosas por el estilo... Cuando intento hablarle, hablarle de verdad, siento como si no lo lograra... Parece como si diera vueltas a la misma cuestión de si no debería preguntarme: «¿Va todo bien con él (me sigue amando)?», o «¿Va todo bien *conmigo*? ¿Cómo soy *yo*?». Si soy muy infeliz y él no quiere hablar conmigo de los problemas o resolver las dificultades, ¿debería decir: «Muy bien, todo marcha realmente bien, porque él está estupendamente y sigue ahí y aún me quiere»? ¿O más bien habría de decirme: «Esta relación es terrible y la voy a dejar porque no me hace feliz»? El hecho de quererle hace difícil abandonarlo.
>
> ¿Debería desear ayudarle a abrirse o tendría que enfadarme conmigo misma y romper con él?... El problema es que primero dice que se siente vulnerable y está enamorado; pero luego lo niega o no actúa como tal sino que se comporta con frialdad. Me pregunto si mi meta es este hombre, cueste lo que cueste. Es casi como si alguien me estuviera incitando a hundirme en lo más profundo del pozo; y luego, cuando he llegado allí (con mis sentimientos) y estoy realmente enamorada y lo consuelo, me dice: «¿Qué pasa? ¿Por qué yo?» Me he sentido siempre muy herida pensando para mí que no importaba lo ocurrido y otorgándole el beneficio de la duda, «debo confiar, debo confiar», sin permitirme creer en las señales negativas, pensando que simplemente se sentía inseguro o reaccionaba por algo que yo había hecho en mi *propio* empeño por parecer invulnerable. Siempre he tenido mucho miedo y me he preguntado: «¿Lo resistirá alguien?»[24]

24. Shere HITE, *Women and Love*, Londres, Viking, 1988.

Estas reflexiones son las de una mujer que no convive con el hombre en cuestión y describe una relación en sus primeros momentos; sin embargo, por su carácter «exploratorio» permite observar de alguna manera cómo se construyen las relaciones. El amor ocupa una posición central y podría suponerse que una exploración de la intimidad, al menos donde se dé un componente sexual, habría de centrarse en la naturaleza de la adhesión romántica. El pasaje relata la experiencia de una mujer y, aunque no se da el punto de vista del hombre aludido, podríamos concluir que las relaciones de género habrán de ser aquí de interés primordial. Sin negar la importancia de estos rasgos, quisiera fijar mi atención en otras cuestiones. Como intentaré demostrar, hay, en efecto, elementos esenciales que son también característicos de otras relaciones estrechas y emocionalmente exigentes (por ejemplo, entre amantes del mismo sexo o entre amigos muy íntimos). Se trata de los elementos de la relación pura, que podrían explicitarse como sigue en sus características ideales:

1. A diferencia de los lazos estrechos que se establecen en ambientes tradicionales, la relación pura no está anclada en condiciones externas de la vida social o económica (flota, por así decirlo, en el vacío). Pensemos, a modo de ejemplo, en el matrimonio antiguo. El matrimonio era un contrato acordado a menudo entre parientes o allegados, más que entre los miembros de la pareja marital. Este contrato solía estar fuertemente influenciado por consideraciones de fortuna y formaba parte de relaciones y transacciones económicas más amplias. Muy entrada ya la modernidad, cuando el antiguo marco del matrimonio se había desintegrado sustancialmente, los lazos maritales seguían aún anclados en una división interna del trabajo: el marido era quien ganaba el sustento y la mujer se preocupaba de los hijos, el hogar y la casa (aunque no debemos olvidar que la fuerza del trabajo ha estado compuesta siempre en buena parte por mujeres). Algunas de estas características tradicionales del matrimonio subsisten aún hoy, más acusadas en ciertos grupos socioeconómicos que en otros. No obstante, en general, la tendencia actual apunta hacia la erradicación de esos compromisos externos anteriormente existentes (fenómeno que originariamente estuvo acompañado por la aparición del amor romántico

como motivo básico para el matrimonio). El matrimonio pasa a ser cada vez más una relación iniciada por el hecho de proporcionar satisfacción emocional, que se obtiene del contacto íntimo con el otro, y se mantiene mientras esto sea así. Otros rasgos —incluso los aparentemente fundamentales, como la descendencia— más que consolidar el carácter de la relación tienden a convertirse en «impedimentos inerciales» para una posible separación.

La amistad moderna muestra esta característica aún con mayor claridad. Un amigo se define específicamente como alguien con quien se mantiene una relación no motivada más que por las recompensas de la propia relación. Se puede ser amigo de un compañero de trabajo y la proximidad en ese ámbito o el interés compartido que genera podría incitar a establecer la amistad (pero sólo *es* amistad en la medida en que la vinculación con la otra persona se valora por sí misma). Ése es el motivo de la neta distinción entre amigos y parientes. En la actualidad, y aunque sean muy débiles, existen obligaciones que mantienen entre sí las personas emparentadas, especificadas por el vínculo de parentesco. Además, aunque esas obligaciones pueden ser generales y vagas, los lazos familiares no podrán romperse cuando existan relaciones de consanguinidad. Los lazos de amistad pueden poseer sus propios elementos inerciales, pero en la práctica, y también en principio, sólo se es amigo de alguien en la medida en que la reciprocidad de los sentimientos de proximidad se mantiene por sí misma.

2. La relación pura se busca sólo por lo que ella puede aportar a los contrayentes. Este aspecto acompaña de manera natural al punto anterior y la relación es «pura» precisamente en este sentido. No hay duda de que todas las relaciones personales de cualquier duración son inquisitivas y tensas al mismo tiempo que gratificantes. Pero en las relaciones que existen por sí mismas, cualquier cosa que falle entre quienes la mantienen amenaza intrínsecamente la relación misma. En consecuencia, es muy difícil «orillar» los problemas como podría hacerse en una relación social donde predominen criterios externos. Si uno de los amigos intenta comportarse así, el otro se sentirá probablemente no querido. Las tensiones peculiares que esto provoca se muestran muy claramente en otros materiales presentados por el libro de Hite, sobre todo los referentes al matrimonio:

> Las mujeres están abandonando el matrimonio en tropel, bien por divorcio o bien en su afecto, marchándose con una buena parte de su corazón... Tras un período de prueba, la mayoría de ellas han partido a la búsqueda de otros lugares donde entregar su vida emocional. Pasados los primeros años de «intentar salir adelante», una mujer tras otra abandonan y comienzan a desentenderse sin alharacas, gradualmente, de manera quizá imperceptible.[25]

Sin embargo... la inmensa mayoría de las mujeres no abandonan la búsqueda del amor o de una relación viable:

> Según dice una mujer, el amor sigue volviendo a nosotras, resurgiendo, quizá, como una clave: «En cierto sentido para el que no consigo encontrar palabras, el amor romántico contiene la clave de mi identidad (del descubrimiento de mí misma, de mi ser interior).» Muchas mujeres lo sienten así. ¿Por qué? Puede ser que las mujeres tengan razón en retroceder, en volver a intentar que el amor funcione o en entender por qué no marcha... la mayoría no desean sólo «amor», sino ese tipo de amor auténtico del que hablan. Así, no es de extrañar que las mujeres que mantienen relaciones sigan hablando a menudo de la llegada de un «amor más profundo» y mantengan oculta una parte de sí mismas que cree en la existencia de algo más, de algo más para la vida... Y, de hecho, ¿no debería acaso existir?[26]

Una vez más, podríamos creer que de lo que aquí se trata es del amor o su búsqueda, más que de alguna otra cosa que tenga que ver específicamente con las relaciones en cuanto tales. Sin embargo, el amor —por más ambigua y difícil que sea esa idea— es realmente una fuerza codificadora que estructura el carácter de la relación sexual y no un valor independiente en este ámbito. Por otra parte, hay pruebas evidentes de que los hombres se sienten tan interesados como las mujeres por encontrar relaciones emocio-

25. *Ibíd.*, p. 526.
26. *Ibíd.*, p. 655.

nales íntimas y están apegados a ellas por igual.[27] Consideran más difícil desenvolverse en tales relaciones y es característico que estén menos dotados para comunicar sus sentimientos y necesidades a los demás; de todos modos, éstos son asuntos que caen fuera del hilo de mi análisis. Las dificultades para encontrar y mantener una relación satisfactoria afectan en parte a los problemas del amor y a las asimetrías de género; pero también tienen que ver fundamentalmente con las penalidades inherentes a la relación pura. El sentimiento de «una permanente insatisfacción» en el seno de la relación, según la descripción de la comunicante citada en primer lugar, refleja las dificultades propias de la creación o mantenimiento de una relación donde existen un equilibrio y una reciprocidad satisfactorios para ambas partes entre lo que cada uno aporta al vínculo y recibe de él.

3. La relación pura está organizada reflejamente, de manera abierta y con base permanente. También esto se observa con suficiente claridad en la cita anterior, donde la pregunta «¿Va todo bien?» aparece como un motivo principal. Cuanto más dependa una relación de sí misma, tanto más central será en ella —y contribuirá a la tensión mencionada en el punto segundo— este tipo de pregunta refleja. El autoexamen inherente a la pura relación se relaciona muy estrechamente y de forma clara con el proyecto reflejo del yo. La pregunta «¿Cómo soy *yo*?» es un interrogante ligado directamente a las recompensas que proporciona la relación, así como al dolor que puede infligir. (La respuesta «¿por qué yo?» del compañero es también una pregunta relacionada con los vínculos entre la identidad del yo y las exigencias de relación pura.)

La coordinación refleja de todas las relaciones íntimas participa hoy en día de la reflexividad más amplia de la modernidad, al margen de cuánto disten de ser «plenamente puras». Un cúmulo de artículos de revistas y periódicos, textos especializados y manuales, programas de televisión y radio suministra información y debates sobre las relaciones íntimas, reconstruyendo continuamente el fenómeno que describen. La propia obra de Hite mantiene una relación interesante, aunque perfectamente típica, con esa re-

27. Véase, por ejemplo, Kenneth SOLOMON y Norman B. LEVY, *Men in Transition*, Londres, Plenum, 1983.

flexividad. Su libro, como todos sus anteriores estudios,[28] se basa en procedimientos de encuesta normalizados como los que se utilizan en innumerables trabajos de investigación social. Su obra, sin embargo, ha conseguido un gran público cuyas actitudes se amoldarán a los puntos de vista que reproduce el estudio de la autora y, al mismo tiempo, la lectura de los resultados a los que ésta ha llegado modificarán quizá esos puntos de vista y las disposiciones de comportamiento relacionadas con ellos.

4. La «entrega» tiene una importancia central en las relaciones puras. La entrega podría parecer un componente genérico de muchas formas de la actividad social humana y es fácil suponer que se halla en todos los ámbitos culturales. Así, por ejemplo, del creyente fiel en un orden religioso podría decirse que practica una entrega total a los valores y prácticas correspondientes. Pero no es lo mismo convicción que entrega, y cuando hablamos de ésta al referirnos a las relaciones íntimas en la actualidad estamos probablemente aludiendo a algo históricamente nuevo. La entrega en la relación pura es esencialmente aquello que sustituye al anclaje externo que las relaciones personales solían tener en situaciones de premodernidad. El amor, en el sentido contemporáneo de amor romántico, es una forma de entrega, pero la entrega es la categoría más amplia de estas dos nociones. ¿Qué es la «persona entregada» en el seno de una relación íntima? Es alguien que, aun reconociendo las tensiones inherentes a una relación en su forma moderna, está no obstante dispuesto a no perder la oportunidad de mantenerla, al menos a medio plazo (y a aceptar que sus únicas recompensas serán las propias de la relación misma). Un amigo es *ipso facto* una persona entregada. Un miembro de una pareja matrimonial es probable que lo sea también, en la medida en que la relación no continúa sólo por compromisos externos o por el impulso inercial de uno u otro tipo. Las personas implicadas en la entrega reconocen que ganan tiempo: prestan un apoyo emocional cuya perduración se garantiza al menos durante algunos de los trastornos que dicha relación pueda sufrir (si bien es casi seguro que a cambio se exigirá alguna compensación).

28. Véase, por ejemplo, Shere Hite, *Sexual Honesty*, Nueva York, Warner, 1974.

La entrega puede estar regulada en cierta medida por la fuerza del amor, pero los sentimientos amorosos no generan de por sí entrega ni la garantizan de ninguna manera. Una persona sólo se entrega a otra cuando, por cualquier razón, decide hacerlo. La mujer del pasaje citado del estudio de Hite siente que ama a su compañero, pero su amor no le proporciona la entrega deseada. Tampoco podría hacerlo, pues la entrega ha de formar parte casi de un contrato en el que se recompensan esfuerzos realizados; la pura relación no existe sin elementos importantes de reciprocidad. El programa de autoterapia de Rainwater lo reconoce así, al igual que la mayoría de las formas de actividad terapéutica. Una de las razones por las que la reflexividad del yo produce un conocimiento más exacto y penetrante de uno mismo es que ayuda a disminuir la dependencia en las relaciones íntimas. Una relación que funcione bien, dice la autora, es aquella en que las personas afectadas son autónomas y están seguras de su propia valía. Donde las cosas no son así, aparece lo que he denominado impulso inercial (que descubro, por ejemplo, en las relaciones codependientes). La palabra «codependencia» fue acuñada en principio para describir la posición de ciertas personas relacionadas con individuos adictos a determinados productos (alcohol u otros tipos de drogas). La persona codependiente es el compañero psicológicamente incapaz de romper con una relación, al margen de cuánto la deteste o de la infelicidad que le cause. Por razones que el individuo en cuestión no discierne (aunque la psicoterapia individual o familiar las ponga al descubierto), él o ella se habrán hecho dependientes de una relación que le proporciona pocas compensaciones anímicas.[29]

La entrega es difícil de establecer precisamente porque supone un acuerdo mutuo en el seno de la relación pura. Mantiene un trato difícil con la reflexividad, que es también fundamental para determinar el ordenamiento de la relación. La persona entregada está dispuesta a aceptar los riesgos que implica el sacrificio de otras op-

29. En la actualidad existe un gran número de publicaciones sobre codependencia, especialmente en Estados Unidos, que abarcan desde los textos técnicos hasta las explicaciones populares y los programas terapéuticos. Un ejemplo representativo es el libro de Melody BEATTIE, *Co-Dependent No More*, Nueva York, Harper, 1987.

ciones posibles. En las fases iniciales de una relación, cada una de las personas examinará probablemente las actividades de la otra con gran detalle, ya que un progreso demasiado rápido hacia la entrega por parte de una persona podría precipitar de forma activa la retirada total de la otra de la empresa iniciada. La mujer encuestada por Hite demuestra una sensibilidad sagaz para este aspecto de su situación.

5. La relación pura se centra en la intimidad, que es una condición importante para lograr cualquier estabilidad a largo plazo entre quienes la mantienen. La intimidad se ha de distinguir del fenómeno más negativo de la falta de privacidad, característico de la mayoría de circunstancias de la vida en la Europa premoderna y en muchas culturas no modernas en general. La proximidad física —y, en palabras actuales, la ausencia de privacidad— fueron consecuencias casi inevitables de la estructura de la vida diaria en las pequeñas comunidades, pero caracterizaban además la vida de grupos más prósperos.[30] En los hogares, pero también en casi todos los demás ámbitos de la vida cotidiana, las personas se encontraban siempre a escasa distancia unas de otras. El desarrollo de la vida «personal» durante el período temprano de la modernidad ha sido bien documentado por los historiadores, a pesar de que la naturaleza de los nexos causales es motivo de serios debates. La intimidad es la otra cara de la privacidad, o, al menos, sólo es posible —o deseada— cuando se da una privacidad considerable.[31]

Bensman y Lilienfeld han subrayado el interés creciente por la intimidad en las sociedades modernas: «la búsqueda de intimidad persiste hasta el punto de hacerse prácticamente compulsiva».[32] Ambos autores explican esta situación en función de los efectos alienadores del desarrollo de organizaciones extensas e impersonales en el mundo moderno. Gran parte de la vida social se lleva a

30. Véase el conocido análisis de Norbert ELIAS, *The Civilising Process*, vol. 1, Oxford, Blackwell, 1978.

31. Goffman tiene numerosas cosas interesantes que decir sobre el mantenimiento de la privacidad en la vida cotidiana y por qué los individuos la consideran tan importante; por otro lado, supone que la privacidad es una necesidad universal y son pocas las veces en que sitúa su explicación en un contexto histórico.

32. Joseph BENSMAN y Robert LILIENFELD, *Between Public and Private*, Nueva York, Free Press, 1979.

cabo en actividades impersonales, en ámbitos alejados del individuo corriente y sobre los que éste tiene poco o ningún control. La huida hacia la intimidad es un intento de garantizar una vida con sentido en medios familiares que no han quedado incorporados a estos sistemas amplios. Volveré más adelante sobre este punto, pues otros autores han propuesto también algo similar. No creo que se trate de un punto de vista completamente exacto. La búsqueda de intimidad tiene un valor positivo. No se basa sólo en reacciones negativas ante un mundo envolvente de sistemas y procesos sociales a gran escala. La privacidad posibilita las satisfacciones psíquicas que el logro de la intimidad puede ofrecer.

Las expectativas de intimidad constituyen quizá el lazo más estrecho entre el proyecto reflejo del yo y la relación pura. La intimidad, o su búsqueda, se encuentra en el corazón de las formas modernas de amistad y de las relaciones sexuales asentadas. La mayoría de los manuales de psicoterapia, incluido el de Rainwater, dejan bien claro que la intimidad sólo suele conseguirse mediante el «trabajo» psicológico y que únicamente es posible entre individuos que se sienten seguros en su propia identidad. Un estudio de psicoterapia relacionado con los anteriores resume bien todo este asunto: una amistad o relación íntima, dice la autora, es «una *elección* entre dos personas cualesquiera que se *comprometen* mutuamente a compartir un *estilo de vida* cargado de sentido».[33] Rainwater describe varios tipos de relación distintos de aquella en la que se ha conseguido una intimidad bien desarrollada. Algunas relaciones son extremadamente conflictivas, y las discusiones y los altercados un fenómeno normal: el dolor emocional pasa a ser parte habitual de la relación, que sin él podría de hecho quebrarse. Las relaciones conflictivas se contraponen a las «desvigorizadas». En éstas hay poco antagonismo directo entre los interesados, pero tampoco existen lazos fuertes: la relación está sostenida por la inercia. La pareja se mantiene unida de forma suficientemente razonable en los asuntos diarios, pero sus componentes se aburren a menudo y se guardan rencor. Una relación de «conveniencia» es aquella en que los individuos interesados han acordado de manera

33. WEGSCHEIDER-CRUSE, *Learning to Love Yourself*, p. 96 (las cursivas son mías).

tácita o explícita que «llegarán a acuerdos» en vista de las compensaciones externas que ello reporta o por las dificultades que puedan experimentar si la relación se disolviera o por la comodidad de no estar solos.

Todas estas relaciones «para ir tirando» contrastan con los vínculos íntimos, que requieren una entrega a «la calidad de la relación»; en los casos en que la relación amenaza con caer en uno u otro de esos tipos, se han de tomar «decisiones para volver a asumir un compromiso mutuo y hacer los cambios y elecciones que sean necesarios para desarrollarse juntos». Si uno de los interesados es incapaz de mostrar la integridad exigida para el logro de la intimidad, se necesitará igualmente una dedicación a la «recuperación personal».[34] La intimidad, insiste la autora, requiere cierta dosis de privacidad de cada uno de los miembros de la relación, pues para que la proximidad personal no se vea suplantada por la dependencia, se ha de conseguir un equilibrio entre la autonomía y la participación de sentimientos y experiencias. Según esa idea, la intimidad no se ha de confundir, obviamente, con los vínculos sexuales. En las relaciones o en las amistades no sexuales es posible una intimidad intensa; y en situaciones conflictivas puede mantenerse un nivel elevado de actividad sexual. Por otra parte, el compromiso sexual contribuye a conseguir la intimidad (y es también parte de la reflexividad del cuerpo, que analizaré más adelante).

6. La relación pura depende de la confianza mutua entre los interesados, que a su vez está íntimamente relacionada con el logro de la intimidad. En la relación pura la confianza no se da ni puede darse por «supuesta»: como otros aspectos de la relación, ha de conseguirse con esfuerzo (debemos conquistar la confianza de los otros). En la mayoría de las situaciones premodernas, donde las relaciones personales estaban fijadas por criterios externos, en el sentido señalado más arriba, la confianza tendía a acomodarse a posiciones establecidas. En esas condiciones los parientes podían no ser siempre y plenamente sujetos de confianza, como lo demuestran las conjuras e intrigas para obtener el poder entre parientes de las casas reales. Sin embargo las obligaciones de parentesco eran aceptadas probablemente en la mayoría de las ocasiones

34. *Ibíd.*, p. 100.

y creaban unas situaciones de confianza razonablemente estables en el seno de las cuales se ordenaba la vida cotidiana. Los lazos personales de la relación pura, desnudos de esas cualidades, requieren nuevas formas de confianza (precisamente las que se establecen por la intimidad con el otro). Tal confianza supone la apertura de la persona al otro, pues el conocimiento de que es alguien que se nos entrega y no abriga hacia nosotros hostilidades de principio es el único marco para la confianza cuando faltan en buena medida apoyos externos.[35]

Para crear confianza, el individuo tiene que ser confiado y fiable, al menos dentro de los límites de la relación. Al estar tan íntimamente unida a la intimidad, la confianza supone el mismo equilibrio de autonomía y relación mutua necesario para mantener intercambios íntimos. Lo importante en el establecimiento de confianza en la relación pura es que cada una de las personas conozca la personalidad del otro y sea capaz de confiar en obtener de él ciertos tipos de respuestas deseadas. Ésta es una razón —pero no la única— de por qué la autenticidad tiene un lugar tan importante en la realización del yo. Lo que importa es poder fiarse de lo que el otro dice y hace. El dominio del yo es una condición necesaria para la autenticidad en la medida en que la capacidad de conseguir intimidad con los otros forma parte importante —como realmente ocurre— del proyecto reflejo del yo.

¿Cómo se crea la confianza en las relaciones? Una vez más podemos volver a los manuales de psicoterapia para proporcionar una guía. Wegscheider-Cruse ofrece un conjunto de propuestas prácticas para crear confianza que derivan de una investigación sistemática de las relaciones. Deberíamos «tomarnos tiempo para escuchar cada día al otro», pues la comunicación es esencial para la intimidad. Este hablar y escuchar no debería limitarse a los sucesos triviales de la jornada. Donde existan problemas importantes que afrontar, habrán de discutirse seriamente. Los compañeros deberían «detenerse en un asunto hasta resolverlo y luego dejarlo», pues «volver sobre los mismos temas debilita la confianza y crea problemas nuevos». Las disputas antiguas que se enconan sin hallar solución tienen más probabilidades de destruir la confianza

35. Anthony GIDDENS, *Consequences of Modernity*, pp. 114 ss.

que las dificultades nuevas, que pueden afrontarse con más facilidad. Deberíamos «llegar a los sentimientos que se ocultan tras los problemas», pues las apariencias superficiales pueden esconder la verdadera dinámica de una situación y la comunicación que carece de «profundidad» no puede acceder a ella. Otras recomendaciones son las de alimentar una atmósfera de atención, aspirar a una multiplicidad de placeres recreativos buscados entre ambos y aprender a expresar el enfado de forma constructiva.[36]

7. En una relación pura el individuo no se limita a «reconocer al otro» y a encontrar afirmada la propia identidad en sus respuestas. Según se deduce de los puntos anteriores, la identidad del yo se logra más bien superando procesos de exploración propia ligados entre sí y mediante el desarrollo de la intimidad con el otro. Esos procesos ayudan a crear «historias compartidas» cuya unidad será de un tipo potencialmente mayor que la que caracteriza a individuos que comparten experiencias en virtud de una posición social común. Estas historias compartidas pueden diferir en buena medida de las ordenaciones de tiempo y espacio que prevalecen en el mundo social amplio. Sin embargo, es importante subrayar que no se separan de ese mundo amplio sino que se interpolan en él de manera característica (punto éste que desarrollaremos más adelante con cierto detalle). Las historias compartidas se crean y mantienen de hecho en función esencialmente de su capacidad para integrar los calendarios del plan de vida de los interesados.

La relación pura es ante todo diádica, pero sus implicaciones e influencia no se limitan a situaciones entre dos personas. Una persona concreta puede verse implicada en varias formas de relación social que tienden al tipo puro; y es típico de las relaciones puras hallarse interconectadas y constituir ámbitos de intimidad específicos. Estos ámbitos, según estudiaremos en el capítulo siguiente, expresan una división confirmada institucionalmente entre el terreno de lo privado y de lo público.

Las relaciones puras nacen ante todo en el terreno de la sexualidad, el matrimonio y la amistad. El grado en que la esfera de la intimidad se transforma en ese sentido varía mucho según el contexto y la diferente posición socioeconómica, junto con la mayoría

36. WEGSCHEIDER-CRUSE, *Learning to Love Yourself*, pp. 101-103.

de los rasgos de la modernidad analizados en el presente libro. Las relaciones entre padres e hijos y las relaciones de parentesco más amplias caen en parte fuera del ámbito de la relación pura. Tanto unas como otras se mantienen esencialmente ligadas a criterios externos: nexos biológicos que constituyen condiciones fundamentales para el sostenimiento de la relación. Pero cada una de ellas está impregnada también por algunas de las influencias que generan la relación pura. En la medida en que las relaciones de parentesco se hallan despojadas de sus deberes y obligaciones tradicionales, su continuación tiende progresivamente a depender de las cualidades enumeradas anteriormente. Tales relaciones adquieren un carácter rebajado y nominal o bien se reestructuran por haber logrado reflejamente la intimidad.

Las relaciones paternofiliales son un caso un tanto especial, debido al equilibrio radical de poder que se da en ellas y por su importancia fundamental para los procesos de socialización. Los lazos íntimos establecidos entre padres e hijos se establecen en circunstancias de dependencia infantil, pero son también el nexo psicológico en el que el niño pequeño desarrolla la capacidad de establecer vínculos íntimos en su vida posterior. Sin embargo, en situación de modernidad, a medida que el niño avanza hacia la edad adulta y la autonomía, los elementos de la relación pura intervienen cada vez más. Una persona que haya dejado el hogar puede mantenerse en contacto constante con sus padres por obligación; pero, si se pretende profundizar la relación, se habrá de desarrollar una confianza de origen reflejo que implique un compromiso mutuamente aceptado. Cuando una persona se convierte en padre no natural de un niño, los vínculos establecidos desde un principio adquieren el carácter de relación pura.

¿Qué hemos de hacer? Tal como están las cosas, estas cuestiones aparecen ligadas por la reflexividad institucional. Lo que vale para el yo y para el ámbito de las relaciones puras, vale igualmente para el cuerpo. En otras palabras, en la modernidad tardía el cuerpo se socializa cada vez más y es introducido en la organización refleja de la vida social.

Cuerpo y realización del yo

La palabra «cuerpo» evoca la idea de un concepto simple, sobre todo si se compara con otros como el de «yo» o «identidad del yo». El cuerpo es un objeto en el que todos tenemos el privilegio, o la fatalidad, de habitar, la fuente de sensaciones de bienestar y placer, pero también la sede de enfermedad y tensiones. Sin embargo, como se ha subrayado, el cuerpo no es sólo una entidad física que «poseemos»: es un sistema de acción, un modo de práctica, y su especial implicación en las interacciones de la vida cotidiana es parte esencial del mantenimiento de un sentido coherente de la identidad del yo.

Se pueden distinguir varios aspectos del cuerpo que guardan una especial relación con el yo y su identidad. La *apariencia* corporal concierne a todas aquellas características de la superficie del cuerpo, incluidas las formas de vestir y acicalarse, que son visibles a la propia persona y a otros agentes y sirven habitualmente de indicios para interpretar acciones. El *porte* determina cómo utilizan su apariencia los individuos en ámbitos comunes de sus actividades diarias: se trata de la manera de actuar con el cuerpo en relación con las convenciones constitutivas de la vida diaria. La *sensualidad* del cuerpo se refiere a la manipulación dispositiva del placer y el dolor. Mencionemos, finalmente, los *regímenes* a los que está sujeto el cuerpo.

Ciertos tipos de apariencia y porte corporales adquieren una especial importancia con el advenimiento de la modernidad. En muchas situaciones de las culturas premodernas, la apariencia estaba considerablemente normalizada en función de criterios tradicionales. Los modos del adorno de la cara o del vestido, por ejemplo, han sido siempre hasta cierto punto medios de individualización; sin embargo, las posibilidades o el deseo de acceder a ellas eran en general muy limitadas. La apariencia indicaba ante todo identidad social, más que personal. Todavía hoy no se han disociado enteramente el vestido y la identidad social y la forma de vestir sigue siendo un mecanismo indicador de género, posición de clase y categoría ocupacional. Las modas están influidas por presiones de grupo, publicidad, recursos socioeconómicos y otros factores que fomentan a menudo la normalización más que la diferencia individual. Pero el hecho de que poseamos una palabra especial, «uniforme», para referirnos a estilos de vestimenta normalizados en función de unas posiciones sociales dadas indica que en otros ámbitos la elección es relativamente libre. La apariencia se convierte en elemento fundamental del proyecto reflejo del yo, por decirlo de manera genérica y según las ideas anteriormente analizadas.

El porte está fuertemente influenciado por la pluralidad de entornos. El individuo no sólo debe estar preparado para interactuar con otros en espacios públicos, donde se espera que su porte esté a la altura de ciertos criterios generales sobre las exigencias de cada día, sino que ha de ser capaz de mantener una conducta apropiada en una multiplicidad de ámbitos o lugares diversos. Naturalmente, las personas acomodan de alguna manera tanto su apariencia como su porte a las exigencias percibidas en una situación particular. Este hecho ha llevado a algunos autores a suponer que el yo está fundamentalmente escindido (que los individuos tienden a desarrollar múltiples yoes en los que no existe un núcleo interno o identidad propia). Sin embargo, una profusa cantidad de estudios sobre la identidad del yo muestra que esto no es de ningún modo así. El mantenimiento de constantes en el porte a través de situaciones variadas de interacción es uno de los principales medios con que se preserva de ordinario la coherencia de la identidad del yo. La posibilidad de disociar la identidad del yo se ve refrenada debido a que el porte mantiene un nexo entre la «sensación de estar como en casa en el cuerpo propio» y la crónica personal. El porte tiene que integrarse efectivamente en esa crónica de la persona tanto para ser capaz de guardar una «apariencia normal» como para sentirse convencido de la continuidad personal en el tiempo y el espacio; en la mayoría de los casos esto se realiza sin grandes dificultades (aunque en cualquier momento puedan producirse tensiones).

En los medios postradicionales de la modernidad reciente, ni la apariencia ni el porte pueden organizarse como algo dado; el cuerpo participa de manera muy directa en el principio según el cual el yo está por construir. Los regímenes corporales, que afectan directamente a los modelos de sensualidad, son medios fundamentales por los que la reflexividad institucional de la vida moderna se centra en el cultivo —casi podría decirse en la creación— del cuerpo.

Para estudiar estas cuestiones podemos fijarnos una vez más en una guía concreta. La obra *Bodysense*, de Vernon Coleman, es uno más entre un enorme número de libros de autoayuda cuyo objetivo es proporcionar un medio para avanzar entre la confianza en los hábitos corporales preestablecidos y el cúmulo de nueva información generada en el seno de los sistemas abstractos (y que proviene de médicos —como el mismo Coleman— que practican una medicina holística, dietólogos, etc.).[37] Como en los casos anteriores, consideraremos su obra con mirada sintomática.

El libro ofrece un «programa de análisis general» mediante el cual una persona puede controlar muchos aspectos de la propia salud y de la proclividad a contraer diversas enfermedades o incapacidades. Se trata de planificar la vida en un sentido muy concreto: el libro incluye una lista de pruebas que permite, por ejemplo, calcular la esperanza de vida del individuo. Cada una de las secciones del libro (calificado de «clínico») contiene un cuestionario parcial sobre la salud, un «archivo verídico» (que resume el estado actual de los datos médicos sobre el sujeto o sujetos en cuestión) y un «plan de acción» (que el individuo deberá llevar a cabo para mejorar su salud en aspectos importantes). El concepto de riesgo es fundamental para el conjunto de la obra. Los cuestionarios permiten al individuo recabar datos destinados a evaluar su riesgo de contraer determinadas enfermedades (en concreto, cáncer, problemas cardiológicos y circulatorios, enfermedades respiratorias, trastornos digestivos y dificultades musculares o articulatorias).

Dos de las secciones más destacadas están relacionadas con los hábitos alimenticios y el cuidado de la salud. Cada una de ellas ofrece una demostración de las dificultades con que se encuentran los mismos profesionales al discriminar las propuestas y contrapropuestas características de los sistemas expertos. Según Coleman:

> Si ha prestado fe a todo cuanto ha leído recientemente sobre los alimentos, es probable que no vuelva ya a comer. Co-

37. Vernon COLEMAN, *Bodysense*, Londres, Sheldon Press, 1990.

necte la televisión o la radio, abra una revista o un periódico y verá relatos terroríficos sobre cosas espantosas que le está infligiendo su tendero. Esto ya podría ser suficientemente malo por sí mismo. No tiene ninguna gracia sentarse a la mesa ante una comida de buen aspecto con la preocupación de que vaya a ser la última de la vida. Pero todo esto se ha convertido en algo aún más inquietante por el hecho de que la información que se nos ofrece en el momento actual contradice los datos de la semana anterior... Así pues, ¿cuál es la verdad sobre lo que comemos? ¿Qué es bueno y qué es malo para uno mismo? ¿Qué se ha de evitar y qué se puede comer impunemente?[38]

Coleman intenta ofrecer respuestas autorizadas, aunque debe reconocer que muchas de las cosas que dice podrían ser discutidas por otros expertos y que en muchos casos los riesgos no pueden calcularse, pues los conocimientos existentes son demasiado incompletos.

De acuerdo con el programa de Coleman, se debe reducir la ingestión de colesterol; hay que comer y beber la menor cantidad posible de grasas animales, sal, y azúcar y alcohol: estas recomendaciones se hacen con plena seguridad. Se mantiene, en cambio, que el café —del que, por ejemplo, Rainwater recomienda prescindir por completo por razones de salud— no merece su mala prensa, pues «no existe una evidencia auténticamente sólida que apoye la teoría de que el café es malo».[39] La fibra, la cascarilla y los componentes no digeribles se presentan como elementos importantes para un sistema digestivo saludable, mientras que el autor trata los aditivos de forma más ambivalente. Al tiempo que resalta la utilización masiva y habitual de aditivos en la elaboración de alimentos preparados y de pesticidas en el tratamiento de las cosechas en la actualidad, Coleman insiste en que muchos de estos productos químicos han sido incorrectamente examinados en cuanto a sus efectos sobre la salud (en realidad, tales análisis sobre efectos a largo plazo son una tarea casi imposible). Se sugiere que, si bien

38. *Ibíd.*, pp. 23-24.
39. *Ibíd.*, p. 25.

es muy difícil eliminar de la dieta todos los aditivos artificiales, se compre el mayor número posible de artículos a los hortelanos y ganaderos locales y en las tiendas que vendan productos frescos y alimentos cultivados orgánicamente.

«El sentido del cuerpo» implica «el cuidado del cuerpo». Esto, según Coleman, es algo que no pueden dar los expertos. Aunque se les debe consultar cuando sea conveniente, la oposición a la enfermedad ha de consistir principalmente en desarrollar las «propias capacidades» del cuerpo. El cuidado corporal significa estar constantemente «atentos al cuerpo», tanto para sentir plenamente los beneficios de la buena salud como para recabar las señales de que algo podría ir mal. El cuidado del cuerpo proporciona «poder corporal», una capacidad progresiva para evitar enfermedades graves y solucionar los síntomas leves sin medicinas. El poder corporal puede ayudar a una persona a mantener o incluso mejorar la propia apariencia: la comprensión del funcionamiento del cuerpo y el control estricto y vigilante del mismo mantiene la piel fresca y el cuerpo delgado.

¿Qué quiere decir que el cuerpo ha pasado a formar parte de la reflexividad de la modernidad? Los regímenes corporales y la organización de la sensualidad en la modernidad reciente se abren a una atención refleja continua que aparece sobre el trasfondo de la pluralidad de elecciones. Tanto la planificación de la vida como la adopción de opciones de estilo de vida se integran —en principio— en los regímenes corporales. Sería muy miope ver estos fenómenos tan sólo como ideales cambiantes de la apariencia corporal (como en el caso de la delgadez o el aire juvenil) o considerar que han sido generados únicamente por la influencia mercantilista de la publicidad. Somos responsables del diseño de nuestros propios cuerpos y, en cierto sentido, según hemos mencionado anteriormente, nos vemos forzados a serlo cuanto más postradicionales sean los ámbitos sociales en que nos movamos.

El estudio de la anorexia nerviosa, aparentemente una mera obsesión por la apariencia corporal y la delgadez, nos permite resaltar con claridad este punto.

Anorexia nerviosa y reflexividad del cuerpo

El texto que sigue es una descripción personal de un episodio de compulsión anoréxica, escrito por una mujer que finalmente consiguió librarse de su yugo:

> Comencé a llevar ropa rara comprada en tiendas de viejo y confeccionada por mí misma. El maquillaje —extraño maquillaje— consistía en pintarme los labios de blanco o negro y los párpados de oscuro, con colores violentos. Me depilé las cejas y me peiné el pelo hacia atrás. Mi madre se sentía ofendida y me gritaba. No iban a permitir que tuviera ese aspecto, así que yo me desmaquillaba y volvía arreglarme en el autobús. Todo era pura fachada: por debajo me sentía desgarrada y sola, pero deseaba desesperadamente ser yo misma, definir quién era, expresar mi auténtica naturaleza. Como no lograba encontrar las palabras, utilizaba mi cara. Miraba las fotografías de las revistas, donde las chicas eran hermosas y delgadas. Parecían expresar algo que yo sentía. Pero yo no era delgada y quería serlo. Dejé de comer, no de forma radical, sino poco a poco. Me hice vegetariana y mi madre se sintió muy preocupada. Perdí peso. Mi madre me llevó al médico, quien intentó persuadirme de que, al menos, comiera pescado; así lo hice...

Más tarde la hospitalizaron para extirparle el apéndice:

> Dos meses después de la operación asistí a una fiesta. Allí encontré a un antiguo conocido que advirtió mi adelgazamiento y dijo que me sentaba bien; de hecho, según él, parecía mucho más atractiva. A partir de este momento reduje considerablemente la ingestión de alimentos. Dejé de comer patatas y pan; luego, mantequilla y queso. Comencé a «devorar» toda la información que pude conseguir sobre calorías; leía libros de dietética con interés exhaustivo. Pesaba la comida; la medía por su valor calórico... Mi dieta carecía de variación. Todos los días tomaba lo mismo. Si la tienda no tenía

> exactamente el tipo de pan de galleta que yo quería, me sentía presa del pánico; me aterraba no poder comer ritualmente a la misma hora...

Finalmente, encontró una médica comprensiva y entendida que la ayudó a comenzar a ingerir de nuevo alimentos más sustanciosos.

> Confiaba en ella; necesitaba a aquella persona que escuchaba con tanta atención lo que decía, que no me juzgaba, que no me explicaba lo que debía hacer, que me dejaba ser como era. Intenté, con su ayuda, desenredar la maraña de mis emociones confusas y conflictivas.
>
> Pero, en definitiva, era yo quien debía decidir. Era duro aceptarlo. Ella me habría ayudado, pero no podía decirme cómo debía vivir. Al fin y al cabo se trataba de mi vida, que me pertenecía. Podía nutrirla o dejarla morir de hambre. Podía elegir. Esa elección era una carga tan pesada que a veces pensaba que no podría soportarla... Ser mujer era un asunto arriesgado. He descubierto diversas estrategias para salir del paso; estrategias que puedo controlar. La lucha para ser yo misma, autónoma y libre, continúa.[40]

El ayuno y la privación de varios tipos de alimentos han formado parte, como es bien sabido, de la práctica religiosa y se dan en muchos marcos culturales. En la Europa medieval era relativamente habitual entre las personas que buscaban la salvación someterse a ayunos prolongados. Entre las mujeres tenía especial importancia la abstinencia de alimentos para conseguir la santidad. Un buen número de crónicas de la Edad Media relatan historias de santas mujeres cuyos ayunos constantes les ayudaban a alcanzar la gracia espiritual; los médicos de los siglos XVII y XVIII acuñaron para esta práctica la expresión de *anorexia mirabilis*, pérdida del apetito de carácter milagroso.[41] Sin embargo, se cree unánimemente que la *anorexia mirabilis* es completamente distinta de la anore-

40. Joan Jacobs BRUMBERG, *Fasting Girls: The Emergence of Anorexia Nervosa as a Modern Disease*, Cambridge, Mass., Harvard University Press, 1988.

41. *Ibíd.*, p. 100.

xia nerviosa, propia de la época moderna y especialmente característica del período contemporáneo (la fase de la modernidad tardía). La *anorexia mirabilis* no estaba demasiado extendida entre las jóvenes quinceañeras o de más edad, como suele ocurrir hoy en día; y tampoco iba ligada al cultivo de la apariencia corporal sino que, más bien, tenía que ver con la superación de los apetitos sensuales en pos de valores más elevados. La *anorexia nerviosa* comienza con el fenómeno de las «jóvenes ayunantes» señalado a finales del siglo XIX, aunque se trata en buena parte de un síndrome transicional, de «un vestigio provocativo», por así decirlo, «de una cultura femenina religiosa antigua en una época secularizada».[42] La actitud anoréxica propiamente dicha sólo se extendió con la aparición del «dietismo», en el sentido estricto del término, a partir aproximadamente de la década de 1920 hasta la actualidad.

El hecho de que la anorexia esté tan estrechamente ligada a una distinción de género guarda sin duda relación con la asociación entre dieta y cambio de valores en la estimación de la apariencia corporal. La relación anterior entre figura corpulenta y prosperidad había desaparecido ya prácticamente a finales de las dos o tres primeras décadas del siglo XX. Las mujeres comenzaron a interesarse por el peso de una forma en que no se sentían afectados la mayoría de los hombres. Con todo, es importante reconocer que la década de 1920 fue un período en que la «dieta», en el sentido amplio del término, se relacionó por vez primera con el control del peso y la autorregulación de la salud; fue también el período en que la elaboración de alimentos comenzó a acelerarse hasta poder ofrecer una diversidad mucho mayor de productos alimenticios. «Hacer dieta», en el sentido estricto de la expresión, es sólo una versión particular de un fenómeno mucho más general, el de la práctica de regímenes corporales como medio de influir reflejamente en el proyecto del yo.

Desde este punto de vista, la anorexia y su aparente antónimo, la sobrealimentación compulsiva, se han de entender como accidentes de la necesidad —y responsabilidad— del individuo de

42. *Cf.*, en particular, Hilde BRUCH, *The Golden Cage: The Emergence of Anorexia Nervosa*, Londres, Routledge, 1978.

crear y mantener una identidad propia distintiva.[43] Hay versiones extremas del control de los regímenes corporales que en la actualidad se han generalizado en las circunstancias de la vida cotidiana.

La anorexia es un fenómeno complejo sobre el que existe ya una bibliografía voluminosa y apenas sería posible ofrecer en este contexto un análisis correctamente detallado de él. Quiero centrarme únicamente en aquellos rasgos que son directamente pertinentes para las tesis generales de este libro. La anorexia puede entenderse como una patología del control reflejo del yo que actúa en torno a un eje de la identidad del yo y la apariencia corporal, en el que la vergüenza desempeña un primerísimo papel. Todos los elementos importantes que guardan relación con la anorexia aparecen en la experiencia personal descrita más arriba con cierta extensión. El interés de la paciente por adelgazar no nació de una repentina aversión hacia la comida, sino como un fenómeno controlado y progresivo que se produjo «poco a poco»; la mujer mencionada se sentía hondamente preocupada e interesada por su dieta, por un ascetismo deliberado en el régimen corporal en medio de la pluralidad de elecciones alimentarias puestas a su disposición; había en ello un componente acentuadamente reflejo, según indica su determinación de «devorar» cualquier información que pudiera obtener sobre calorías; la conciencia de la necesidad de forjarse un estilo de vida distintivo, en relación con la identidad de su yo destaca con toda claridad; y en la fachada que intentaba levantar resalta netamente, por contraste con su convicción final de que podía «nutrir» su propia estima antes que «dejarla morir de hambre», una polaridad entre vergüenza y orgullo.

¿Por qué la anorexia nerviosa habría de ser una característica especial de las mujeres, sobre todo de las relativamente jóvenes? Una razón es, sin duda, la mayor gratificación que se da al atractivo físico de las mujeres, en comparación con el de los hombres (aunque esta relación está cambiando), ligada al hecho de que la primera edad adulta es una fase de crisis en la formación de la identidad. Según una interpretación común, la anorexia significa un «rechazo a hacerse adulta» (de hecho, una negación de la pu-

43. Esta descripción aparece en el capítulo VIII de Larilyn LAWRENCE, *The Anorexic Experience*, Londres, Women's Press, 1984.

bertad, el deseo de seguir siendo una niña antes que convertirse en una mujer). Pero esta interpretación no es convincente y, según señala un observador, trata equivocadamente la anorexia como una patología específica, y no como una respuesta extremadamente compleja a un identidad confusa del yo.[44] La anorexia se debería entender más bien en función de la pluralidad de opciones que la modernidad tardía pone a nuestra disposición (viéndola sobre el telón de fondo de la exclusión permanente de las mujeres de la plena participación en el universo de actividad social que genera estas opciones). Las mujeres tienen hoy día la posibilidad nominal de elegir entre una gran variedad de oportunidades; sin embargo, en una cultura masculina, muchas de esas vías están en realidad cerradas. Más aún, para lograr las realmente existentes, las mujeres deben abandonar su identidad anterior, «prefijada», más radicalmente que los hombres. En otras palabras, las mujeres experimentan la apertura de la modernidad tardía de forma más plena pero más contradictoria.

La anorexia, según explica Orbach, es una forma de protesta caracterizada no por el rechazo, sino por un compromiso constante con la reflexividad del desarrollo corporal.[45] En épocas anteriores, cuando la posición social de las mujeres estaba en general muy estrictamente definida, éstas expresaban su rebelión por medio del cuerpo en forma de síntomas histéricos. En la actualidad, su protesta está ligada al control reflejo que implica el orden postradicional: «La mujer anoréxica encierra en sus síntomas una actitud de total oposición hacia la respuesta flemática de su hermana histérica del siglo XIX. No van con ella los puños débiles, decaídos o vacilantes; su protesta está caracterizada por el logro de una transformación seria y plena de su cuerpo...».[46] Cuando las opciones de que disponía una mujer eran pocas y de ámbito reducido, su resistencia inconsciente mediante el cuerpo era también difusa; en una situación de aparente multiplicidad de posibilidades, su reacción

44. *Cf.* Marcia MILLMAN, *Such a Pretty Face*, Nueva York, Berkeley Books, 1981; Kim CHERNIN, *The Obsession: Reflections on the Tyranny of Slenderness*, Nueva York, Harper, 1981.

45. Susie ORBACH, *Hunger Strike: The Anorexic's Struggle as a Metaphor for Our Age*, Londres, Faber, 1986.

46. *Ibíd.*, pp 27 ss.

está bien delimitada y demuestra un control riguroso. Tal como señala Orbach, la persona anoréxica no es la víctima pasiva del dietista; al contrario, la anorexia implica regímenes corporales notablemente activos y coordinados.

Así pues, en los estilos de vida anoréxicos vemos una versión específica de la admonición de Rainwater: «hacerse con las riendas», excepto por el hecho de que el afán de control resulta compulsivo. Los regímenes corporales de los individuos anoréxicos suelen ser extremos. Una persona puede, por ejemplo, correr varios kilómetros, realizar un ejercicio que se convierta en un castigo prolongado y ponerse luego a practicar un rato con aparatos. Tales actividades producen un sentimiento de perfección y no una mera desesperación y quienes las llevan a cabo pueden ver en ella claramente aspectos importantes que les confirman en lo que hacen. En el ascetismo de la anorexia hay «cierto apremio y fuerza» que tiene más que ver con la negación de uno mismo *per se* que con una imagen de delgadez corporal. «Morir de hambre en un mar de objetos», según la expresión de John Sours, es una negación que afirma, paradójicamente, con gran fuerza la elaboración reflexiva de la identidad del yo y del cuerpo.[47]

El dominio compulsivo es, no obstante, muy diferente del auténtico control reflejo y difícilmente puede sorprender que la persona anoréxica se sienta a menudo «dominada» por el mismo régimen al que somete a su cuerpo. En palabras de Winnicot y Laing, el cuerpo se convierte en parte de un sistema de falso yo, disociado de las aspiraciones internas del individuo, aunque rigurosamente gobernado por ellas. Los sentimientos de destrucción que derivan de la vergüenza inconsciente, se centran en los regímenes corporales. La extraordinaria intensidad que el ascetismo anoréxico puede revestir lleva el cuño de una implacable dedicación interior que tiene sus fuentes en el proyecto de la identidad del yo y de las que el individuo sólo es consciente en parte. La «ajenidad» del cuerpo —en el que el yo no puede sentirse como en casa— ayuda a explicar por qué los regímenes anoréxicos pueden mantenerse a veces incluso hasta el punto de un real «ayuna hasta la muerte». El indi-

47. J. A. SOURS, *Starving to Death in a Sea of Objects*, Nueva York, Aronson, 1981.

viduo sólo se siente «valioso» en función de un régimen de autorregulación tan completo que considera amenazador el mínimo desliz.

La anorexia es un afán por alcanzar seguridad en un mundo de opciones múltiples pero ambiguas. El cuerpo estrictamente controlado es un emblema de existencia a salvo en un medio social abierto. Como leíamos antes en el relato personal: «Ser mujer es un asunto arriesgado.» La elaboración de una identidad del yo y del cuerpo se produce en el marco de una cultura de riesgo, tema que el próximo capítulo tratará de manera más directa.

4. Destino, riesgo y seguridad

Destino, fatalismo y momentos decisivos

Vivir en el universo de la modernidad reciente es vivir en un medio de cambios y riesgos, compañeros inevitables de un sistema aplicado al dominio de la naturaleza y a la elaboración refleja de la historia. El destino y el sino no participan formalmente en este sistema que actúa —por principio— a través de lo que llamaré control humano abierto de los mundos natural y social. La configuración del universo de los sucesos futuros está abierto a la intervención humana (con límites que, en la medida de lo posible, están regulados por la evaluación del riesgo). Sin embargo, las nociones de destino y sino no han desaparecido en absoluto de las sociedades modernas y una investigación de su naturaleza aparece cargada de implicaciones para el análisis de la modernidad y la identidad del yo.

Por más genérica que pueda ser esta afirmación, puede decirse con cierta seguridad que no existe cultura no moderna que no haya incorporado en algún sentido como un elemento central de su filosofía las nociones de destino y sino. El mundo no se considera un torbellino de acontecimientos sin rumbo donde los únicos agentes de orden serían las leyes naturales y los seres humanos, sino como algo intrínsecamente configurado que relaciona la vida humana con los sucesos cósmicos. El sino de una persona —la dirección que su vida deberá tomar— está especificado por su destino, por lo que guarda para ella el futuro. Aunque hay una enorme variedad de creencias que podrían agruparse bajo estas dos expresiones, en la mayoría de ellas el punto de unión entre destino y sino es la muerte. En el pensamiento griego, el destino (*moira*) era el portador de la perdición y la muerte y se consideraba un gran poder (anterior a los dioses más antiguos).[1]

1. Liz Greene, *The Astrology of Fate*, Londres, Allen and Unwin, 1984.

Dada la naturaleza de la vida social y la cultura modernas, hoy en día tendemos a contraponer al destino el carácter abierto de los acontecimientos futuros. El destino ha tomado la significación de cierta forma de determinismo preordenado, concepción a la que se oponen las ideas modernas. Pero, aunque el concepto de destino tiene la connotación de futuro parcialmente «fijado», implica también una concepción moral del sino y una interpretación esotérica de los sucesos cotidianos (donde «esotérico» significa que los sucesos se experimentan no en su relación causal mutua sino en función de su sentido cósmico). El destino tiene, en este sentido, pocas relaciones con el *fatalismo*, tal como se entiende esta palabra en la actualidad. El fatalismo es el rechazo de la modernidad, el repudio de una orientación controlada hacia el futuro y la aceptación de una actitud que deja que los acontecimientos sobrevengan a su arbitrio.

Un punto importante de unión entre las ideas anteriores de destino y las del período postmedieval fue el concepto de *fortuna*, que deriva originariamente del nombre de la diosa romana de la «fortuna» y mantuvo incómodas tensiones con las creencias cristianas predominantes. La idea de providencia divina era claramente una versión del destino pero, como señaló Max Weber, el cristianismo dio un cometido más dinámico a los seres humanos sobre la tierra que el característico de las religiones de Grecia y Roma.[2] La diosa se ganó la desaprobación de la Iglesia, pues la idea de «fortuna» implicaba que se podía obtener la gracia sin tener que trabajar como instrumento de Dios en el mundo. Sin embargo, la idea de *fortuna* conservó su importancia y a menudo tuvo mayor peso que la recompensa providencial en la otra vida, como rasgo de creencias de culturas locales. El uso del concepto de *fortuna* por parte de Maquiavelo supuso un paso importante entre la utilización tradicional de la idea y la aparición de nuevos modos de actividad social en los que quedaba excluido el destino. En su obra *El príncipe,* dice:

> Ya sé que muchos han creído y creen que las cosas del mundo están hasta tal punto gobernadas por la *fortuna* y por Dios, que los hombres con su inteligencia no pueden modifi-

2. Max WEBER, *The Sociology of Religion,* Boston, Beacon, 1963.

> carlas y ni siquiera remediarlas; y por eso se podía creer que no vale la pena esforzarse mucho en las cosas sino más bien dejarse llevar por el destino... Creo que quizás es verdad que la fortuna es árbitro de la mitad de nuestras acciones, pero que también nos deja gobernar la otra mitad, o casi, a nosotros... Digo que se ve a los príncipes prosperar hoy y caer mañana, sin haber visto cambio alguno en su naturaleza o en sus cualidades... El príncipe que sólo se apoya en la fortuna se arruina tan pronto como ésta cambia. Creo también que triunfa el que acomoda su manera de proceder a las circunstancias del momento, e igualmente fracasa quien en su proceder entra en desacuerdo con ellas.[3]

No es de extrañar que el estudio de la política fuera el primer terreno donde se transformarían las nociones de destino, pues aunque la propaganda de las naciones pueda verlas como guiadas por el hado hacia un destino específico, la práctica de la política —en las circunstancias modernas— supone el arte de la conjetura. La esencia del discernimiento político es pensar cómo marcharán las cosas si se sigue determinado proceder y compararlas con otras alternativas. Maquiavelo tiene la fama de haber sido el iniciador de la estrategia política moderna, pero su obra presta voz a algunas innovaciones bastante más fundamentales. Nicolás Maquiavelo previó un mundo en el que el riesgo y su cálculo se abren paso del brazo de la fortuna en prácticamente todos los terrenos de la actividad humana. Sin embargo, en la época de Maquiavelo no había, al parecer, una palabra genérica para el concepto de riesgo; la noción aparece en el pensamiento europeo alrededor de un siglo más tarde. (Hasta el siglo XIX la palabra inglesa se solía deletrear en su versión francesa como *risque*, en vez de la forma moderna, *risk*. Durante algún tiempo la grafía francesa continuó utilizándose junto con la nueva palabra anglizada, que comenzó a emplearse en el campo de los seguros. El término *risqué*, que se aplica a una broma que corre el riesgo de resultar ofensiva, retiene todavía la forma antigua.)[4]

3. Nicolás MAQUIAVELO, *El príncipe*, Madrid, Tecnos, pp. 102-104.
4. Cfr. Torsten HÄGERSTRAND, «Time and culture», en G. Kirsch *et al.*, *Time*

La noción de riesgo reviste una importancia central en una sociedad que se despide del pasado, de las formas tradicionales de hacer las cosas, y se abre a un futuro problemático. Esta constatación es aplicable tanto a los medios de riesgo institucionalizado como a otros ámbitos. La seguridad, según vimos en el capítulo 1, es uno de los elementos fundamentales del orden económico del mundo moderno (forma parte de un fenómeno más general relacionado con el control del tiempo que calificaré de *colonización del futuro*). El carácter «abierto» de las cosas por venir expresa la maleabilidad del mundo social y la capacidad de los seres humanos para dar forma a las condiciones físicas de nuestra existencia. Atribuimos al futuro una incognoscibilidad intrínseca que le hace estar cada vez más separado del pasado; ésa es la razón de que el futuro se convierta en un terreno nuevo (un territorio de posibilidades contrafácticas). Una vez establecido así, este terreno se presta a la invasión colonizadora del pensamiento contrafáctico y del cálculo del riesgo. El cálculo del riesgo, según he mencionado anteriormente, no puede ser nunca completo pues, incluso en circunstancias de riesgo relativamente delimitadas, se dan siempre resultados no pretendidos ni previstos. En medios de los que ha desaparecido el destino, cualquier acción, incluso la que se mantiene fiel a principios rigurosamente establecidos, es en principio «calculable» en términos de riesgo (se puede hacer algún tipo de evaluación general de probables riesgos respecto a los resultados concretos de prácticamente cualquier hábito y actividad). La introducción de los sistemas abstractos en la vida cotidiana, unida a la naturaleza dinámica del conocimiento, significa que la conciencia de riesgo se infiltra en la casi totalidad de nuestras acciones.

En seguida haremos un análisis más extenso del riesgo y su relación con la identidad del yo. Pero antes es necesario exponer una o dos ideas ligadas a la de destino. Hablaremos un poco más sobre el *fatalismo*, término que, como ya hemos dicho, tiene más que ver con la vida social moderna que con las culturas más tradicionales. El fatalismo, tal como lo entiendo aquí, difiere del estoicismo, actitud de resistencia frente a las adversidades y tribulaciones de la

---

Preferences, Berlín, Wissenschaftszentrum, 1985; Helga NOWOTNY, *Eigenzeit: Entstehung und Strukturierung eines Zeitgefühls*, Frankfurt, Suhrkamp, 1989, cap. II.

vida. Una actitud fatalista es aquella que acepta resignadamente el curso de los acontecimientos. Es una perspectiva alimentada por las tendencias principales de la modernidad, aunque ésta se contrapone a ellas.

Habría que distinguir el fatalismo del sentimiento del carácter *decisivo* de los sucesos. Los acontecimientos o circunstancias decisivas son aquellos que tienen una consecuencia especial para un individuo o grupo.[5] Se incluyen entre ellos los resultados no deseados que se afrontan en lo que he denominado riesgos de consecuencias graves, riesgos que afectan a un gran número de personas de forma potencialmente amenazadora, pero que también se dan en el plano individual. Los *momentos decisivos* son aquellos en que los individuos se ven llamados a tomar decisiones especialmente determinantes para sus ambiciones o, más en general, para sus vidas futuras. Tienen consecuencias de gran trascendencia en el destino de una persona.

Los momentos decisivos pueden interpretarse en función de las características más amplias o actividades determinantes que un individuo lleva a cabo en su vida diaria y en el curso de su existencia. Gran parte de la vida cotidiana carece de consecuencias por lo que respecta al individuo y no se considera especialmente decisiva para los objetivos generales. Sin embargo, la persona en cuestión considerará que algunas formas de actividad tienen en general mayores consecuencias que otras (como ocurre, por ejemplo, con la actividad desarrollada en el ámbito del trabajo). Pensemos en el fenómeno de «matar» o «perder» el tiempo, analizado con especial brillantez por Goffman.[6] Curiosamente, el tiempo que se ha de matar se suele llamar también tiempo «libre», un tiempo de relleno situado entre los segmentos más determinantes de la vida. Si una persona descubre que cuenta con media hora entre un compromiso y el siguiente, podrá decidir pasarlo en entretenimientos sin importancia o leyendo el periódico hasta la siguiente cita, más que en emplearlo en una «buena» ocupación. El tiempo muerto se desliga del resto de la vida de la persona y —a no ser que ocurra algo inesperado— no tiene consecuencias para ella.

5. Ervin GOFFMAN, *Interaction Ritual*, Londres, Allen Lane, 1972.
6. *Ibíd.*

En cambio, muchas actividades de la vida que son más determinantes se han convertido en rutinarias. La mayoría de las actividades realizadas «fuera de tiempo» —tanto en los sectores formales como más informales de la vida— no son problemáticas o sólo lo son en lo que respecta al tratamiento ordinario de las tareas correspondientes. En otras palabras, a menudo se han de tomar decisiones difíciles, pero se llevan a cabo con la ayuda de estrategias desarrolladas para resolverlas y que forman parte de dichas actividades recurrentes. A veces, no obstante, una situación o episodio particular puede ser a un mismo tiempo de graves consecuencias y problemática: estos episodios son los que constituyen los momentos decisivos. Los momentos decisivos son tiempos en que los acontecimientos se presentan juntos de tal manera que el individuo se encuentra, por así decirlo, en una encrucijada de su existencia, o en los que una persona recibe informaciones que tendrán consecuencias decisivas.[7] Son momentos decisivos la resolución de casarse, la ceremonia misma de la boda y más tarde, quizá, la determinación de separarse y de la separación propiamente dicha. Otros ejemplos: pasar un examen, decidirse por un aprendizaje o una carrera concreta, hacer huelga, dejar un trabajo por otro, oír el resultado de una prueba médica, perder una cantidad importante en el juego o ganar una gran suma a la lotería. Es frecuente que los momentos decisivos estén causados por sucesos que afectan a la vida del individuo, quiera o no quiera. Pero es también muy habitual que tales momentos sean el resultado de un plan, como en el caso de una persona que decide reunir todos sus ahorros y montar un negocio. En la historia de las colectividades hay, por supuesto, momentos decisivos al igual que en las vidas de los individuos. Se trata de fases en que las cosas se tuercen, cuando un estado de cosas dado se ve repentinamente alterado por unos pocos sucesos clave.

Los momentos decisivos, o más bien esa categoría de posibilidades que un individuo define como decisiva, están en especial re-

7. Goffman no incluye la segunda posibilidad en su análisis de la fatalidad, pero desde el punto de vista de un individuo que contemple su vida y considere la manera de actuar a partir de un determinado momento, la adquisición de información decisiva constituye una coyuntura crucial.

lación con el riesgo. Son los momentos en que la llamada de la *fortuna* es enérgica, momentos en que en medios más tradicionales se consultaba quizá a los oráculos o se propiciaban las fuerzas divinas. Cuando se acerca un momento decisivo o se ha de tomar una resolución decisiva se recurre a los expertos. De hecho, es muy corriente que el examen pericial sea el medio por el que una especial circunstancia se califica de decisiva, como ocurre, por ejemplo, en el caso del diagnóstico médico. Sin embargo, hay relativamente pocas situaciones en que una decisión sobre lo que se ha de hacer queda netamente definida a resultas del consejo de un experto. La información obtenida de los sistemas abstractos puede ayudar en la evaluación del riesgo, pero quien ha de cargar con los riesgos correspondientes es el individuo afectado por ellos. Las resoluciones decisivas suelen ser difíciles de tomar casi por definición, debido a la combinación de problemas y consecuencias que las caracteriza.

Los momentos decisivos amenazan la coraza protectora que defiende la seguridad ontológica del individuo, pues quiebran la actitud de dejar que las cosas «sigan como están», tan importante para esa envoltura defensiva. Hay momentos en que el individuo debe poner rumbo hacia algo nuevo, a sabiendas de que una decisión que tome o una dirección que siga tendrá la calidad de lo irreversible o que, al menos, le será luego difícil volver al antiguo sendero. Los momentos decisivos no significan necesariamente afrontar una alta posibilidad de que las cosas se tuerzan, es decir, una serie de circunstancias con una gran probabilidad de pérdida. Lo que tiende a hacer difícil abordar una situación de riesgo es más bien la escala de penalizaciones derivadas de que las cosas salgan mal. Los momentos decisivos ponen de manifiesto riesgos de graves consecuencias para el individuo, comparables a los que caracterizan la actividad colectiva.

Los parámetros del riesgo

Dado que el riesgo y los intentos de evaluarlo son tan fundamentales para la colonización del futuro, el estudio del riesgo puede decirnos mucho acerca de los elementos nucleares de la modernidad. Son varios los factores que intervienen aquí: la reducción de los riesgos que amenazan la vida del individuo, como consecuencia de las amplias zonas de seguridad en la actividad diaria conquistadas por los sistemas abstractos; la constitución de entornos de riesgo institucionalmente delimitados; el control del riesgo como aspecto clave de la reflexividad de la modernidad; la aparición de riesgos de graves consecuencias, resultantes de la mundialización, y la actuación de todos estos factores sobre el trasfondo de un «clima de riesgo» al que le es inherente la inestabilidad.

La preocupación por el riesgo en la vida social moderna no tiene nada que ver directamente con el predominio real de peligros que amenacen la vida. En el plano de la existencia humana y en función de la esperanza de vida y la posibilidad de evitar enfermedades graves, los miembros de las sociedades desarrolladas se hallan en una posición mucho más segura que la mayoría de individuos de épocas anteriores. En la Gran Bretaña de finales del siglo XVIII, que era en ese momento la sociedad más avanzada del mundo, las epidemias mortales que acababan con cientos de miles de personas seguían siendo una realidad común. Había que soportar además la proliferación de enfermedades endémicas, aunque no fueran necesariamente fatales. Muchos tenían motivos para observar[8]

> la fatiga, la fiebre y la consunción, en este lugar
> donde los hombres se sientan a oírse mutuamente sus quejas,
> donde la perlesía sacude un escaso resto de cabellos grises,
> donde la juventud crece pálida y espectral y muere.

Sólo a partir del siglo XX disponemos de estadísticas suficientes para esbozar con cierta precisión los cambios producidos en las vicisitudes que amenazaban la vida. Un estudio que tomó el año 1907 como punto de partida mostraba que en ese momento los recién nacidos «andaban sobre un campo minado»[9] (a pesar de

8. Cita de John KEATS, «Ode to a Nightingale», en Roy Porter y Dorothy Porter, *In Sickness and in Health*, Londres, Fourth Estate, 1988.

9. John URQUHART y Klaus HEILMANN, *Risk Watch*, Nueva York, Facts on File, 1984.

que las tasas de mortalidad infantil se habían reducido considerablemente en comparación con las del siglo anterior). Según un gráfico elaborado para el año 1907, aproximadamente uno de cada siete lactantes moría el primer año de su vida; en cambio, en el gráfico correspondiente a 1977, tomado como base de comparación, era uno de cada diecisiete. La lista dada más abajo recoge algunos de los avances en la reducción de riesgos más importantes para la salud realizados entre los años 1907-1977 (es decir, los años de un anciano que en 1977 habría cumplido setenta años):

—Agua potable.
—Servicios de saneamiento de aguas residuales.
—Preparación higiénica de alimentos.
—Leche pasteurizada.
—Refrigeración.
—Calefacción central.
—Amplia aplicación de principios científicos en la nutrición.
—Amplia aplicación de principios de higiene personal.
—Erradicación de las principales enfermedades parasitarias, incluida la malaria.
—Control de roedores e insectos.
—Mejora continua de los cuidados pre y postnatales.
—Mejora continua de los cuidados de bebés y niños.
—Mejora continua del tratamiento quirúrgico.
—Mejora continua de la anestesia y los cuidados intensivos.
—Amplia aplicación de los principios de inmunización.
—Viabilidad de la transfusión de sangre.
—Establecimiento de unidades de cuidados intensivos en los hospitales.
—Difusión continua y mejorada de los procedimientos de diagnosis.
—Mejora continua del tratamiento del cáncer.
—Mejora continua del tratamiento de la oclusión arterial.
—Viabilidad y practicabilidad de la paternidad planificada.
—Mejora y legalización de los métodos de interrupción del embarazo.
—Aceptación amplia de la seguridad en el trabajo.
—Cinturones de seguridad en los coches.

— Mejora continua de los métodos para la conservación de la dentadura, la vista y el oído.
— Reconocimiento de los daños causados a la salud por el tabaco, la obesidad, la hipertensión sanguínea y la vida sedentaria.[10]

No podemos exponer pormenorizadamente hasta qué punto cada uno de los puntos de la lista ha afectado a los cambios destacados en la comparación entre los años 1907 y 1977, pues el impacto pleno de algunos de ellos, o incluso de muchos, sólo será perceptible en las generaciones siguientes. Por otra parte, a estos cambios que han reducido los riesgos hemos de contraponer un considerable número de influencias desfavorables. En vida de la generación de los nacidos en 1907 se han declarado dos guerras mundiales que supusieron una destrucción masiva de vida. Los riesgos de muerte o lesiones graves por accidentes de tráfico han crecido continuamente durante la mayor parte de este período. A partir de la década de 1930 y hasta la de 1960 esta generación consumió muchas drogas que, según las normas actuales, no se habían sometido a las correspondientes pruebas antes de ponerlas a disposición del público. Los miembros de dicha generación bebieron una gran cantidad de alcohol y fumaron millones de productos de tabaco sin que se hubieran comprobado plenamente sus efectos tóxicos; la polución ambiental, que según los especialistas incrementa la propensión a contraer enfermedades graves de diversos tipos, ha aumentado considerablemente; además, durante gran parte de sus vidas, las personas de esa generación han ingerido alimentos que contenían muchos aditivos y fueron tratados con fertilizantes químicos, con consecuencias para su salud que en el mejor de los casos son desconocidas y en el peor pueden contribuir a producir algunas de las principales afecciones mortales.

No obstante, desde el punto de vista de la seguridad de la vida, los elementos de reducción del riesgo parecen superar sustancialmente al conjunto de nuevos riesgos. Hay varias maneras de evaluar todo esto de forma aproximada. Una de ellas consiste en com-

10. *Ibíd.*, p. 12.

parar cómo ha vivido realmente la generación de 1907 con las condiciones en que se habrían desarrollado sus vidas si los riesgos más amenazadores existentes en 1907 hubieran seguido vigentes durante toda la existencia de los nacidos en ese año (un cálculo especulativo, pero que puede acometerse con ayuda de un respaldo estadístico razonable). Esta estimación no señala diferencias, en cuanto a porcentajes de supervivencia, hasta los veinte años. A partir de esa edad la curva de supervivencia actual comienza a superar de manera progresiva a la de los datos reconstruidos, sobre todo en el período más reciente.

Se pueden establecer también comparaciones entre el gráfico de 1907 y el de 1977, contrastando la esperanza de vida del grupo de 1907 con la prevista para la generación de 1977. Esta última muestra una divergencia sustancial que arranca ya del primer año y llega hasta la ancianidad y es favorable a la generación de 1977 (si bien no tenemos, por supuesto, forma de saber plenamente qué factores adicionales podrían influir en los riesgos que amenazarán la vida de este grupo en los años venideros).

El riesgo afecta a los acontecimientos futuros —por estar relacionados con las prácticas presentes— y la colonización del futuro da paso, por tanto, a nuevas circunstancias de riesgo, algunas de las cuales están organizadas institucionalmente. En ámbitos relativamente menores tales circunstancias han existido siempre, por ejemplo en el caso del juego, difundido en muchas culturas. En culturas no modernas se han dado ocasionalmente situaciones de riesgo organizado para las que no se encuentran formas institucionalizadas equivalentes en la vida social moderna. Así, Furth describe un tipo institucionalizado de intento de suicidio en Tikopia.[11] Se considera práctica aceptada que una persona agraviada se haga a la mar en una canoa. Dado que las aguas son peligrosas, existe una posibilidad importante de que dicha persona no sobreviva a la experiencia; las posibilidades de supervivencia están influidas por la rapidez con que otros miembros de la comunidad advierten la ausencia del individuo en cuestión y responden a ella. Aunque esta actividad de riesgo tiene algunas afinidades con el riesgo que se

11. Raymond Firth, «Suicide and risk-taking in Tikopia society», *Psychiatry*, 24, 1961.

corre en los intentos de suicidio en la vida moderna, en este segundo caso falta el elemento institucionalizado.[12]

En la mayoría de los casos, sin embargo, las circunstancias de riesgo institucionalmente establecido son mucho más acusadas en las sociedades modernas que en las premodernas. Estos sistemas institucionalizados de riesgo afectan virtualmente a cualquiera, al margen de que «actúe» o no en ellos (los ejemplos más significativos los proporcionan los mercados competitivos en la producción, la fuerza del trabajo, las inversiones o la obtención de dinero). La diferencia entre estos sistemas institucionalizados y otros parámetros de riesgo reside en que los riesgos que se corren no son algo incidental, sino constitutivo de dichos sistemas. Los entornos de riesgo institucionalizado conectan de múltiples maneras los riesgos individuales y los colectivos (así, por ejemplo, las posibilidades de vida individual están en la actualidad directamente vinculadas a la economía capitalista mundial). Pero en relación con el presente análisis son especialmente importantes por lo que revelan sobre la colonización del futuro.

Tomemos el ejemplo de la bolsa. La bolsa es un mercado reglamentado que ofrece una serie de valores (término interesante en sí mismo) que los prestatarios emiten y los ahorradores adquieren, creando así una selección de medios para organizar los riesgos de vendedores y compradores en su objetivo de obtener beneficios financieros. Tiene también el efecto de valorar los títulos en relación con las compensaciones esperadas, tomando en cuenta los riesgos de los inversores.[13] Ahorradores y prestatarios tienen una multiplicidad de objetivos financieros. Algunos ahorradores desean acumular dinero a largo plazo, mientras que otros contemplan ganancias a más corto plazo y están dispuestos a asumir riesgos considerables para su capital en función de esa finalidad. Los prestatarios quieren generalmente dinero a largo plazo, aunque es inevitable cierto riesgo de pérdidas por parte de los prestamistas. En el mercado bolsista los inversores pueden elegir entre un conjunto de

12. James M. A. WEISS, «The gamble with death in attempted suicide», *Psychiatry*, 20, 1957.

13. Peter G. MOORE, *The Business of Risk*, Cambridge, Cambridge University Press, 1983, pp. 104 ss.

riesgos y formas de cubrirse contra ellos, mientras que los prestatarios pueden intentar ajustar los plazos del capital recibido contra los riesgos de los negocios para quienes los utilizan. La bolsa es un terreno teórico de reflexividad compleja (fenómeno que influye directamente en la naturaleza de los azares del ahorro y el préstamo). Hay estudios que indican que los porcentajes de ganancia son malos predictores de ganancias futuras o crecimiento de dividendos. Algunas teorías aplicadas a la inversión en bolsa consideran este hecho una prueba de que el mercado no puede saber qué empresas utilizarán recursos financieros escasos más satisfactoriamente y calculan sus estrategias de riesgo de acuerdo con ello. Otras sostienen que la retención de ganancias, además de otros factores constatables, cuentan para llegar a saberlo, y adoptan, consecuentemente, diferentes estrategias. El hecho de que la misma política de retención pueda verse influida por el tipo de teoría aceptada da una medida de la complejidad refleja de tal situación.[14]

La bolsa, como otros ámbitos de riesgo institucionalizado, utiliza activamente el riesgo para crear el «futuro», que luego será colonizado. Quienes juegan en ella entienden bien este hecho. Uno de los mejores ejemplos es el de los mercados de futuros. Todos los ahorros y préstamos crean mundos futuros posibles por la activación del riesgo. Pero los mercados de futuros lo hipotecan de manera directa, garantizando una cabeza de puente en el tiempo que ofrece una seguridad peculiar a ciertos tipos de prestatarios.

El control reflejo del riesgo es intrínseco a los sistemas de riesgo institucionalizados y extrínseco a otros parámetros de riesgo, pero no menos fundamental por lo que respecta a las oportunidades y planificación de la vida. Una parte significativa del pensamiento especializado y del discurso público está constituido en la actualidad por el *perfil del riesgo*, que analiza cuál es la distribución de riesgos en un medio de acción dado, habida cuenta del estado actual de los conocimientos y en las condiciones presentes. Dado que lo «actual» en cada uno de estos aspectos está sometido

14. R. A. Brearley y S. Myers, *Principles of Corporate Finance,* Nueva York, McGraw-Hill, 1981.

constantemente a cambio, dicho perfil ha de ser revisado y actualizado de forma crónica.

Pensemos en las «causas de la muerte» que entrañan los riesgos más importantes asociados a la mortalidad.[15] El perfil de riesgo de las principales enfermedades mortales muestra diferencias importantes entre los años del cambio de siglo y el día de hoy en los países desarrollados. Para 1940 las enfermedades infecciosas como la tuberculosis, la nefritis o la difteria habían dejado de estar entre las diez causas principales de muerte. La mortalidad debida a enfermedades cardiovasculares y cáncer pasó a ocupar los puestos primero y segundo después de 1940 y en ellos se ha mantenido. Se piensa que la razón principal de este cambio es la mayor proporción de personas que llegan a los cincuenta años o incluso los sobrepasan, pero esta opinión es discutida por algunos que atribuyen la responsabilidad a factores dietéticos y medioambientales. Deberíamos señalar que los conceptos utilizados para reconocer las principales causas de muerte han cambiado sustancialmente desde 1900. Lo que a la vuelta del siglo se denominaban «lesiones intracraneales de origen vascular» pasaron a ser en la década de 1960 «lesiones vasculares que afectan al sistema nervioso central» y desde entonces se han convertido en «enfermedades cerebrovasculares». Estos cambios son algo más que meros caprichos: reflejan las modificaciones del punto de vista médico ante las correspondientes patologías.

Se piensa que alrededor de dos tercios de la población de más de treinta y cinco años de países con tasas elevadas de enfermedades cardiovasculares, como Gran Bretaña o los Estados Unidos, tienen algún grado de constricción arterial, aunque no el suficiente como para provocar síntomas patológicos específicos o alteraciones en el electrocardiograma. Anualmente una de cada ochenta personas de más de treinta y cinco años sufre un ataque al corazón, si bien sólo cierto número de ellos son mortales. Las enfermedades cardíacas son más comunes en los hombres que en las mujeres, aunque esta brecha se va cerrando. En los Estados Unidos y en uno o dos países más la tasa de muertes debidas a enfermedades coronarias ha comenzado a caer después de un aumento cons-

15. Urquhart y Heilmann, *Risk Watch*, cap. IV.

tante durante muchos años. Existe un fuerte debate sobre la razón de este hecho; podría deberse a cambios en la dieta, a la mejora de los cuidados de urgencia, a un descenso del tabaquismo o a una dedicación de los adultos a la práctica regular de ejercicio físico. En general se cree que los factores de estilo de vida de uno u otro tipo influyen fuertemente en el riesgo de contraer enfermedades cardiovasculares. Sobre esta cuestión existe una gran cantidad de datos comparativos. Así, Japón cuenta con la tasa más baja de enfermedades coronarias entre las sociedades industriales. Sin embargo, los niños y adolescentes de los inmigrantes japoneses a los Estados Unidos tienen tasas de enfermedad comparables a las de este país y no a las del Japón. Con todo, no está en absoluto claro cuál es la influencia de la dieta en la etiología de las enfermedades cardíacas, por comparación con otros aspectos del estilo de vida. Francia, por ejemplo, presenta tasas bajas de muerte por enfermedades coronarias, a pesar de que la dieta francesa es alta en sustancias que, según se piensa, deberían producirlas.

El cáncer no es una afección patológica única, al menos por lo que respecta a los riesgos de muerte asociados a él. Desde comienzos de siglo las distintas formas de enfermedad han seguido caminos divergentes. Por ejemplo, se ha producido un aumento constante en las tasas de mortalidad por cáncer de pulmón desde aproximadamente el año 1930; la continuación de ese incremento se debería, supuestamente, a los efectos aplazados de la amplia popularidad del tabaco hasta los últimos años de la década de 1960. Por otro lado, se ha producido una caída continua en algunos otros tipos de cáncer. Los expertos no están de acuerdo sobre el porqué de ello. También discrepan acerca de si la dieta y los factores medioambientales contribuyen a la aparición de la enfermedad y en qué grado lo hacen.

El control constante y detallado de los riesgos de la salud en relación con datos como los que acabamos de referir proporciona un excelente ejemplo no sólo de la reflexividad rutinaria respecto del riesgo externo, sino también de la interacción entre los sistemas expertos y la conducta no profesional ante el riesgo. Los especialistas médicos y otros investigadores ofrecen los materiales a partir de los cuales se realiza el perfil de riesgo. Ahora bien, los perfiles de riesgo no son una exclusividad de los expertos. La población en general es consciente de ellos, aunque muchas veces sólo de una manera muy superficial; de hecho, los profesionales de la medicina y otras instancias están interesados en poner sus datos al alcance de los profanos. Los estilos de vida seguidos por la población en general están influidos por el conocimiento de estos datos, aunque normalmente hay diferencias de clase en la modificación de las pautas de conducta; los profesionales liberales y otros grupos con mayor formación son los más dispuestos al cambio. Sin embargo, el acuerdo en las opiniones de los expertos —si es que lo hay— puede cambiar nada más adoptarse los cambios de estilo de vida que antes propugnaron. Recordemos cómo algunos sectores de la profesión médica defendieron en cierta época el tabaco como un medio de relajación y cómo se decía que las carnes rojas, la mantequilla y la nata formaban cuerpos sanos.

Los conceptos y la terminología médica cambian cuando las teorías se revisan o abandonan. Además, en todo momento existe un desacuerdo importante y a veces radical dentro de la profesión médica acerca de los factores de riesgo y de la etiología de los principales peligros para la salud. Incluso en el caso de enfermedades tan serias como las coronarias y el cáncer hay muchos que practican la medicina alternativa y discuten los puntos de vista más destacados (los especialistas médicos ortodoxos toman a algunos de ellos mucho más en serio de lo que solían). En esas disputas, la evaluación de los riesgos de la salud está muy íntimamente ligada a la idea de «quién tiene razón». En efecto, aunque un perfil de riesgo trazado en un momento determinado pueda parecer objetivo, la interpretación del riesgo en el caso de un individuo o grupo de individuos depende de si se introducen o no cambios en el estilo de vida y hasta qué punto estos cambios se basan de hecho en presunciones válidas. Una vez establecido, un sector de estilo de vida —por ejemplo, la observación de una dieta concreta—, puede ser muy difícil de alterar, pues probablemente se integrará en otros aspectos de la conducta personal. Todas estas consideraciones influyen en la adopción reflexiva de parámetros de riesgo por parte de los no profesionales después de pasar por el filtro de los sistemas abstractos. No ha de sorprender que, frente a tal complejidad, algunas personas retiren su confianza de prácticamente cualquier médico y que sólo los consulten, quizá, en momentos desesperados y se obstinen tenazmente en los hábitos, sean cuales sean, que han establecido para sí mismos.

A diferencia de los peligros para la salud, los riesgos de consecuencias graves caen por definición lejos del agente individual, si bien —una vez más, por definición— afectan directamente a las posibilidades de vida de cada persona particular. Sería un claro error suponer que quienes viven en condiciones sociales de modernidad vayan a ser los primeros en temer que el mundo se vea afectado por catástrofes terribles. Las visiones escatológicas fueron muy comunes en la Edad Media y ha habido otras culturas en las que el mundo se ha considerado abrumado por peligros masivos. No obstante, la experiencia y naturaleza de estas visiones azarosas son en algunos aspectos muy distintas de la conciencia de los riesgos de consecuencias graves que se tiene en la actualidad. Dichos riesgos son el resultado de procesos incipientes de mundialización y medio siglo atrás la humanidad no sufría el mismo tipo de amenazas.

Estos riesgos forman parte de la cara oscura de la modernidad y seguirán existiendo, ellos u otros factores de riesgo comparables, mientras perdure la modernidad (mientras continúe la rapidez del cambio social y tecnológico con su secuela de consecuencias no previstas). Los riesgos de consecuencias graves tienen una calidad específica. Cuanto más calamitosos sean los peligros que implican, menos experiencia real tendremos del riesgo que corremos, pues, cuando las cosas «van mal», siempre es demasiado tarde. Ciertos desastres son una anticipación de lo que podría suceder (como en el caso del accidente nuclear de Chernobil). Al igual que en muchas otras cuestiones, los expertos no están totalmente de acuerdo sobre los efectos a largo plazo que la radiación emitida en este accidente podría tener en las poblaciones de los países afectados. En general se piensa que han aumentado los riesgos de ciertos tipos de enfermedad en el futuro y que, desde luego, ha tenido consecuencias devastadoras para las personas inmediatamente afectadas en la antigua Unión Soviética. Pero el cálculo de lo que puede ser un gran desastre nuclear —por no hablar de un conflicto atómico, incluso de escala reducida— es, inevitablemente, materia de adivinación contrafáctica.

El trabajo de evaluación del riesgo en el caso de riesgos de consecuencias graves tiene que ser consecuentemente distinto de los que tienen por objeto riesgos cuyos resultados pueden observarse y controlarse habitualmente (aunque estas interpretaciones deban ser revisadas y actualizadas de manera constante a la luz de nuevas teorías e informaciones). El terreno donde mejor se confirma la tesis de que la evaluación del riesgo es intrínsecamente arriesgada es el de los riesgos de consecuencias graves. Un método común para calcular los riesgos de accidente en reactores nucleares consiste en diseñar un árbol de fallos. El trazado de dicho árbol se realiza listando todos los senderos conocidos que llevan a los hipotéticos fallos del reactor, especificando a continuación los posibles senderos que llevan a los anteriores y así sucesivamente. El resultado final es, supuestamente, una indicación muy precisa del riesgo. El método se ha utilizado en estudios sobre seguridad en reactores de los Estados Unidos y en varios países europeos. Aun así, deja sin resolver varios imponderables.[16] Es imposible realizar un cálculo fiable del riesgo de error humano o sabotaje. El desastre de Chernobil fue el resultado de un error humano, como lo fue también, unos años antes, el incendio producido en una de las centrales nucleares más grandes del mundo, la de Brown's Ferry, en los Estados Unidos. El fuego se inició porque un técnico utilizó una vela para comprobar un escape de aire, contraviniendo directamente los procedimientos establecidos. Algunos de los senderos hacia los posibles desastres pueden pasar completamente desapercibidos. En muchas ocasiones se han pasado por alto en circunstancias de riesgos menores y, en el caso de riesgos de graves consecuencias, los peligros sólo se han localizado en revisiones posteriores de datos y supuestos. Así ocurrió en un planteamiento hipotético presentado en un estudio coordinado por la Academia Nacional Americana de Ciencias para determinar los riesgos del suministro de alimentos en el caso de guerra nuclear de cierta intensidad. El equipo que realizó el estudio concluyó que la reducción de la capa de ozono de la atmósfera a consecuencia de la guerra no amenazaría a los recursos de alimentación de los supervivientes, pues podrían continuar cultivándose muchos productos que resistirían una

16. Paul SLOVIC y Baruch FISCHOFF, «How safe is safe enough?», en Jack DOWNIE y Paul LAFRERE, *Risk and Chance*, Milton Keynes, Open University Press, 1980.

atmósfera con una creciente radiación ultravioleta. Pero ninguno de los miembros del equipo advirtió que el aumento del nivel de radiación haría prácticamente imposible trabajar en los campos para sacar adelante esas cosechas.[17]

Los riesgos de consecuencias graves constituyen un segmento especial del «clima de riesgo» generalizado propio de la modernidad tardía (caracterizada por constantes variaciones en las pretensiones de conocimiento condicionadas por los sistemas expertos). Según observa Rabinowitch: «Un día cualquiera oímos hablar de los peligros del mercurio y corremos a retirar de nuestras alacenas las latas de atún; al día siguiente el alimento que hay que evitar es la mantequilla, que nuestros abuelos consideraban el no va más de la salud; luego, tenemos que eliminar la pintura al plomo de las paredes. Hoy en día, el peligro nos acecha en los fosfatos de nuestro detergente favorito; mañana, el dedo acusador señalará los insecticidas, que hace unos pocos años eran vitoreados como salvadores de millones de personas del hambre y la enfermedad. Las amenazas de muerte, demencia y —algo todavía más temible— el cáncer acechan en todo cuanto comemos o tocamos.»[18] Estas palabras fueron escritas hace unos veinte años: desde entonces se han descubierto rastros de mayor contaminación en el atún, se han prohibido algunos tipos de detergentes considerados seguros al comienzo de la década de 1970 y algunos médicos dicen ahora que es más saludable consumir mantequilla que las margarinas bajas en grasas, ampliamente recomendadas con anterioridad y consideradas preferibles.

La cuestión, repitámoslo, no es que la vida diaria comporte hoy más riesgos que en épocas anteriores. Lo que sucede más bien es que, en condiciones de modernidad, pensar en términos de riesgos y de su evaluación es una práctica más o menos generalizada de carácter en parte imponderable tanto para los agentes no profesionales como para los expertos en terrenos específicos. Deberíamos recordar que todos somos profanos frente a la amplia mayoría de sistemas expertos que invaden nuestras actividades diarias. El

17. P. M. Boffey, «Nuclear war», *Science*, 190, 1975.

18. E. Rabinowitch, «Living dangerously in the age of science», *Bulletin of the Atomic Scientists*, 28, 1972.

avance de las instituciones modernas está acompañado por la proliferación de especializaciones y el estrechamiento progresivo de áreas de especialidad parece ser un resultado inevitable del desarrollo técnico. A medida que la especialización se adensa, menor es el campo en el que un individuo determinado puede pretenderse experto; en otros ámbitos de la vida se encontrará en idéntica situación que cualquier otra persona. Incluso en terrenos donde los expertos coinciden, los efectos de «filtración» sobre el pensamiento y la práctica no especializada serán ambiguos y complejos debido a los desplazamientos y a la naturaleza evolutiva del conocimiento moderno. El clima de riesgo de la modernidad es, pues, perturbador para cualquiera; nadie puede eludirlo.

El coqueteo activo con el riesgo

Es evidente que existen diferencias entre riesgos voluntariamente asumidos y riesgos inherentes a las cortapisas que impone la vida social o a un modelo de estilo de vida adoptado. Los entornos de riesgo institucionalizado presentan ciertas situaciones en las que los individuos pueden preferir arriesgar algunos recursos escasos, incluida su vida (como sucede en los deportes peligrosos o en otras actividades comparables). Sin embargo, la diferenciación entre riesgos asumidos voluntariamente y riesgos que afectan a la persona de manera menos buscada es con frecuencia difusa y no siempre corresponde, ni mucho menos, a la división entre entornos de riesgo extrínsecos e institucionalizados. Los factores de riesgo inherentes a una economía moderna, a los que hemos aludido más arriba, afectan casi a cualquiera, al margen de si un individuo interviene o no directamente en el orden económico. Ejemplos de ello son la conducción de vehículos y el tabaco. Conducir es en muchas situaciones una actividad voluntaria; pero hay algunas circunstancias en que los compromisos del estilo de vida y otras obligaciones harán de la utilización del coche una necesidad. Se puede comenzar a fumar voluntariamente, pero una vez que se convierte en adicción adquiere carácter compulsivo, como ocurre con el consumo de alcohol.[19]

19. Urquhart y Heilmann, *Risk Watch*, p. 89.

La aceptación activa de ciertos tipos de riesgo es una parte importante del clima de riesgo. Algunos aspectos o tipos de riesgo pueden estimarse por sí mismos (el entusiasmo que puede provocar conducir deprisa y peligrosamente se asemeja a la excitación que ofrecen ciertas empresas de riesgo institucionalizadas). Fumar, a pesar de los riesgos conocidos que ello comporta, puede demostrar cierto envalentonamiento que supone para algunas personas una recompensa psicológica. En la medida en que esto es así, tales actividades pueden entenderse como aspectos de un «riesgo cultivado», del que hablaremos más adelante. Pero en general, la aceptación pasiva por parte de amplios sectores de población de los peligros de prácticas como la de conducir y fumar al mismo tiempo se han de interpretar de forma diferente. Los tipos de interpretación comúnmente expuestos son dos. Uno de ellos dice que las grandes empresas y otros organismos poderosos conspiran para engañar a la gente sobre los verdaderos niveles de riesgo o se sirven de la publicidad y otros métodos de condicionamiento para conseguir que una parte importante de la población adopte, a pesar de todo, esos hábitos que comportan riesgo. El otro sugiere que la mayoría de la gente corriente no es sensible a los riesgos individuales ni a los diferidos (a pesar de que a menudo reaccionan exageradamente ante los desastres colectivos u otros riesgos más «visibles»). Ambas explicaciones tienden a hacer mucho hincapié en los componentes aparentemente irracionales de la acción. Ninguna de las dos parece especialmente convincente, aunque ambas apuntan sin duda a factores de cierta importancia. Las principales influencias derivan probablemente de ciertos rasgos característicos de los hábitos de planificación y estilo de vida. Dado que las prácticas específicas están de ordinario vinculadas a un conjunto integrado de hábitos de estilo de vida, los individuos no evalúan siempre, o quizá casi nunca, los riesgos como elementos separados, cada uno en su propio ámbito. Más que calcular las implicaciones de diversos segmentos de conducta arriesgada, la planificación de la vida da razón de un «paquete» de riesgos. En otras palabras, la aceptación de ciertos riesgos dentro de unos «límites tolerables», como consecuencia de la búsqueda de un determinado estilo de vida, se considera parte del paquete general.

Los individuos procuran colonizar el futuro para sí mismos

como elemento intrínseco a sus planteamientos de vida. El grado en que el feudo del futuro puede ser invadido con éxito es parcial, como ocurre con los futuros colectivos, y está sujeto a los diversos caprichos de la evaluación del riesgo. Todos las personas establecen un conjunto de valoraciones de riesgo que puede estar más o menos claramente articulado, bien informado y «abierto» o, por el contrario, puede ser en gran parte inercial. Pensar en función del riesgo se convierte en algo más o menos inevitable y la mayoría de las personas desean también ser conscientes de los riesgos que supone *renunciar* a pensar de ese modo, aunque pueden preferir ignorarlos. En las circunstancias de la modernidad reciente, acentuadamente reflejas, vivir «con el piloto automático» es una tarea de creciente dificultad y cada vez resulta menos posible proteger del clima generalizado de riesgo cualquier estilo de vida, por más firmemente preestablecido que esté.

No deberían malinterpretarse las razones aducidas sobre este punto. Gran parte del cálculo de riesgo se lleva a cabo en el plano de la conciencia práctica y, como señalaremos más adelante, la coraza protectora de la confianza básica bloquea la mayoría de los sucesos que en caso contrario podrían ser perturbadores y que afectan a las circunstancias de la vida individual. Hallarse «cómodo» en el mundo es sin duda problemático en la época de la modernidad reciente, en la que un marco de «preocupación» y el desarrollo de las «historias compartidas» con los demás son logros en gran medida reflejos. Pero tales historias generan a menudo situaciones donde la seguridad ontológica se mantiene de manera relativamente no problemática, al menos en fases concretas de la vida del individuo.

Riesgo, confianza y coraza protectora

Ya he insistido anteriormente que el mundo de las «apariencias normales» es algo más que mutua exhibición interactiva entre individuos. Las rutinas a las que se atienen las personas cuando sus senderos espaciotemporales se entrecruzan en las situaciones de la vida diaria hacen de esa vida algo «normal» y «predecible». En el tejido de la actividad social, la normalidad se domina hasta sus más nimios detalles: lo mismo puede decirse del cuerpo y de la articulación de los intereses y proyectos individuales. Para poder existir, el individuo tiene que existir encarnado,[20] y la carne, que es el yo corporal, ha de ser constantemente conservada y asistida (tanto en la inmediatez de las situaciones cotidianas como en la planificación de la vida a través del espacio y el tiempo). En cierto sentido, el cuerpo se halla perennemente sometido a riesgos. La posibilidad de sufrir daños corporales es omnipresente, incluso en las circunstancias más familiares. El hogar, por ejemplo, es un lugar peligroso: una gran proporción de lesiones graves están producidas por accidentes ocurridos en el medio doméstico. Según la nítida expresión de Goffman, «el cuerpo forma parte de un importante instrumental y su propietario lo está poniendo constantemente en juego».[21]

En el capítulo 2 propuse que la confianza básica es fundamental para la relación entre las rutinas diarias y las apariencias normales. En las circunstancias de la vida cotidiana, la confianza básica se expresa dejando en suspenso los posibles sucesos o cuestiones que, de lo contrario, podrían ser causa de alarma. Lo que otras personas parecen hacer y ser se considera generalmente idéntico a lo que realmente hacen y son. Pensemos, no obstante, en el mundo del espionaje que, para su propia subsistencia, no puede aceptar el abanico de apariencias normales de la manera como otras personas suelen hacerlo. El espía deja en suspenso una parte de la confianza generalizada que ordinariamente se otorga a las «cosas tal como son» y sufre angustias torturantes por lo que, en otras circunstancias, serían sucesos triviales. Para la persona corriente un número equivocado será quizá un motivo menor de irritación, pero para el agente secreto se puede convertir en una señal perturbadora que le alarma.

Sólo con gran esfuerzo se adquiere un sentimiento de comodidad corporal y psíquica en las circunstancias rutinarias de la vida de cada día, según reiteramos anteriormente. Si en la mayoría de los casos parecemos menos frágiles de lo que realmente somos en las circunstancias en que se desarrollan nuestras acciones, es debi-

20. Ervin GOFFMAN, *Interaction Ritual*, p. 166.
21. *Ibíd.*, p. 167.

do a los procesos de aprendizaje a largo plazo que permiten evitar o paralizar las amenazas potenciales. La acción más simple, como la de caminar sin caerse, evitar los choques con objetos, cruzar la calle o utilizar el cuchillo y el tenedor, se han de aprender en circunstancias que tienen en su origen connotaciones de inexorables. El carácter «intrascendente» de gran parte de nuestra vida diaria es el resultado de una vigilancia entrenada, generada tan sólo por una larga escolarización y fundamental para la coraza protectora que presupone toda acción regular.

Estos fenómenos pueden ser analizados provechosamente recurriendo a la noción de *Umwelt* de Goffman, un núcleo de normalidad (consumada) del que se rodean los individuos y los grupos.[22] Este concepto proviene del estudio de la conducta animal. Los animales son sensibles al área física que los rodea en lo que respecta a las amenazas que dimanan de ella. El área de sensibilidad varía según las diferentes especies. Algunos tipos de animales son capaces de advertir sonidos, olores y movimientos a muchos kilómetros de distancia; el *Umwelt* de otros animales es más limitado.

En el caso de los seres humanos, su *Umwelt* incluye más que el entorno físico inmediato. Se extiende a lo largo de extensiones indefinidas de tiempo y espacio y corresponde al sistema de pertinencias, utilizando la expresión de Schutz, que enmarca la vida individual. Los individuos permanecen en alerta más o menos constante ante las señales que relacionan las actividades del aquí y el ahora con personas o sucesos distantes en el espacio y que les conciernen y con proyectos de planeamiento de vida que se extienden a períodos temporales diferentes. El *Umwelt* es un mundo de normalidad «cambiante» que la persona lleva consigo de una situación a otra, aunque esta tarea depende también de otros que la confirman o participan en ella reproduciendo ese mundo. El individuo crea, por así decirlo, un «frente de onda móvil y pertinente» que ordena los sucesos contingentes en relación con el riesgo y las posibles alarmas. El movimiento espaciotemporal —la movilidad física del cuerpo de circunstancia en circunstancia— centra los intereses del individuo en las propiedades físicas del entorno, pero los peligros de éste están controlados en función de otras fuentes de

22. Ervin GOFFMAN, *Relations in Public*, pp. 252 ss.

amenaza más difusas. En las circunstancias de mundialización actual, el *Umwelt* implica conciencia de los riesgos de consecuencias graves que representan peligros que nadie puede eludir por completo.

En las circunstancias de modernidad, de las que la *fortuna* ha quedado considerablemente relegada, el individuo disocia en general el *Umwelt* en acontecimientos buscados y adventicios. Las formas adventicias constituyen un telón de fondo continuo para los sucesos distintivos que aparecen en primer término y a partir de los cuales el individuo crea un flujo de acción estructurado. La diferenciación permite también a la persona poner entre paréntesis todo un conjunto de acontecimientos reales y potenciales, asignándolos a un ámbito que ha de ser aún objeto de vigilancia, pero con un esmero mínimo. El corolario de ello es que en una situación de interacción toda persona da por supuesto que gran parte de lo que hace deja indiferentes a los demás (si bien, en las situaciones públicas copresentes esa indiferencia deberá ser tratada mediante códigos de desatención civil).

El individuo normal, a diferencia del paranoico, es, pues, capaz de creer que ciertos momentos decisivos para su propia vida no son resultado del destino. Al emprender una acción arriesgada necesitamos suerte; pero la suerte tiene, además, connotaciones más amplias como medio para relacionar las posibilidades con la fatalidad (en forma de buena o de mala suerte). Sin embargo, dado que la distinción entre lo adventicio y lo que no lo es resulta difícil de establecer en la práctica, cuando los sucesos o actividades son «malinterpretados» —como en el caso de considerar amañado un incidente que afecte a otro, aunque en realidad no lo esté— pueden surgir serias tensiones. El descubrimiento de una confabulación puede ser fácilmente causa de alarma (un marido se ve impulsado a sospechar infidelidad si descubre que un encuentro aparentemente casual entre su mujer y un amante anterior no ha sido en definitiva un encuentro realmente casual). La presunción de confianza generalizada que implica el reconocimiento de acontecimientos adventicios afecta a las previsiones de futuro así como a las interpretaciones ordinarias. En la mayoría de los casos de interacción, la persona supone que los demás copresentes no desean aprovecharse de su trato normal para llevar a cabo actos malévolos en algún momento del futuro. El aprovechamiento futuro de las situaciones actuales es, sin embargo, un terreno de vulnerabilidad potencial.

La coraza protectora es el *manto de confianza que posibilita el mantenimiento de un Umwelt viable.* Este substrato de confianza es la condición y el resultado del carácter rutinario de un mundo no «accidentado» (un universo de sucesos reales y posibles que rodean las actividades corrientes del individuo y sus proyectos para el futuro y en el que el grueso de lo que va sucediendo «es intrascendente» por lo que respecta a la persona). Aquí la confianza incluye sucesos reales y potenciales del mundo físico y encuentros y actividades pertenecientes a la esfera de la vida social. La vida en las circunstancias de las instituciones sociales modernas, donde el riesgo se reconoce como tal, crea ciertas dificultades específicas para prestar confianza de manera general a «posibilidades relegadas» (posibilidades que se ponen entre paréntesis por irrelevantes para la identidad y las pretensiones del yo individual). La seguridad psicológica que puede ofrecer cierta idea del destino ha perdido su vigencia en gran medida, al igual que la personalización de sucesos naturales en forma de espíritus, demonios u otros seres. La intromisión constante y constitutiva de los sistemas abstractos en la vida cotidiana crea nuevos problemas que influyen en la relación entre la confianza generalizada y el *Umwelt.*

En las condiciones sociales modernas, cuanto mayores sean los esfuerzos del individuo por forjarse reflejamente una identidad de su yo, tanto más consciente será de que su práctica habitual configura los resultados futuros. En la medida en que la idea de *fortuna* ha sido completamente abandonada, la evaluación del riesgo —o el tanteo entre riesgo y oportunidad— se convierte en elemento central de la colonización personal de territorios futuros. Sin embargo, una función esencial de la coraza protectora consiste en desviar las consecuencias azarosas que supone pensar en términos de riesgo. Dado que el trazado del perfil de riesgo es un componente tan fundamental de la modernidad, la conciencia del factor de probabilidad de los diferentes tipos de actividad o suceso será un medio de realizarlo. Todo cuanto sea susceptible de «ir mal» puede obviarse aduciendo que es tan improbable que se puede alejar de la mente. Según cálculos generales basados en diversos criterios, los viajes en avión son la forma más segura de transporte. El riesgo de morir en un accidente de aviación es de uno por cada 850.000 viajes en líneas aéreas regulares (cifra obtenida de dividir el número total de vuelos con pasajeros en un período determinado de tiempo por el número de víctimas de accidentes aéreos durante el mismo).[23] Se ha llegado a decir que el asiento de un avión a nueve kilómetros de altura es el lugar más seguro del mundo, dado el número de accidentes que ocurren en el hogar, el trabajo y otros entornos. Sin embargo, a muchas personas les aterra volar y una minoría de ellas que cuenta con las posibilidades y los recursos para viajar en avión renuncia a hacerlo. Son incapaces de dejar de pensar qué podría suceder si las cosas *fueran* mal.

Es interesante ver cómo esas personas están dispuestas a viajar por carretera sin mayores preocupaciones, a pesar de ser conscientes casi en general de que los riesgos de daños graves o muerte son más elevados. El peso de lo contrafáctico parece afectarles considerablemente (los accidentes de carretera, por más terribles que puedan ser, no suscitan, quizá, el mismo grado de pavor que la hipótesis de un accidente aéreo).

El aplazamiento en el tiempo y el alejamiento en el espacio son otros factores que pueden reducir la intranquilidad que la conciencia del riesgo en cuanto tal podría producir en otras circunstancias. Una persona joven con buena salud podría ser suficientemente consciente de los riesgos del tabaco, pero transferir los daños potenciales a un tiempo que parezca enormemente distante en el futuro —por ejemplo, el momento de cumplir los cuarenta— y desdibujar así eficazmente dichos peligros. Los riesgos alejados de las circunstancias diarias de la vida de un individuo —como los riesgos de consecuencias graves— pueden quedar también relegados del *Umwelt*. En otras palabras, los peligros que representan se consideran demasiado distantes de los compromisos prácticos de la persona como para que ésta los contemple seriamente como posibilidades.

Sin embargo, las ideas de destino se resisten a desaparecer por completo y mantienen una difícil relación con opiniones secularizadas de riesgo y actitudes de fatalismo. La fe en la naturaleza pro-

23. URQUHART y HEILMANN, *Risk Watch*, p. 45.

videncial de las cosas es un sentimiento en el que la idea de *fortuna* surge de forma inesperada (fenómeno importante y relacionado con algunas características básicas de la modernidad misma). Las interpretaciones providenciales de la historia fueron un componente importante de la cultura de la Ilustración y no es extraño que en los modos de pensar de la vida cotidiana se encuentren todavía restos de ellas. Es probable que las actitudes que se adoptan ante los riesgos de consecuencias graves conserven a menudo huellas claras de una concepción providencialista. Podemos vivir en un mundo apocalíptico enfrentado a un tropel de peligros mundiales; sin embargo, el individuo particular sentirá quizá que se puede confiar en que los gobiernos, los científicos y otros especialistas técnicos darán los pasos necesarios para contrarrestarlos. Y si no es así, creerá que «al final todo acabará saliendo forzosamente bien».

En otros casos, tales actitudes podrán recaer en el fatalismo. Una moral fatalista es una posible respuesta generalizada a una cultura secularizada del riesgo. Hay riesgos que todos afrontamos pero con los que ninguno tenemos mucho que ver en cuanto individuos (y quizá ni siquiera colectivamente). Quien defendiera una orientación de ese tipo podría declarar que las cosas que ocurren en la vida son, en última instancia, cuestión de suerte. Así pues, podríamos decidir igualmente que «lo que sea será» y dejar las cosas como están. Una vez dicho esto, hemos de admitir que será difícil ser fatalista en todos los terrenos de la vida, dadas las presiones que nos impulsan en la actualidad a tomar una actitud activa e innovadora respecto de nuestras circunstancias personales y colectivas. El fatalismo en condiciones específicas de riesgo tiende a evolucionar hacia las actitudes más incluyentes de lo que he denominado en otro lugar «aceptación pragmática» o «pesimismo cínico». La primera es una actitud generalizada de ir tirando —tomando cada día como llega—, mientras que la segunda rechaza la angustia por medio de un humor hastiado.[24]

Hay muchos sucesos no pretendidos que pueden atravesar el manto protector de seguridad ontológica y provocar alarma. Las alarmas se presentan bajo todo tipo de formas y dimensiones, des-

24. Anthony GIDDENS, *The Consequences of Modernity*.

de el toque de sirena que precede a un conflicto apocalíptico hasta el típico resbalón en una corteza de plátano. Algunos son síntomas o fallos corporales; otros, angustias provocadas por un fracaso previsto o real de proyectos mimados o por sucesos inesperados que se entrometen en el *Umwelt*. Las situaciones cuyo control resulta más exigente para el individuo son, sin embargo, aquellas en que las alarmas coinciden con cambios de consecuencias graves (los momentos decisivos). En los momentos decisivos el individuo reconocerá, probablemente, que se enfrenta a un conjunto de riesgos y posibilidades que ha cambiado. En tales circunstancias se le exige que cuestione hábitos rutinarios de carácter significativo, a veces incluso los más estrechamente integrados a la identidad de su yo. Se pueden adoptar varias estrategias. Una persona puede, por ejemplo, por la razón que sea, continuar sin más con los modos de conducta establecidos, escogiendo quizá no tener en cuenta si se acomodan bien o no a las exigencias de la nueva situación. En algunas circunstancias, sin embargo, esto resulta imposible: así, por ejemplo, un hombre que se haya separado de su esposa no puede seguir comportándose como lo hacía mientras estaba casado. Muchos momentos decisivos obligan al individuo por su misma naturaleza a cambiar de hábitos y reajustar sus proyectos.

Los momentos decisivos por los que pasan los individuos no son algo que simplemente les «sobreviene»; a veces son procurados o deliberadamente provocados. Los medios de riesgo institucionalizado y otras actividades de riesgo más individualizadas constituyen una categoría principal de situaciones en que la fatalidad es generada de forma activa.[25] Tales situaciones posibilitan el despliegue de dotes de osadía y habilidad y de esfuerzos sostenidos, cuando las personas son extremadamente conscientes de los riesgos que comportan sus actos, pero los aprovechan para lograr una efectividad de la que carecen las circunstancias rutinarias. La mayoría de entornos de riesgo institucionalizado, incluidos los económicos, son realidades competitivas: espacios donde la asunción de un riesgo enfrenta a personas entre sí o con obstáculos del mundo físico. La competición exige una acción entregada y opor-

25. *Cf.* Charles W. Smith, *The Mind of the Market*, Totowa, Rowman y Littlefield, 1981.

tuna en un sentido que no se da en las situaciones de «pura suerte», como las loterías. La conmoción que puede experimentarse al asumir voluntariamente un riesgo depende de la exposición intencionada a la incertidumbre, que permite, así, que la actividad en cuestión resalte sobre el fondo de las rutinas de la vida ordinaria. Se pueden buscar emociones fuertes en la aceptación de riesgos graves y, de forma vicaria, en los deportes para espectadores o en las actividades donde el nivel real de riesgo de perder la vida o algún miembro es pequeña, pero donde se simulan situaciones peligrosas (como en las montañas rusas). En esa conmoción provocada por las actividades en las que se asumen riesgos, se muestran, según dice Balint, algunas actitudes diferenciadas: la conciencia de la exposición al peligro, la voluntad de exponerse a él y la esperanza, más o menos confiada, de superarlo.[26] Los parques de atracciones imitan la mayoría de las situaciones en que, en circunstancias diferentes, se busca la emoción fuerte, pero de una forma controlada que elimina dos elementos clave: el dominio activo individual y las circunstancias de inseguridad que exigen ese dominio y permiten demostrarlo.

Goffman señala que quien sienta una fuerte inclinación por el riesgo deliberadamente buscado —como el jugador inveterado— será capaz de discernir la posibilidad de intervención de la suerte en muchas circunstancias que otros considerarían rutinarias y anodinas. Podríamos aun añadir que descubrir esos aspectos es una manera de descubrir posibilidades para desarrollar modos de actividad nuevos en circunstancias que resultan familiares. En efecto, allí donde se descubre o se provoca lo contingente pueden volver a abrirse situaciones que parecían cerradas y prefijadas. En estos casos, el riesgo buscado converge con algunas de las orientaciones más básicas de la modernidad. La capacidad para trastornar la fijeza de las cosas, abrir vías nuevas y colonizar, por tanto, un segmento de un futuro novedoso forma parte del carácter inestable de la modernidad.

En mi opinión, podríamos decir que asumir riesgos buscados constituye un «experimento con la confianza» (en el sentido de

26. Michel Balint, *Thrills and Regressions*, Londres, Hogarth, 1959. Esta obra se inspira en Goffman, *Interaction Ritual.*

confianza básica) que tiene, en consecuencia, implicaciones para la identidad del yo del individuo. Podríamos redefinir la «esperanza confiada» de Balint como confianza en superar los peligros con los que se ha coqueteado deliberadamente. El dominio de tales peligros es un acto de autojustificación y una demostración, para el yo y los otros, de que se es capaz de salir adelante en circunstancias difíciles. El miedo produce la excitación, pero se trata de un miedo reorientado en forma de dominio. La excitación de asumir riesgos buscados se alimenta de ese «coraje para existir» que aparece de manera general en las primeras etapas de la socialización. El coraje se demuestra en la aceptación de riesgos buscados precisamente como una cualidad sometida a prueba: el individuo se somete a una comprobación de su integridad mostrando la capacidad para afrontar la «otra cara» de la aceptación del riesgo y sigue adelante aun cuando no se le obligue a hacerlo. La búsqueda de emociones fuertes o, más discretamente, del sentimiento de dominio que resulta del enfrentamiento deliberado con los peligros deriva, sin duda, en cierto modo de su contraposición con la rutina. Sin embargo, también está alimentado psicológicamente por el contraste con las recompensas más aplazadas y ambiguas que nacen de otras maneras de afrontar el riesgo. Al asumir riesgos buscados, el encuentro con el peligro y su solución van juntos en una misma actividad, mientras que en otras situaciones con repercusiones posteriores el resultado final de las estrategias elegidas puede no aparecer a la vista hasta pasados algunos años.

Riesgo, confianza y sistemas abstractos

Los sistemas abstractos de la modernidad crean amplios ámbitos de seguridad relativa para la continuidad de la vida cotidiana. Pensar en términos de riesgo tiene sin duda aspectos inquietantes, como indicamos antes en este mismo capítulo, pero constituye también un medio de asegurar los resultados, una manera de colonizar el futuro. El grado de cambio más o menos constante, profundo y rápido característico de las instituciones modernas, unido a la reflexividad estructurada, significa que en el plano de la práctica de cada día así como en su interpretación filosófica, no se puede dar nada por supuesto. La conducta que hoy es aceptable/apropiada/recomendable puede ser considerada mañana de forma diferente a la luz de las circunstancias cambiantes o de nuevos conocimientos. Pero al mismo tiempo, por lo que respecta a muchas interacciones de la vida diaria, las actividades logran adquirir carácter rutinario por su recombinación en el espacio y el tiempo.

Veamos algunos casos. El dinero moderno es un sistema abstracto de formidable complejidad, un ejemplo excelente de sistema simbólico que enlaza procesos verdaderamente mundiales con las trivialidades insignificantes de la vida diaria. La economía monetaria ayuda a regularizar la satisfacción de muchas necesidades de cada día, incluso para los estratos más pobres de las sociedades desarrolladas (aun a pesar de que muchas transacciones, entre ellas algunas de naturaleza económica, se realicen en términos no monetarios). El dinero se ensambla con muchos otros sistemas abstractos en ámbitos mundiales y en economías locales. La existencia del cambio monetario posibilita los contactos e intercambios reglados «a distancia» (en el tiempo y el espacio) de los que depende un entretejido de influencias mundiales y locales. El sistema monetario, junto con una división del trabajo de complejidad paralela, convierte en rutina la provisión de bienes y servicios necesaria para la vida cotidiana. El individuo medio no sólo dispone de una variedad de materiales y alimentos mucho mayor que en las economías premodernas, sino que, además, su accesibilidad no está dominada tan directamente por las circunstancias de tiempo y lugar. Los alimentos estacionales, por ejemplo, pueden comprarse muy a menudo hoy en día en cualquier época del año, y aquellos que no se producen en absoluto en un país o región concreta se pueden adquirir en él de manera regular.

Se da aquí una colonización del tiempo así como un ordenamiento del espacio, ya que el consumidor individual no se ve obligado a aprovisionarse para el futuro. De hecho, en una economía moderna que funciona con gran vigor, es de poca utilidad para la vida corriente acumular reservas de alimentos (por más que algunos prefieran hacerlo en previsión de riesgos de consecuencias graves). Una práctica así aumentaría los costos, pues comprometería ingresos que, en caso contrario, podrían utilizarse para fines distintos. La acumulación de reservas no podría ser, en cualquier caso, más que una estrategia a corto plazo, a menos que un individuo haya desarrollado la capacidad de proveerse de alimentos a sí mismo. Mientras la persona confíe en el sistema monetario y en la división del trabajo, esta confianza le procurará mayor seguridad y predecibilidad que la que podría conseguir por cualquier otro medio.

Otro ejemplo podría ser el del suministro de agua, energía para calefacción y luz y servicios de depuración de aguas residuales. Estos sistemas y los conocimientos especializados a los que recurren sirven para dar estabilidad a muchas de las circunstancias de la vida cotidiana (al mismo tiempo que, como en el caso del dinero, las transforma radicalmente por comparación con el tipo de vida premoderno). La mayoría de la población de los países desarrollados dispone de agua con sólo abrir un grifo; la calefacción e iluminación doméstica están igualmente al alcance de cualquiera y los vertidos de aguas residuales son eliminados rápidamente. El sistema de conducción de agua ha reducido sustancialmente una de las grandes inseguridades que pesaban sobre la vida de las sociedades premodernas: la inestabilidad de su suministro.[27] La fácil disponibilidad de agua en el hogar ha hecho posible conseguir niveles de limpieza personal e higiene que han contribuido de forma muy importante a la mejora de la salud. El agua corriente es también necesaria para los sistemas de saneamiento modernos y, por tanto, para la mejora en la salud conseguida gracias a ellos. La electricidad, el gas y los combustibles sólidos, constantemente a nuestra disposición, ayudan de forma similar a mantener niveles regulares de bienestar corporal y suministran energía para cocinar los alimentos y poner en funcionamiento muchos aparatos domésticos. Todos estos sistemas tienen ámbitos de actividad regularizada dentro y fuera del hogar. La iluminación eléctrica ha hecho posible la colonización de la noche.[28] Las rutinas del medio doméstico están regidas por la necesidad del sueño diario, más que por la alternancia de día y noche, que puede ser obviada sin ninguna dificultad. Fuera de la casa, un conjunto cada vez mayor de organismos actúan durante las veinticuatro horas del día.

27. Murray MELBIN, *Night as Frontier*, Nueva York, Free Press, 1987.
28. René DUBOS, *The Wooing of Earth*, Londres, Athlone, 1980.

La intervención tecnológica en la naturaleza es la condición para el desarrollo de sistemas abstractos como los comentados pero afecta también, desde luego, a muchos otros aspectos de la vida social moderna. La «socialización de la naturaleza» ha contribuido a estabilizar una serie de factores anteriormente irregulares o impredecibles que influían en la conducta humana. El control de la naturaleza fue un esfuerzo importante de las épocas premodernas, sobre todo en los Estados agrarios mayores, donde los sistemas de irrigación, la tala de bosques y otras formas de actuar sobre la naturaleza con fines humanos eran moneda corriente. Según ha recalcado Dubos, al llegar la Edad Moderna, Europa era ya un medio socializado en gran parte, configurado por muchas generaciones de campesinos a partir de los bosques y marjales originarios.[29] Pero en los dos o tres siglos pasados, el proceso de intervención humana en la naturaleza se ha extendido de forma masiva; más aún, ya no se halla limitado a ciertas áreas o regiones, sino que, como muchos otros aspectos de la modernidad, se ha mundializado. A resultas de este proceso, muchos aspectos de la actividad social se han hecho más seguros. Los viajes, por ejemplo, se han regularizado y convertido en una actividad más segura por la construcción de carreteras modernas, trenes, barcos y aviones. Como ocurre con todos los sistemas abstractos, conjuntamente con estas innovaciones se ha producido una serie de enormes cambios en la naturaleza y finalidad de los viajes. Pero hoy en día es fácil para cualquiera que disponga de los recursos económicos necesarios emprender de manera fortuita viajes que hace dos siglos sólo habrían estado al alcance de los más intrépidos y cuya realización habría llevado mucho más tiempo.

En muchos aspectos de la vida cotidiana hay una mayor seguridad (aunque el precio que se ha de pagar por estos avances es notable). Los sistemas abstractos dependen de la confianza, pero no proporcionan ninguna de las gratificaciones morales que pueden obtenerse de la confianza personal o que en circunstancias tradicionales derivaban del marco moral en que se llevaba a cabo la vida cotidiana. Más aún, la penetración generalizada de los sistemas abstractos en la vida diaria crea riesgos que el individuo no

29. *Ibíd.*

puede afrontar desde una buena posición; los riesgos de consecuencias graves entran dentro de esta categoría. Una interdependencia mayor, que implique la existencia de sistemas mundialmente independientes, significará una vulnerabilidad mayor cuando se produzcan catástrofes que afecten a la totalidad de esos sistemas. Es el caso de cada uno de los ejemplos mencionados anteriormente. El dinero que posee una persona, por poco que pueda ser, está sometido a caprichos de la economía mundial sobre los que las naciones más poderosas podrían tener escasa influencia. Un sistema monetario local puede colapsarse por completo, como ocurrió en Alemania en la década de 1920: en algunos casos, que aquí no trataremos, podría darse quizá una situación así en el orden monetario mundial, con consecuencias desastrosas para miles de millones de personas. Un sequía prolongada u otros problemas que afectaran a los sistemas centralizados de suministro de agua pueden tener a veces resultados mucho más molestos que los que podría haber tenido en épocas premodernas su escasez periódica; igualmente, una falta prolongada de energía eléctrica trastorna las actividades normales de una gran número de personas.

La naturaleza socializada ofrece un ejemplo ilustrativo —y de una importancia sustancial y considerable— de estas características. McKibben mantiene, con gran plausibilidad, que la intervención humana en el mundo de la naturaleza ha sido tan profunda y tan amplia que actualmente podemos hablar del «fin de la naturaleza». La naturaleza socializada es muy diferente del antiguo entorno natural que existía aparte de las actividades humanas y les servía de telón de fondo relativamente inmutable. «Se parece a la antigua naturaleza en el hecho de manifestarse a través de lo que consideramos procesos naturales (la lluvia, el viento, el calor), pero no ofrece ninguno de sus consuelos: la retirada del mundo humano, un sentimiento de permanencia o incluso de eternidad.»[30]

La naturaleza en el sentido antiguo, señala McKibben, era absolutamente impredecible: las tormentas podían llegar sin previo aviso, los malos veranos destruir las cosechas y las inundaciones devastadoras presentarse a resultas de una lluvia inesperada. La

30. Bill McKibben, *The End of Nature*, Nueva York, Random House, 1989, p. 96.

tecnología moderna y el conocimiento especializado han facilitado el mejor control del tiempo atmosférico y un mejor tratamiento del medio natural ha permitido vencer muchos de los peligros antes existentes o hacer que su impacto sea mínimo. Sin embargo, la naturaleza socializada es en ciertos aspectos fundamentales menos de fiar que la «vieja naturaleza», pues no podemos estar seguros de cómo se comportará el nuevo orden natural. Pensemos en la hipótesis de un calentamiento global que, si se está produciendo realmente, provocará estragos en todo el mundo. McKibben concluye diciendo que los datos de que disponemos apoyan la idea de que el «efecto invernadero» es real y mantiene, de hecho, que los procesos que implica han ido ya demasiado lejos como para ser contrarrestados eficazmente a corto o medio plazo. Este autor podría estar en lo cierto. El caso es que, en el momento en que escribimos, nadie puede decir con seguridad que *no* sucede nada. Los peligros que supone el calentamiento global son riesgos de consecuencias graves que nos afectan de manera colectiva pero prácticamente imposibles de evaluar con precisión.

Seguridad, pérdida de destreza y sistemas abstractos

Los sistemas abstractos provocan una pérdida de destreza, no sólo en el puesto de trabajo sino en todos los sectores de la vida social a los que afectan. Por lo que respecta al yo, la pérdida de destreza en la vida cotidiana es un fenómeno de alienación y fragmentación. De alienación, porque la intromisión de los sistemas abstractos, en especial los sistemas especializados, en todos los aspectos de la vida diaria socava las formas anteriores de control local. En la vida de las sociedades premodernas, cuyo carácter local era mucho más marcado, todos los individuos desarrollaban un gran número de habilidades y tipos de «conocimiento local», en el sentido que da Geertz a esta expresión, importantes para sus vidas de cada día. La supervivencia cotidiana dependía de integrar esas destrezas en modos prácticos de organización de actividades en el seno de las circunstancias de la comunidad local y del medio físico. Sin embargo, con la expansión de los sistemas abstractos las condiciones de la vida cotidiana se transformaron y recombinaron en sectores espaciotemporales mucho más amplios; estos procesos de desenclave son al mismo tiempo procesos de pérdida. Sería, no obstante, equivocado ver esas pérdidas como una transferencia de poder de algunos individuos o grupos a otros. Esta transferencia de poder se da de hecho, pero no es exhaustiva. Por ejemplo, el desarrollo de la medicina profesional ha conducido a una «criba» del conocimiento y de las destrezas curativas poseídas en otros tiempos por muchos no profesionales. Los médicos y muchas otras clases de expertos profesionales obtienen poder por las pretensiones de conocimiento inherentes a los códigos del ejercicio de su profesión. Sin embargo, debido a que la especialización propia del conocimiento de los expertos significa que todos ellos son también legos casi siempre en otras materias, el advenimiento de sistemas abstractos instituye modos de influencia social que nadie controla directamente. Es justamente este fenómeno lo que subyace a la aparición de riesgos de consecuencias graves.

Braverman se equivocaba al suponer que en el mundo del trabajo se da un proceso unilateral de pérdida de destrezas. En el puesto de trabajo se crean continuamente destrezas nuevas, desarrolladas en cierto modo por aquellos cuyas actividades habían perdido profesionalidad. Algo similar sucede en muchos otros sectores de la actividad social donde se ha hecho sentir la influencia de los sistemas abstractos. La reapropiación de conocimiento y control por parte de los actores profanos es un aspecto fundamental de lo que en varias ocasiones he denominado «dialéctica de control». Sean cuales fueren las pérdidas de destreza y conocimientos por parte de los no profesionales, éstos seguirán siendo diestros y conocedores en ámbitos de acción en los que se realizan sus actividades y donde, hasta cierto punto, éstas se restablecen de continuo. La destreza y los conocimientos cotidianos mantienen así un nexo dialéctico con los efectos de despojamiento de los sistemas abstractos, influyendo continuamente en el impacto que causan en la existencia diaria y reconfigurándolo.

Lo que aquí está en juego no es sólo una reapropiación sino, en algunas circunstancias y ámbitos, una *capacitación*. Ligada al desenclavamiento, la expansión de los sistemas abstractos crea un caudal creciente de capacidad (la capacidad de los seres humanos para alterar el mundo material y transformar las condiciones de sus propias acciones). La reapropiación de esta capacidad proporciona oportunidades de orden general de las que no disponían las épocas anteriores. Esta capacitación es tanto individual como colectiva, a pesar de que las relaciones entre estos dos planos es a menudo enmarañada y difícil de desenredar tanto para el analista como para el profano en la vida cotidiana.

La profusión de sistemas abstractos está directamente unida a las perspectivas de elección a las que se enfrenta el individuo en su actividad diaria. Por un lado, es preciso a menudo seleccionar entre las maneras locales o no especializadas de hacer las cosas y los procedimientos que se ofrecen desde el terreno de los sistemas abstractos. Esto no es simplemente una confrontación de lo «tradicional» y lo moderno, a pesar de que una situación se da con suficiente frecuencia. Como resultado de los procesos de reapropiación se abre un número de espacios indefinido entre las creencias y la práctica de los no profesionales y el ámbito de los sistemas abstractos. En una situación dada, suponiendo la disponibilidad de los recursos de tiempo y otros requisitos, el individuo tiene la posibilidad de adquirir nuevas destrezas respecto a decisiones específicas o líneas de acción que se haya propuesto.

Capacitación y dilemas de la actividad especializada

Imaginemos, por ejemplo, una persona con un problema de espalda. ¿Qué ha de hacer para encontrar el tratamiento adecuado? Si viviera en Gran Bretaña podría acudir a un médico de medicina general, al amparo del Servicio Nacional de Salud. Este médico podría dirigirla a un especialista, quien quizá le daría ciertas recomendaciones o le proporcionaría los servicios que le satisficieran. Pero podría ocurrir muy bien que dicha persona descubriera que nada de lo que fuese capaz ese especialista le resultase de gran ayuda para aliviar su estado. Ya se sabe que el diagnóstico de los problemas que afectan a la espalda es problemático y la mayoría de las formas de tratamiento disponible es objeto de crítica en la profesión médica y fuera de ella. Algunos especialistas, por ejemplo, recomiendan operar las lesiones de los discos vertebrales. Sin embargo, hay estudios que indican que los pacientes con problemas discales tienen tantas posibilidades de recuperarse sin cirugía como con ella. En relación con este problema existen grandes diferencias entre los distintos países. Así, el número de pacientes por millar a quienes se recomienda operar en caso de trastornos discales en los Estados Unidos es diez veces superior al de Gran Bretaña; esta diferencia representa, entre otras cosas, una diversidad en el punto de vista general sobre la mejor manera de tratar los problemas de espalda en ambos países. Si la persona en cuestión decide seguir indagando, descubrirá que en los círculos médicos ortodoxos hay importantes diferencias de opinión sobre las técnicas operatorias, aun cuando haya acuerdo en considerar como mejor estrategia un tratamiento de intervención. Por ejemplo, algunos cirujanos apoyan la microcirugía por encima de los procedimientos de cirugía espinal más introducidos.

Si investiga un poco más a fondo, el paciente descubrirá que cuenta con una multiplicidad de modos distintos de terapia dorsal, mantenidos por quienes pretenden resolver las roturas discales y muchos otros problemas de espalda pasajeros y más crónicos. Estas terapias no difieren sólo en las formas de tratamiento que ofrecen, sino en cuanto a sus interpretaciones de la etiología y patologías de los dolores dorsales. La osteopatía se basa en principios bastante distintos de los que siguen los quiroprácticos. Cada una de estas orientaciones comprende también escuelas contrapuestas. Otras formas de tratamiento de la espalda a disposición del paciente son la fisioterapia, el masaje, la acupuntura, la terapia de ejercicios, la reflexología, los sistemas de ajuste postural, como el método Alexander, las terapias medicinales, las de dieta, la imposición de manos y, seguramente, otros métodos terapéuticos. Cierta escuela teórica mantiene que la inmensa mayoría de los problemas de espalda, incluidos muchos de naturaleza muy grave, tienen su origen en el estrés psicosomático y deberían tratarse, por tanto, remediando las fuentes del estrés más que centrándose directamente en la espalda misma. De acuerdo con tales escuelas, la psicoterapia, la meditación, el yoga, las técnicas de *biofeedback* y otros modos de relajación, o una combinación de todos ellos, ofrecen los mejores medios de tratamiento.

Llegado a este punto el paciente podría decidir, de forma muy razonable, que ya tiene bastante y decidir informarse por su cuenta sobre la naturaleza de su dolencia y los remedios que compiten para solucionarla. El mercado popular ofrece muchos libros no técnicos sobre los problemas de espalda. La mayoría de ellos suministran una interpretación del estado general de los conocimientos médicos sobre la espina dorsal e intentan proporcionar una guía informada acerca de las terapias disponibles y enfrentadas. Entre las autoridades hay, por supuesto, un considerable acuerdo sobre la anatomía estructural del cuerpo, aunque difieran entre sí en lo demás. El paciente no necesitaría mucho tiempo para dominar unos conocimientos básicos sobre los problemas estructurales que pueden afectar a la espalda. Tampoco le sería muy difícil adquirir nuevas destrezas y podría aprender al menos las líneas fundamentales de los diferentes tratamientos a su alcance y cómo compararlos con los propuestos por el primer especialista. Decidirse por una opción, si es que se decide por alguna, sería ya más difícil, pues necesitará sopesar las diversas pretensiones de los diferentes enfoques. No existe una autoridad superior a la que dirigirse, dilema característico de muchas situaciones en las condiciones de modernidad reciente.

Sin embargo, si tal persona se toma la molestia de adquirir de forma adecuada nuevas destrezas, podrá llevar a cabo una elección razonablemente bien informada. Todas esas elecciones no son simples opciones de comportamiento: tienden a reflejarse retroactivamente y activarse para desarrollar la crónica de la identidad del yo. La decisión, por ejemplo, de aceptar la medicina convencional o la de alta tecnología sería probablemente una cuestión de elección informada sólo en parte; por lo general, tal decisión «dice algo» también sobre el estilo de vida de una persona. Podría significar que el individuo sigue una pauta de comportamiento bastante preestablecida, ligada quizá a ciertas formas de dependencia. Éste podría ser el caso de alguien que acudiera al médico de medicina general y seguidamente al especialista recomendado y atenerse simplemente a lo que éste le sugiera, sometiéndose a ambos en cuanto miembros autorizados de la profesión médica. La opción por una forma de medicina alternativa, en particular alguna de sus variedades más esotéricas, podría indicar algo sobre ciertas decisiones respecto al estilo de vida que esa persona pondría entonces en práctica, contribuyendo además en la realidad a dicho estilo de vida.

En la mayoría de esas decisiones es probable que se entremezclen ideas acerca de la *fortuna*, el fatalismo, el pragmatismo y la aceptación consciente de riesgos. Dado que los expertos están tan a menudo en desacuerdo, los mismos profesionales de algún sector fundamental de un determinado terreno de conocimientos especializados podrían muy bien hallarse en idéntica posición que el profano que debe tomar una decisión similar. En un sistema que carece de autoridades definitivas, las creencias más estimadas que refuerzan los sistemas especializados son susceptibles de revisión y es muy común que se modifiquen con regularidad. La capacitación está de ordinario a disposición del profano en la materia como parte de la reflexividad de la modernidad, pero a menudo surgen problemas sobre el modo en que tal capacitación se transforma en convicción y acción. Cierto ingrediente de *fortuna* o de fatalismo permite así a la persona seguir adelante con una decisión que sólo puede contar con una garantía parcial en vista de la información local o especializada disponible.

Resumen: autoridad, pericia y riesgo

Antes hemos insistido en que nadie puede desentenderse por completo de los sistemas abstractos de la modernidad: éste es uno de los resultados de vivir en un mundo de riesgos de consecuencias graves. Sin embargo, los estilos de vida y los sectores de estilo de vida pueden amoldarse, por supuesto, a mantener un rumbo entre las diferentes posibilidades ofrecidas en un mundo reconstituido por los efectos de los sistemas abstractos. La confianza puede quedar en suspenso en algunos o en muchos de los sistemas que afectan habitual o más esporádicamente a la vida del individuo. Sería, de hecho, muy difícil, si no imposible, retirarse por completo del sistema monetario moderno. Pero una persona concreta puede decidir conservar sus haberes en forma de bienes o propiedades personales y tener la menor relación posible con bancos u otros organismos financieros. Muchas sombras de duda o escepticismo pueden reconciliarse con una actitud pragmática o fatalista hacia los sistemas abstractos que afectan a las posibilidades de la vida personal.

Otros individuos podrían adoptar decisiones sobre el estilo de vida que les harían retroceder hacia formas de autoridad más tradicionales. El fundamentalismo religioso, por ejemplo, proporciona respuestas nítidas sobre qué hacer en una época que ha abandonado las autoridades definitivas: estas autoridades pueden ser conjuradas de nuevo recurriendo a fórmulas de la edad dorada o de la religión. Cuanto más «incluyente» sea un determinado orden religioso, tanto más «resuelve» el problema de cómo vivir en un mundo de opciones múltiples. No obstante, otras formas más atenuadas de fe religiosa pueden ofrecer también claramente un importante apoyo para tomar decisiones vitales.

La mayoría de estos dilemas se agudizan especialmente o se experimentan con una fuerza particular durante los momentos decisivos de la vida de una persona. Dado que los momentos decisivos suponen por definición consecuencias graves, el individuo se siente en la encrucijada por lo que respecta a la planificación general de su vida. Los momentos decisivos son fases en que las personas pueden decidirse a recurrir a autoridades más tradicionales. En este sentido podrían buscar refugio en creencias preestablecidas y en modos de actividad que les resulten familiares. Por otra parte, los momentos decisivos suelen marcar también períodos de adquisición de nuevas destrezas y capacidades. Son hitos en que, al margen de la reflexividad de un individuo al configurar la identidad de su yo, deberá hacer un alto y darse cuenta de las nuevas exigencias y posibilidades. En tales momentos, cuando hay que volver a encarar la vida, no es sorprendente que la tarea de adiestrarse de nuevo tenga probablemente una especial importancia y se acometa con intensidad. Cuando se trata de decisiones trascendentales, los individuos se suelen sentir estimulados a dedicar el tiempo y la energía necesaria para conseguir un dominio cada vez mayor de las circunstancias a las que se enfrentan. Los momentos decisivos son puntos de transición que tienen implicaciones importantes no sólo para las circunstancias de la futura conducta de la persona sino también para la identidad de su yo. En efecto, esas decisiones trascendentes reconfigurarán, una vez tomadas, el proyecto reflejo de identidad por medio de las consecuencias que deriven para el estilo de vida.

No es, por tanto, sorprendente que en momentos decisivos los individuos tiendan a acudir a los expertos en sistemas que atienden precisamente a la reconstrucción de la identidad del yo: el consejero o el psicoterapeuta. La decisión de iniciar una psicoterapia puede generar una capacitación. Creo importante añadir que, al mismo tiempo, tales decisiones no difieren por su naturaleza de otras sobre el estilo de vida realizadas en condiciones de modernidad. ¿Qué tipo de terapia se debe seguir y durante cuánto tiempo? Según muestra el libro *Self-Therapy,* una persona podría, quizá, reorientar eficazmente su vida sin consultar directamente a un experto o profesional. Por otro lado, muchos psicoterapeutas mantienen que sin un contacto regular con un consejero profesional no hay esperanza de cambio real. En la actualidad existe una variedad muy considerable de terapias, todas las cuales pretenden tratar un conjunto de problemas similares que se superponen. Como medida del nivel de desacuerdo entre las diferentes escuelas podríamos comparar el psicoanálisis clásico con la terapia conductista, basada en el condicionamiento. Hay muchos terapeutas que se atienen a los principios establecidos por Freud para el psicoanálisis y formulan sus procedimientos terapéuticos de acuerdo con ellos. Sin embargo, algunos defensores de la terapia conductista afirman que el psicoanálisis carece por completo de validez como forma de terapia. Por otro lado, existe una multiplicidad de subdivisiones en el psicoanálisis, unida a docenas de otras escuelas diversas en cuanto a teoría y técnica. El encuentro reflejo con los sistemas especializados que ayudan a reconstituir el yo expresa, por tanto, algunos de los dilemas principales generados por la modernidad.

5. La experiencia secuestrada

Se ha dicho a menudo que la modernidad hace especial hincapié en el control, en la subordinación del mundo al dominio humano. Esta afirmación es seguramente correcta, pero expresada de esta manera tan genérica necesita una importante matización. Una de las cosas que significa el concepto de control es la subordinación de la naturaleza a los propósitos del hombre, estructurados por la colonización del futuro. Este proceso parece a primera vista una extensión de la «razón instrumental»: la aplicación de principios de ciencia y tecnología organizados a la manera humana para el dominio del mundo natural. Sin embargo, mirando más de cerca, lo que observamos es la *aparición de un sistema referencial de conocimiento y poder*. En estos términos es como hemos de entender la expresión de «el fin de la naturaleza». Se ha producido una acusada aceleración y profundización del control humano sobre la naturaleza, vinculado directamente a la mundialización de la actividad social y económica. El «fin de la naturaleza» significa que el mundo natural se ha convertido en buena parte en un «entorno creado», consistente en sistemas estructurados a la medida humana y cuyos motivos de poder y dinamismo derivan de las pretensiones de conocimiento socialmente organizadas más que de las influencias externas a la actividad humana.

Es necesario recalcar que la naturaleza se convierte en un sistema internamente referencial, ya que el entorno natural parece tan netamente separado del universo de la actividad social. Más fácil es, quizá, ver que la vida social misma se hace internamente referencial a una con la activación de la identidad del yo. Sin embargo, la referencialidad interna de la vida social moderna se ha confundido a menudo con una distinción trazada entre «sociedad» y «naturaleza». Correlativamente, esa referencialidad se ha considerado con frecuencia una característica intrínseca de todos los sistemas sociales y no primordialmente de las instituciones de la modernidad. Ahora bien, los sistemas sociales sólo llegan a ser internamente referenciales de forma completa y en cualquier circunstancia en la medida en que se convierten en institucionalmente reflejos y, por tanto, ligados a la colonización del futuro. La vida social carece de esa referencialidad fundamental a la dinámica de la modernidad cuando se organiza de acuerdo con tradiciones, costumbres que se dan por supuestas o ajustes pragmáticos a la naturaleza exógena. Un elemento esencial de estos procesos es la volatilización de la moralidad, sobre todo por la incorporación segura de los puntos de vista morales a la práctica diaria. En efecto, los principios morales van en contra del concepto de riesgo y de la activación de dinámicas de control. La moralidad es *extrínseca* por lo que respecta a la colonización del futuro.

La tradición tiene siempre un carácter «vinculante», normativo, al ser distinta del simple hábito. A su vez, el concepto de «normativo» implica aquí un componente moral: en las prácticas tradicionales, el carácter vinculante de las actividades expresa preceptos sobre cómo se han de hacer o no las cosas. Las tradiciones acerca de la conducta tienen su propia cualidad moral, que se opone específicamente al poder de la técnica para introducir novedades. La solidez de la tradición no deriva de su acumulación de sabiduría antigua; la coordinación del pasado con el presente se logra, más bien, a través de la adhesión a los preceptos normativos que recoge la tradición. Según comenta Shils:

> La tradición es, pues, mucho más que la recurrencia estadísticamente frecuente de creencias, prácticas instituciones y obras a lo largo de una serie de generaciones. La recurrencia es el resultado de las consecuencias normativas —a veces de la intención normativa— de la presentación y aceptación de la tradición como factor normativo. Esa transmisión normativa es lo que enlaza las generaciones de los muertos con las de los vivos para constituir una sociedad [...] Los muertos [...] son objeto de adhesión, pero lo más significativo es que sus obras y las normas contenidas en sus prácticas influyen en los actos de generaciones posteriores que los desconocen. El núcleo normativo de la tradición es la fuerza inercial que mantiene a la sociedad en una forma determinada a lo largo del tiempo.[1]

1. Edward SHILS, *Tradition*, Londres, Faber, 1981, p. 25.

Referencialidad interna y tiempo de vida

El desarrollo de los sistemas sociales internamente referenciales se halla en el origen del proyecto reflejo del yo. La creación de un tiempo de vida internamente referencial ha experimentado la influencia decisiva de un conjunto de cambios sociales convergentes. Cada uno de ellos interviene de las siguientes maneras para «destacar» el tiempo de vida como trayectoria distintiva y delimitada entre otros sucesos circundantes:

1. El tiempo de vida surge como un segmento aparte de tiempo, distinto del ciclo de vida de las generaciones. La idea de «ciclo de vida» no tiene, de hecho, mucho sentido, una vez rotos los nexos entre la vida del individuo y el intercambio de generaciones. Según ponen de relieve las observaciones de Shils, la tradición y la continuidad de las generaciones están inherentemente vinculadas entre sí. Las diferencias generacionales son en esencia un modo de calcular el tiempo en las sociedades premodernas. Una generación es un grupo u orden distintivo y afín que coloca la vida del individuo en una serie de transiciones colectivas. Sin embargo, cada vez es más evidente que en la época moderna el concepto de «generación» sólo tiene sentido sobre el telón de fondo del tiempo normalizado. En otras palabras, hablamos de la «generación de los cincuenta», de la «generación de los sesenta», etc. La sucesión temporal conserva en este sentido pocos ecos de los procesos colectivos de transición característicos de épocas anteriores. En circunstancias tradicionales, el ciclo de vida tiene fuertes connotaciones de renovación, pues cada generación redescubre y revive de alguna manera sustancial modos de vida de sus antecesores. La renovación pierde casi todo su sentido en las condiciones de modernidad reciente, donde la prácticas se repiten sólo en la medida en que sean reflejamente justificables.[2]

2. El tiempo de vida se separa de la exterioridad del lugar en tanto que éste es socavado por la expansión de los mecanismos de

2. John Kotre, *Outliving the Self*, Baltimore, Johns Hopkins University Press, 1984.

desenclave. En la mayoría de las culturas tradicionales la mayor parte de la vida social estaba localizada, a pesar de las migraciones de pueblos, relativamente frecuentes, y de las largas distancias que algunos pocos recorrían en sus viajes. El factor primordial que ha alterado esta situación reside en el aumento de la movilidad; el lugar ha quedado, más bien, invadido por mecanismos de desenclave que recombinan las actividades locales en relaciones espaciotemporales de ámbito cada vez más amplio. El lugar se hace fantasmagórico.[3] Mientras los medios en que viven las personas siguen siendo con frecuencia motivo de adhesiones locales, el lugar no constituye el parámetro de la experiencia; y no ofrece la seguridad del carácter siempre familiar típicamente propio de las localizaciones tradicionales. La intensificación de la experiencia mediada tiene también una gran importancia en todo esto. La familiaridad (con los acontecimientos sociales y con la gente al igual que con los lugares) no depende ya sólo, o quizá ni siquiera primariamente, de los entornos locales.

El lugar resulta, así, mucho menos significativo que lo que solía en cuanto referente externo para el tiempo de vida del individuo. La actividad espacialmente localizada acaba estando más y más unida al proyecto reflejo del yo. El lugar donde vive una persona, al menos a partir de su primera madurez, es un asunto de elección, organizada ante todo en función del plan de vida personal. Como ocurre con todos los demás procesos de este tipo, son también posibles, por supuesto, formas de reacción dialéctica. Se pueden emprender intentos de varios tipos para volver a enclavar el tiempo de vida en un medio local. Algunos de ellos, como por ejemplo el cultivo de un sentimiento de orgullo de comunidad, son probablemente demasiado vagos y no van más allá de recuperar un destello de lo que solían ser. Sólo cuando es posible encajar las prácticas habituales con la especificidad de un lugar se pueden producir fenómenos de reenclave significativos, cosa difícil de lograr en las condiciones de la modernidad reciente.

3. El tiempo de vida se libera cada vez más de las referencias externas asociadas a los lazos preestablecidos con otros individuos y grupos. Los diversos tipos de vínculo de parentesco fueron clara-

3. Anthony GIDDENS, *The Consequences of Modernity.*

mente las principales ataduras externas de la experiencia de la vida individual en las circunstancias premodernas. La relación de parentesco ayudaba a determinar, y en muchos casos a definir plenamente, decisiones clave que afectaban al curso de los acontecimientos durante todo el tiempo de la vida de una persona. Algunos de los ejemplos más obvios son las decisiones sobre cuándo y con quién había que casarse, dónde había que vivir, cuántos hijos se debían tener, cómo había que cuidarlos y cuál era la manera de pasar los años de la vejez. Las exterioridades de lugar y parentesco estaban en general estrechamente vinculadas. La transmisión de la propiedad, sobre todo los muebles e inmuebles de la familia, tenían igualmente una gran importancia. En las condiciones sociales modernas, es raro que los grupos familiares sucesivos sigan residiendo en un mismo edificio. En el área rural o entre algunos pocos grupos aristocráticos residuales hay aún casas donde han vivido los miembros de la misma familia durante largos períodos e incluso siglos. Pero para la masa de la población este fenómeno es prácticamente desconocido y la noción de «antepasados», tan fundamental en las vidas de muchas personas en condiciones anteriores a la modernidad, es difusa y difícil de recuperar.

Al faltar referentes externos proporcionados por los otros, el tiempo de vida vuelve a aparecer como una trayectoria que se refiere ante todo a los proyectos y planes del individuo. Los otros, como es natural, figuran siempre en esos planteamientos de vida; entre ellos se cuentan desde los miembros de la familia de referencia hasta sus otros componentes, los hijos, los amigos, los compañeros y los conocidos. Nuevos círculos de intimidad con otras personas afines se convierten en elemento fundamental de los marcos de confianza desarrollados por el individuo. Pero habrán de ser activados por el ordenamiento reflejo del tiempo de vida en cuanto fenómeno delimitado e internamente referencial.

4. El tipo de vida se estructura en torno a «umbrales de experiencia abiertos», más que alrededor de situaciones de paso ritualizadas. El ritual es en sí mismo un referente externo y los observadores sociales han insistido mucho en el declive de las actividades rituales en relación con los principales momentos de transición de la vida: el nacimiento, la adolescencia, el matrimonio y la muerte. La relativa ausencia de ritos en las circunstancias sociales moder-

nas priva, según se ha sugerido, de un importante apoyo psicológico a la capacidad con que cuenta el individuo para superar esas transiciones. Dejando de lado si esto es o no así —pues, a fin de cuentas, en su célebre polémica con Malinowski sobre esta cuestión, Radcliffe-Brown insinuó que el ritual más que aliviar la angustia la suele provocar—, lo importante para nuestro análisis son las consecuencias para la toma de decisiones por parte del individuo. Cada una de las fases transicionales tiende a convertirse en una crisis de identidad (y el individuo en cuanto tal suele ser reflejamente consciente de ello).[4] El tiempo de vida se construye, de hecho, en función de la necesidad prevista de afrontar y resolver esas fases de crisis, al menos en los casos en que la conciencia refleja del individuo está muy desarrollada.

Hablar del tiempo de vida como internamente referencial no es lo mismo que razonar partiendo de las premisas del individualismo metodológico. La idea del «individuo autosuficiente» nació, sin duda, ante todo como respuesta al desarrollo de las instituciones de la modernidad. Pero el análisis elaborado en el presente libro no implica esa opinión metodológica ni de lo dicho anteriormente se deduce que el individuo se disocie de las circunstancias más amplias de los acontecimientos sociales. En cierta medida ocurre más bien lo contrario: el yo establece una trayectoria que sólo puede llegar a ser coherente por la utilización refleja del entorno social más extenso. La tendencia al control, unida a la reflexividad, arroja al yo al mundo exterior de una manera sin parangón en épocas anteriores. Los mecanismos de desenclave penetran hasta el corazón de la identidad del yo; pero no lo «vacían», al igual que tampoco se limitan a eliminar los anteriores apoyos en que se basaba dicha identidad. Más bien permiten —en principio— al yo lograr un dominio de las relaciones y las circunstancias sociales que intervienen reflejamente en la forja de su identidad en una medida mucho mayor de lo que anteriormente era posible.

4. *Cf.* Erik Erikson, *Identity: Youth and Crisis,* Londres, Faber, 1968.

Influencias institucionales

La tendencia de la modernidad hacia el control, por lo que respecta a la reproducción social y a la identidad del yo, tiene ciertas consecuencias características en el plano de la experiencia moral. Me referiré en general a estas consecuencias con la expresión de *experiencia secuestrada*. Este fenómeno está directamente ligado al carácter internamente referencial de la vida social y el yo. Con la maduración de la modernidad, los sistemas abstractos tienen un papel cada vez más omnipresente en la coordinación de los diversos ámbitos de la vida diaria. Las «perturbaciones» externas de estos sistemas reflejamente organizados resultan ser mínimas.

Podemos trazar el origen de estos procesos refiriéndonos a varios conjuntos de influencias surgidos durante la fase de despegue del período moderno pero que se acentuaron progresivamente con la radicalización y universalización de las instituciones modernas. La primera, y en cierto sentido la más importante, es la extensión del poder administrativo, producida a cabo por la aceleración de los procesos de supervisión.[5] La expansión de la capacidad de supervisión es el medio principal de controlar la actividad social por medios sociales. La supervisión da origen a asimetrías particulares de poder y consolida en grado diverso el imperio de algunos grupos o clases sobre las demás. Pero sería un error centrarse demasiado en este aspecto. Mucho más fundamental es la intensificación del control administrativo más en general; se trata de un fenómeno no dirigido del todo por nadie en particular, pues afecta precisamente a las actividades de todos. La supervisión actúa siempre en unión con la reflexividad institucional, incluso en los sistemas premodernos. Es la condición de la reflexividad institucional y, al mismo tiempo y en cierta medida, su producto; así es como expresa de una forma institucional específica esa recursividad característica de toda reproducción social. Sin embargo, en sistemas en que la supervisión está altamente desarrollada, las condiciones de reproducción social se activan cada vez más a sí mismas.

5. *Cf.* Anthony GIDDENS, *A Contemporary Critique of Historical Materialism*, vol. 1.

Los mecanismos de supervisión separan los sistemas sociales de sus referentes externos al mismo tiempo que les permiten extenderse a sectores cada vez más amplios de tiempo y espacio, sobre todo en la forma de codificación de información o conocimiento inherente a la reproducción del sistema. La supervisión, sumada a la reflexividad, significa un «pulimiento de los bordes ásperos», de modo que la conducta no integrada en un sistema —es decir, no acoplada de forma conocida a los mecanismos de reproducción del sistema— resulte ajena y separada. El sistema se vuelve por entero internamente referencial hasta el punto de que tales exterioridades quedan reducidas a cero. Esta constatación no implica que los sistemas internamente referenciales sean producto del consenso o estén libres de conflictos; al contrario, pueden ser internamente contradictorios y verse desgarrados por enfrentamientos continuos. Sin embargo, tales conflictos están organizados en función de *principios sistemáticos*, por sus diversas posibilidades de transformación, más que en función de criterios o exigencias extrínsecas.

En la práctica se dan muchos conflictos provocados por tensiones entre la reproducción refleja del sistema y las inercias de los hábitos o las exterioridades de la tradición. El caso de la tradición es, no obstante, complejo, pues el recurso a símbolos o prácticas tradicionales puede estar a su vez reflejamente organizado y ser, por tanto, parte del conjunto internamente referencial de relaciones sociales en vez de oponerse a él. En estos términos se ha de entender la cuestión de si se puede «reinventar» la tradición en circunstancias que han pasado a ser plenamente postradicionales. Esta observación vale no sólo para las relaciones humanas que se dan en las relaciones sociales, sino también para los artefactos materiales. Así, en debates contemporáneos sobre el posmodernismo y el resurgimiento del romanticismo en arquitectura, la cuestión clave es si las reacciones contra el «modernismo» confirman elementos de modos tradicionales externos o si, por el contrario, han quedado enredadas en un sistema internamente referencial. Los intentos de revivir estilos tradicionales degenerarán rápidamente en la cursilería, con toda probabilidad, en la medida en que se dé la segunda de esas dos posibilidades.

Una segunda transformación institucional de importancia que

afecta a la referencialidad interna es el reordenamiento de los ámbitos privado y público. Este fenómeno puede entenderse en parte en términos de creación de ámbitos de sociedad civil inexistentes en los sistemas premodernos. El establecimiento de una sociedad civil enlaza directamente con la aparición de la forma moderna del Estado, quedando así referencialmente ligada a él. En los Estados tradicionales, la mayor parte de la vida diaria, al menos en las zonas rurales, queda fuera del ámbito de su poder administrativo. La comunidad local era en gran parte autónoma en cuanto a sus tradiciones y modos de vida y la mayoría de las formas de actividad personal quedaba más o menos completamente fuera del alcance del aparato administrativo. Sin embargo, este terreno exterior no formaba parte de la sociedad civil. Más bien representaba la pervivencia de modos de vida extrínsecos al orden reflejo del centro político.

En las formas sociales modernas, Estado y sociedad civil se desarrollan a la par como procesos de transformación unidos entre sí. Paradójicamente, la condición para este proceso es la capacidad del Estado para influir en muchos aspectos de la conducta diaria. La sociedad civil está estructurada como «la otra cara» de la penetración del Estado en la vida cotidiana. Sin entrar en detalles diremos que Estado y sociedad son internamente referenciales en el seno de los sistemas reflejos establecidos por la modernidad. Lo que vale para la distinción entre Estado y sociedad civil, vale también para la distinción entre público y privado. La esfera de lo privado se opone a lo público en dos sentidos, ambos fuertemente influidos por los cambios asociados al desarrollo de la modernidad, si es que no han sido generados completamente por ellos. La distinción entre Estado y sociedad civil marca una de esas oposiciones. El ámbito de lo público es el del Estado, mientras que lo privado es aquello que se opone a la invasión de las actividades de supervisión del Estado. Desde el momento en que el Estado es el garante de la ley, lo privado es en parte, en este sentido, una cuestión de definición legal. No es simplemente lo que no queda incorporado al ámbito del Estado, pues éste sirve también para definir los derechos y prerrogativas privadas de manera positiva.

La oposición entre privado y público concierne, en un segundo sentido, a lo que queda oculto o se revela más abiertamente a los demás. Una vez más sería un error interpretar el incremento de la privacidad —y la necesidad de intimidad— en función de la erosión de un ámbito público que ya existía en comunidades más tradicionales. Tal hipótesis aparece en la obra temprana de Richard Sennett.[6] Sennett señala que las palabras «público» y «privado» son creaciones del período moderno. Lo «público» tiene su origen en un sentimiento naciente de las propiedades y bienes que son de posesión común, mientras que «privado» se utilizó en un primer momento para referirse a los privilegios de las capas gobernantes. En el siglo XVIII ambos términos habían adquirido el sentido en que se utilizan hoy. Lo «público» acabó identificándose con el electorado —en el sentido de «el público»— y con sectores de la vida susceptibles de inspección pública o con el campo del bien común. La esfera de lo «privado» fueron las áreas de vida específicamente diferenciadas del reino de lo público.[7] Sennett mantiene que la fase temprana de la modernidad conoció el nacimiento de un orden público centrado en la vida cosmopolita de las ciudades que más tarde entró en declive por el impacto de los posteriores cambios sociales.

Pero esta tesis no es del todo convincente. Lo que Sennett denomina vida pública se daba tanto en las circunstancias urbanas más tradicionales como en las características de la vida social moderna. Las ciudades premodernas disfrutaron ya de una cultura cosmopolita floreciente. En ellas la gente se encontraba con extranjeros de manera habitual. Sin embargo, la mayoría de esos encuentros urbanos conservaron un carácter académico; en ellos predominaba una actividad entre iguales, parientes o familiares. Lo privado no se ha convertido aquí aún en ocultamiento total o en ámbito separado, según explica la obra de Elias.[8] Lo público se distingue completamente de lo privado sólo con el establecimiento pleno de una sociedad de extranjeros, es decir, cuando la noción de «extranjero» pierde su significado. A partir de ese momento, la indiferencia civil, que es el mecanismo que engrana la confianza pública generalizada, se distingue más o menos completamente del

6. Richard SENNETT, *The Fall of Public Man*, Cambridge, Cambridge University Press, 1977.

7. *Ibíd.*, cap. V.

8. Norbert ELIAS, *The Civilising Process*, vol. 1.

terreno privado y, en particular, de la esfera de las relaciones íntimas.

La privacidad y la necesidad psicológica vinculada a ella estuvieron casi con seguridad fuertemente condicionadas por una ulterior separación, la que se dio entre niñez y edad adulta. En tiempos premodernos, en Europa con toda certeza y, sin duda, también en la mayoría de las demás culturas no modernas, el niño vivía desde muy temprano en interacción con adultos en un ámbito colectivo en situaciones tanto domésticas como no familiares. La aparición de un mundo aparte de la «niñez» delimitó para la persona la experiencia de crecer alejada de los lugares donde se desarrollaba la actividad. La niñez se ocultó y domesticó, al mismo tiempo que se sometía a la influencia esencial de la escolarización formal. Cuando la niñez se separa de las actividades de los adultos o, al menos, se configura de forma distinta, constituye un área de ocultamiento en la que se estructuran experiencias privadas. La escolarización es en cierto sentido una actividad pública, pues se realiza fuera del hogar. Pero la escuela sigue siendo para los escolares un escenario segregado, distinto del mundo del trabajo y otros compromisos de los adultos. El ocultamiento gradual de varios atributos del desarrollo, incluidos los principales aspectos de la sexualidad, es el resultado de esos procesos de segregación.[9] Se trata de un importante factor explicativo de los estrechos vínculos existentes entre la aparición de la psicoterapia y la atención prestada al aprendizaje en la infancia en relación con los objetivos psicoterapéuticos. La infancia en cuanto mundo aparte pasa a ser «infraestructura» de la personalidad. Esto no significa aceptar la ecuación entre modernidad y represión psicológica progresiva, opinión que no se ajusta a la tesis establecida en este libro. La reconstrucción terapéutica fundada en la experiencia de la niñez se hace más bien posible por la aparición de nuevos «campos de aprendizaje» generados por la «invención» de la infancia.

Lo privado es una creación de lo público, y viceversa, en los dos sentidos antes expuestos (la privacidad como la «otra cara» de la invasión del Estado; privacidad, como lo que no debe revelarse); ambos forman parte de un sistema de referencialidad interna apa-

9. *Ibíd.*, pp. 175 ss.

recido recientemente. Estos cambios son un elemento fundamental del marco general de la transformación de la intimidad.

En tercer lugar, una consecuencia psicológica de los dos amplios procesos descritos es la preeminencia creciente de la vergüenza frente a la culpa, en relación con la identidad del yo. La culpa depende esencialmente de mecanismos extrínsecos a los sistemas internamente referenciales de la modernidad. La culpa connota transgresión moral: es angustia derivada de un error o una incapacidad para satisfacer ciertas formas de moral imperativa en la conducta de una persona. Es una forma de angustia que resalta sobre todo en ciertos tipos de sociedad donde el comportamiento social está regido por preceptos morales establecidos, entre ellos los impuestos y sancionados por la tradición. La vergüenza se relaciona con la confianza básica de manera más directa y evidente que la culpa, pues ésta concierne a formas específicas de conducta o conocimiento y no amenaza tanto a la integridad del yo en cuanto tal. A diferencia de la culpa, la vergüenza corroe directamente el sentimiento de seguridad tanto en el yo como en el medio social circundante. La vergüenza pasa a desempeñar un cometido tanto más importante en la personalidad adulta cuanto más internamente referencial llega a ser la identidad del yo. El individuo no vive ya primordialmente por preceptos extrínsecos sino por la organización refleja del yo. Se trata de un asunto importante, pues de él se sigue que la civilización moderna no se funda en la renuncia al deseo, según pensaba Freud.

En sus escritos, Freud emplea el término «civilización» en un sentido muy amplio y no habla simplemente de modernidad.[10] Civilización es cualquier forma de organización social y cultural que va más allá del mero «primitivismo». Es un orden social progresivo que implica una creciente complejidad de la vida social. El precio que se paga por esa complejidad, así como por los «superiores logros culturales» que hace posible una vida civilizada, es una progresiva represión y, por tanto, el sentimiento de culpa. La civilización debe dar por supuesta la renuncia corporal pues se han de mantener en jaque las ambiciones que de otro modo llevarían a actividades eróticas con extraños o a una inaceptable agresividad

10. Sigmund FREUD, *Civilisation and its Discontents*, Londres, Hogarth, 1950.

contra ellos. Freud admite que la vida civilizada es en general más segura que la de los «seres primitivos». Por otra parte, tal seguridad se consigue a cambio de severas restricciones impuestas a tendencias humanas endémicas. Así pues, desde este punto de vista la civilización es una empresa más moral que las antiguas formas de orden social a las que sustituye progresivamente. La agresividad reprimida por la civilización, unida a los impulsos eróticos, es canalizada y remitida al ego en forma de conciencia moral severa. Este superego intolerante provoca un sentimiento general de culpa. La civilización y un superego robusto forman una unidad, «como una guarnición en ciudad conquistada». La culpa, concluye Freud, es «el problema más importante en el desarrollo de la civilización»; «el precio que pagamos por nuestro progreso civilizador es la pérdida de la felicidad por la intensificación de este sentimiento de culpa».[11]

Si equiparamos «civilización» y modernidad y observamos el primer período de desarrollo de ésta, parece tener algún sentido una relación entre culpa y conciencia. Si la interpretación que hace Max Weber de la relación entre puritanismo y aparición del capitalismo es correcta, podemos ver en ella un mecanismo de la formación de la conciencia.[12] Según el retrato de Weber, el capitalista proporciona el impulso al nacimiento de las instituciones modernas renunciando a las gratificaciones que puede aportarle la riqueza acumulada. Pero, ¿qué sucedió en el período subsiguiente, en el auténtico tiempo de maduración de la modernidad? Los seguidores de Freud han tenido desde hace mucho dificultades para reconciliar sus ideas con la aparente permisividad moral de la modernidad tardía. ¿Quizá la civilización se escindió bajo el peso de sus propias exigencias, dando a los individuos la oportunidad de liberar sus deseos? ¿Quizá, por la razón que sea, una época de hedonismo ha sustituido a otra de restricción moral? Estas explicaciones no resultan convincentes. ¿Por qué un período de intensificación y mundialización de las instituciones modernas generaría una relajación de la culpa, si un aumento de la misma

11. *Ibíd.*, pp. 61, 71.

12. Max WEBER, *The Protestan Ethic and the Spirit of Capitalism*, Londres, Allen and Unwin, 1976.

está intrínsecamente asociado a una mayor complejidad de la civilización? Si dejamos de lado el teorema de que un aumento de civilización significa un incremento de culpa, podremos ver las cosas bajo una luz distinta. El movimiento característico de la modernidad está lejos del sentimiento de culpa en el plano de la experiencia individual. Una conciencia moral del tipo, quizá, de la descrita por Weber puede haber sido de importancia clave en los primeros tiempos de la época moderna, pues ella fue la base sobre la que los imperativos morales extrínsecos se convirtieron en parámetros intrínsecos de acción socializada. Las creencias puritanas pasaron a ser elementos que hicieron que los nuevos sistemas económicos se desenclavaran de las trabas extrínsecas que los sujetaban. Así, el puritanismo podría haber sido uno de los principales instrumentos de una fase de «despegue» que abarcaba más que la misma esfera de la economía (un «despegue» hacia un orden de la sociedad y la naturaleza internamente referencial cada vez más incluyente).

Sin embargo, podría argumentarse que, más que promover la búsqueda de una nueva identidad del yo, el puritanismo proporcionó la «fijeza» que permitió a los primeros empresarios explorar nuevas vías de comportamiento sin romper con sus hábitos y convicciones preestablecidas. El «fantasma del puritanismo» que rondó en torno a los posteriores sistemas de modernidad siguió siendo desde este punto de vista una fuente de características externas al nuevo orden social: no fue, como han mantenido Marcuse y muchos otros, su principal impulso organizador. A medida que se rompían las trabas de la tradición y comenzaba a evidenciarse el proyecto reflejo del yo, el centro del escenario pasaba a estar ocupado más por la dinámica de la vergüenza que la de la culpa. Naturalmente, los mecanismos de culpa continúan siendo importantes incluso en la fase de la modernidad reciente; también perviven los compromisos morales pues, como luego expondré, la represión institucional producida por los ordenamientos internamente referenciales de la modernidad está muy lejos de ser completa.

Los ámbitos del secuestro

La orientación de la modernidad hacia el control en el contexto de los sistemas internamente referenciales tiene connotaciones bien conocidas en el plano de la cultura y la filosofía. El pensamiento positivista se ha convertido, de una u otra forma, en un hilo conductor fundamental de la reflexividad moderna. El positivismo intenta suprimir los juicios morales y los criterios estéticos en los procesos de transformación que ayuda a poner en marcha y que también interpreta y analiza. No obstante, en vez de centrarme en los rasgos del discurso, quiero dirigir la atención hacia su *correlato institucional* que es la acumulación de procesos que hacen eficazmente extrínsecas ciertas influencias difíciles de sobrellevar. Son varios los ámbitos donde se dan procesos de secuestro institucional. En cada uno de los casos tienen el efecto de suprimir ciertos aspectos básicos de la experiencia de la vida, sobre todo las crisis morales, de las regularidades de la vida cotidiana instituidas por el sistema abstracto de la modernidad. La expresión «secuestro de la experiencia» alude aquí a los procesos interconectados de ocultamiento que apartan de las rutinas de la vida ordinaria los siguientes fenómenos: la locura, la criminalidad, la enfermedad y la muerte, la sexualidad y la naturaleza. En algunos casos este secuestro está directamente organizado: así ocurre en el caso del manicomio, la prisión y el hospital médico. En otros, el secuestro depende más bien de características más generales de los sistemas internamente referenciales de la modernidad. Hablando en términos vagos, mi razonamiento sería que la seguridad ontológica que la modernidad ha conseguido en el plano de las rutinas cotidianas supone la exclusión institucional de la vida social de problemas existenciales fundamentales que plantean a los seres humanos dilemas morales de máxima importancia. Para esbozar y desarrollar este tema es necesario aportar cierto material histórico. Si retrotraemos la mirada brevemente a los orígenes de los diversos ámbitos donde se realiza este secuestro podremos reconocer algunos de los procesos que se hallan en los orígenes de la sustitución de criterios externos por criterios internos en los sistemas sociales de la modernidad.

Para analizar la institución manicomial es más adecuada la

obra de Rothman que la de Foucault.[13] Aunque las investigaciones de Rothman se centran en la aparición de los hospitales psiquiátricos en los Estados Unidos, su análisis es de aplicación muy general. El estudio de Foucault sobre el manicomio y la prisión relaciona el encarcelamiento con la campaña para establecer el predominio de la razón burguesa.[14] Quienes intentaran criticar las pretensiones de la razón soberana habrían de quedar por ello mismo excluidos de la participación directa en el orden social. Por más sugerente e importante que sea esta opinión, presenta importantes puntos débiles. Sin examinarlos en detalle, podríamos decir que de lo que aquí se trata no es tanto de la «razón» como del desarrollo de la transformación refleja. Lo que más tarde se consideraría «locura», «crimen» y «pobreza», antes de la época moderna se trataban como características extrínsecas de la existencia humana. La locura, el crimen y la pobreza no se consideraban aún «problemas sociales». En fecha tan tardía como el siglo XVIII, la presencia de estas características en individuos que luego quedarían clasificados en una u otra de esas categorías no se consideraba índice de fracaso personal o comunitario.

Las actitudes para con la pobreza son aquí reveladoras. La utilización del término «pobre» a comienzos del siglo XVIII abarcaba una multiplicidad de condiciones sociales. Los debates y la legislación sobre los pobres incluían a viudas, huérfanos, enfermos, ancianos, inválidos y locos sin que se observara entre ellos una clara diferenciación. La característica identificatoria era la necesidad, moralmente definida, más que las especiales circunstancias que la producían. Una ley promulgada en Massachusetts y que se convirtió en modelo para otros Estados norteamericanos mantenía que la pobreza se produce «siempre y todas las veces que una persona esté privada de entendimiento por naturaleza, de modo que se vea incapacitada para proveerse a sí misma».[15] Esta actitud significaba ya un cambio respecto a épocas anteriores en Europa. En efecto, en este estadio la pobreza había llegado a ser considerada como

13. David J. Rothman, *The Discovery of the Asylum*, Boston, Little Brown, 1971.

14. Michel Foucault, *Discipline and Punish.*

15. Rothman, *Discovery*, p. 4.

una condición que precisaba de atención por parte de la comunidad, más que un rasgo completamente exterior de las circunstancias de la vida social.

El trato dado a la criminalidad —o, más precisamente, al vagabundeo— en la América del siglo XVIII demuestra, sin embargo, lo estrechamente que estas actitudes seguían ligadas a consideraciones extrínsecas. El vagabundeo, como la pobreza en términos más amplios, se consideraba en buena parte endémico. Iba acompañado de un conjunto indefinido de transgresiones morales con las que se le relacionaba.

> Los colonos juzgaban desviada una amplia serie de comportamientos y descubrían las más graves implicaciones en los delitos más leves. Su definición extendida era primariamente religiosa por su origen y equiparaba el pecado con el crimen. Los códigos criminales castigaban transgresiones religiosas como la idolatría, la blasfemia y la brujería, y los clérigos declaraban que las infracciones contra las personas o la propiedad eran ofensas contra Dios. Al combinar libremente las dos categorías, los colonos proscribieron una lista de actividades increíblemente larga. La identificación de desorden y pecado hacía difícil para legisladores y clero distinguir con precisión las infracciones graves de las leves. Ambas eran testimonio de la natural depravación del hombre y el poder del demonio; signos ciertos de que el transgresor estaba destinado a convertirse en una amenaza pública y un pecador condenado.[16]

La idea de la corrección secular hizo su aparición sólo de manera gradual y habría de entenderse como parte de un proceso más amplio por el que los mundos social y natural acabaron considerándose transformables y no simplemente dados. El «control social» no fue, por tanto, primordialmente un medio de controlar formas preexistentes de conducta «desviada». El «desvío» estaba creado, de hecho, en buena medida por los imperativos derivados de la transmutación de condiciones naturalmente dadas en otras manipulables. El secuestro del loco y del criminal se aceleró cuan-

16. *Ibíd.*, p. 15.

do estas categorías se disociaron de la de pobreza en general y cuando se llegó a creer que todo individuo era intrínsecamente capaz de cambiar. La construcción de un ámbito especial para los desviados ofrecía un medio para incorporar el tratamiento terapéutico al mantenimiento del control reglamentado sobre las circunstancias de la vida cotidiana en el exterior.

La idea de que los seres humanos pueden ser susceptibles de corrección iba necesariamente ligada a la noción de que la vida social está sometida a cambios radicales. Los primeros reformadores de las prisiones —como muchos sociólogos profesionales más tarde— intentaron mostrar que las circunstancias que llevaban a adoptar conductas criminales derivaban de las deprimentes vidas que se veían obligadas a vivir las personas pertenecientes a comunidades menos afortunadas. El cambio de estas condiciones podría ayudar a transformar la conducta de quienes amenazaban las formas dominantes de la conveniencia. «Los vicios de la vida social —como observaba un funcionario refiriéndose a un presidiario de Pennsylvania en la década de 1840— han anunciado la ruina de su fortuna y sus esperanzas.»[17] La existencia del crimen no indicaba aspectos incorregibles en la naturaleza humana, sino la incapacidad de la comunidad para cumplir con su tarea de crear una ciudadanía responsable. Una sociedad convenientemente organizada podría librar de la tentación a los potenciales transgresores y reducir al mismo tiempo las circunstancias que les empujaban a una actividad criminal.

El impulso que llevó al establecimiento de las prisiones estuvo alimentado en origen por consideraciones morales. La disciplina y la regimentación de la vida en prisión había de ser una forma de educación moral que, al apartar al criminal de la depravación de su entorno, tendría efectos rehabilitadores. El centro penitenciario se había de convertir en un laboratorio de mejora social. Sin embargo, la rutina de la vida en prisión reproducía en forma exagerada los hábitos impuestos en los medios sociales de la modernidad en conjunto. La prisión pasó a ser, por tanto, un laboratorio en el mismo sentido que lo son los demás ámbitos de la modernidad: un entorno donde la organización y el cambio social son pro-

17. *Ibíd.*, pp. 72-73.

ducidos reflejamente, como telón de fondo de la vida de la persona y como medio de reconstitución de la identidad individual.

La incorporación social de la locura

La historia del manicomio contiene tendencias de desarrollo similares. Como en el caso de la criminalidad, en épocas anteriores se supuso que la locura era un efecto de la voluntad de Dios y que los locos formaban un grupo entre otros y eran dignos de recibir ciertos cuidados de la comunidad. La imagen de Pinel liberando al loco de sus cadenas podría considerarse representativa de la irrupción de la modernidad en general. De hecho, la idea de Prometeo desencadenado, que tanto inspiró a Marx, representa la liberación de las trabas de la tradición y la costumbre que reaparece en muchas ocasiones desde la Ilustración en adelante. La demencia acabó por tener un horizonte «abierto» como todos los demás aspectos de la conducta y las relaciones sociales establecidas. La medicalización de la locura en forma de «enfermedad mental» es sólo una parte de este fenómeno. La locura era un mal físico, pero se pensaba que la mayor parte de sus manifestaciones estaban producidas por circunstancias sociales; el control de la conducta era, por supuesto, un medio principal para producir las supuestas curas. Muchos de los primeros psiquiatras vinculaban los orígenes etiológicos de la enfermedad mental a factores sociales, entre los que se incluía la misma «civilización».

No obstante, fue de especial importancia hacer pública la idea de que, al igual que la criminalidad y en circunstancias específicas, la enfermedad mental puede atacar a cualquiera. De ser una característica especial de la pobreza, aunque no claramente distinguible de ella y, por tanto, abundante entre los grupos menos privilegiados, la enfermedad mental pasó a considerarse uno de los riesgos que comportaba la vida moderna. «La locura no es peculiar de ninguna clase en esta vida. No hay nadie tan elevado que no esté a su alcance [...] ha destronado monarcas y ha entenebrecido las lóbregas chozas.»[18]

18. *Ibíd.*, p. 124.

Los manicomios se instituyeron en principio pensando en sus propiedades curativas. Con el encarcelamiento se pretendía restablecer la salud mental por sus mismas circunstancias más que por las medicinas o tratamientos dispensados. Se suponía que el hospital mental creaba un entorno que corregiría metódicamente las deficiencias de la comunidad social en sentido amplio. Una vez más era obvio el aspecto moral de la reforma de la personalidad afectada. Al igual que en la prisión, el incremento de la vigilancia hasta el máximo, junto con la imposición de rutinas disciplinarias, eran los medios para conseguir ese fin. La demencia, como la locura, se definía activamente en términos de incapacidad social: era la falta de capacidad o voluntad para llevar el tipo de vida exigido en el mundo exterior.

Lo llamativo en la institución del manicomio, que éste comparte con la prisión, es lo mucho que conserva de los medios sociales más amplios de la modernidad. Foucault se equivoca al hacer remontar esta semejanza hasta la disciplina en cuanto tal; la pérdida de varios tipos de derechos sociales y personales de los individuos recluidos a la fuerza en prisiones y manicomios es sin duda una de sus características fundamentales. Lo que comparten con el marco más amplio de la modernidad es el intento por desarrollar un autocontrol reflejo incluso entre minorías que podrían parecer intrínsecamente recalcitrantes. El componente moral ocupó pronto en ambos casos un lugar secundario en comparación con otros imperativos. Lo que contaba como «cura» perdió la mayoría de sus características externas y se midió en función de que una persona fuera capaz de funcionar satisfactoriamente en un medio social más amplio y lo deseara. En otros aspectos la simple reclusión pasó a ser un rasgo predominante: el encarcelamiento sirve al menos para proteger de las anomalías incorregibles de la conducta de una minoría a quienes viven en el mundo exterior.

El «desvío» se «inventó» como parte de los sistemas internamente referenciales de la modernidad y, por tanto, se definió en términos de control. Los problemas y cuestiones extrínsecas planteadas por la criminalidad y la demencia a la población en general quedan, pues, absolutamente reprimidos. Pero se trata de una represión institucional, más que personal (no supone una intensificación de la «conciencia»). Por ella son excluidos de los ámbitos fundamentales de la vida social los problemas, valores y modos de comportamiento que pueden perturbarla. Los problemas reprimidos son claramente de orden moral y existencial. En el comportamiento clasificado ahora como «enfermedad mental», por ejemplo, las concepciones alternativas de lo que se entiende por realidad cotidiana son apartadas de las preocupaciones de la vida diaria. Una vez instituido el manicomio, pocas personas tienen contacto con el demente de manera habitual. La misma invisibilidad poseían los nexos que en otros tiempos ligaban la «pobreza», en el sentido antiguo de la palabra, con los preceptos morales y tradiciones extrínsecas. Las prisiones y los hospitales mentales perdieron rápidamente la mayor parte de su cualidad exótica que antiguamente había hecho de ellos espectáculos expuestos a la contemplación del mundo exterior. En vez de ello se transformaron en ámbitos de corrección técnica asociados con las relaciones transformadoras de la modernidad.

El secuestro de la enfermedad y la muerte

Lo que en la actualidad llamamos hospitales se ha diferenciado sólo gradualmente de las antiguas organizaciones que intentaban hacer frente al impacto de la «pobreza». Los «hospitales», precursores de las prisiones y los manicomios así como de las modernas instituciones médicas, reunían a ese conjunto de personas señalado en los párrafos anteriores. La aparición de un ámbito aparte de tratamiento médico, centrada en gentes con «problemas médicos» claros, fue parte del mismo proceso que creó las demás organizaciones carcelarias.

El desarrollo del hospital en el sentido moderno estuvo estrechamente unido a la profesionalización de la medicina. El hospital es un ámbito donde puede concentrarse y fomentarse la tecnología y la experiencia médicas. Pero los hospitales, como las cárceles y los manicomios, son también lugares donde se mantiene secuestrados a quienes estén descalificados para participar en actividades sociales ortodoxas; además, sus consecuencias para el ocultamiento de la contemplación general de ciertas experiencias fundamentales en la vida —la enfermedad y la muerte— son similares. En las sociedades premodernas, según vimos en el capítulo anterior, la enfermedad crónica era parte de la vida de muchas personas, y el contacto con la muerte, un rasgo más o menos habitual de la experiencia de todos. Elias ha señalado que la obra de Ariès sobre este tema expone un punto de vista un tanto sesgado acerca de la muerte en el mundo anterior a la modernidad. Ariès tiende a pensar que aquellas gentes eran capaces de enfrentarse a su fin con actitud serena, rodeadas de los seres queridos, debido a que la muerte no había sido relegada aún al ocultamiento. Según dice Elias, la presencia de los demás junto al lecho de muerte no era siempre necesariamente reconfortante: a veces, de hecho, los moribundos eran objeto de bromas y burlas por parte de los supervivientes.[19] Sea cual sea la verdad de todo ello, y aunque la muerte pudiera estar rodeada de miedos y angustias profundas, lo cierto es que entonces no era un fenómeno que debiera esconderse.

Pero la cuestión no es sólo que hoy la muerte se oculta habitualmente de la vista de los vivos; lo cierto, además, es que se ha convertido en un asunto técnico y su valoración ha pasado a manos de la profesión médica; por lo que respecta a la esencia de la muerte, se trata de decidir en qué momento se ha de dar a alguien por muerto en función del cese de diversas funciones corporales. La muerte sigue siendo el gran factor extrínseco de la existencia humana; en cuanto tal no puede incorporarse a los sistemas internamente referenciales de la modernidad. Sin embargo, sí pueden incorporarse a ellos todos los tipos de acontecimientos que llevan al proceso de morir y están implicados en él. La muerte se convierte en un punto cero: no es ni más ni menos que el momento en que el control humano sobre la propia existencia encuentra su límite extremo.

La historia de la pena capital atestigua la tendencia a convertir la muerte en un puro «suceso». Según han mostrado Foucault y otros autores, en situaciones premodernas la pena capital, combinada a menudo con otros modos de infligir dolor corporal, solía ser un espectáculo colectivo. Al aparecer las cárceles, el castigo se «retira de la vista» y adquiere forma disciplinaria. A pesar de tratarse de un tema muy en consonancia con su análisis, Foucault se

19. Norbert ELIAS, *The Loneliness of the Dying*, Oxford, Blackwell, 1985.

olvida de investigar los cambios que afectan a la pena capital en el interior de la prisión. Las formas públicas de ejecución no solían ser precisamente dolorosas sino clamorosas y prolongadas. Su desarrollo posterior estuvo plenamente encaminado a reducir la ejecución a un proceso lo más «silencioso» posible.[20] En Inglaterra, por ejemplo, se tomaban grandes precauciones para conseguir que el condenado pasara su última noche en una celda muy próxima al lugar de ejecución para reducir así al mínimo la duración del suceso final. Se introdujeron una serie de modificaciones técnicas destinadas a hacer el aparato de ejecución eficaz y silencioso. La muerte, en otras palabras, debía ser instantánea y discreta. La pena capital se ha abolido entre tanto en muchos países; esta reforma ha sido promovida por motivos humanitarios, pero con ella se reconoce también que la ejecución sitúa en definitiva al individuo fuera de las posibilidades del control social.

La privatización de la pasión

La salida de escena de la sexualidad es un fenómeno de *privatización de la pasión*. Pasión era en otros tiempos una palabra referida al éxtasis y la devoción religiosa. Se refería justamente a esos momentos en que el individuo se siente en contacto con fuerzas cósmicas, con un mundo situado más allá de la experiencia cotidiana. Más tarde, la noción de pasión perdió casi por completo este significado y se secularizó, confinándose principalmente al terreno de lo sexual. Esto forma parte del cambio por el que la «sexualidad» surgió como fenómeno distintivo, separado del erotismo más general y difuso que en otros tiempos solía vincularse a la estética y a la experiencia no socializada.[21]

No existe cultura conocida en la que el comportamiento sexual se haya practicado totalmente a las claras y a la vista de todos. No obstante, abundan las pruebas que indican que en muchas culturas no modernas y en la Europa premoderna la actividad sexual no se mantenía estrictamente oculta a los ojos de los demás. Esta visibi-

20. John LOFLAND, *State Executions*, Montclair, Patterson Smith, 1977.
21. Niklas LUHMANN, *Love as Passion*, Cambridge, Polity, 1986.

lidad era en parte inevitable: en los grupos socioeconómicamente bajos era habitual que padres e hijos durmieran en la misma habitación, a menudo junto con otros familiares. La actividad sexual practicada más o menos casualmente fuera del hogar parece haber sido también muy frecuente.

La privatización de la sexualidad podría considerarse una vez más ligada a la aparición de una nueva conciencia moral. Según este punto de vista, la sexualidad acabó estando cada vez más sujeta a actitudes libidinosas, lo cual la condenaba como licenciosa. Foucault ha ayudado a demostrar lo engañoso de esta interpretación que, según él, presenta las cosas de tal manera que

> la sexualidad quedó concienzudamente relegada y pasó al interior del hogar. La familia conyugal la tomó bajo su custodia y la incorporó a la grave función de la reproducción. El silencio se convirtió en regla respecto al tema del sexo [...] Tanto en el ámbito social como en el corazón de los hogares se reconoció a la sexualidad un único lugar, que era, sin embargo, utilitario y fértil: el dormitorio de los padres. El resto debía mantenerse en la indefinición; la conducta correcta evitaba el contacto con otros cuerpos y la decencia verbal higienizaba el discurso de las personas.[22]

Según esta interpretación, acorde en términos generales con la de Freud, la privatización de la sexualidad está relacionada con la represión (represión que es el precio pagadero por los frutos de la civilización). Más que oponerse a lo que denomina «hipótesis represiva», Foucault la contrapone a otra que recalca la proliferación de discursos que sacan la sexualidad a un ámbito público recientemente constituido.

Sin embargo, la tesis de Foucault según la cual la sexualidad se convierte en asunto obsesivo y más o menos omnipresente en el mundo moderno no parece más convincente que la idea a la que en parte pretende sustituir. Podemos formular una alternativa a ambos puntos de vista de la siguiente manera: la «sexualidad», en

22. Michel FOUCAULT, *The History of Sexuality*, Harmondsworth, Penguin, 1981, pp. 3-4.

sentido moderno, se inventó cuando la conducta sexual «salió de la escena». A partir de este momento, la sexualidad pasó a ser propiedad del individuo y, más en concreto, al unirse erotismo y culpa, el cuerpo fue sustituido progresivamente por una conjunción entre sexualidad e identidad del yo y propensión a la vergüenza. El ocultamiento de la conducta sexual no fue tanto una ocultación mórbida de la vista cuanto una reconstitución de la sexualidad y su polarización en una esfera de intimidad emergente. El desarrollo y la satisfacción sexuales quedaron en adelante ligados al proyecto reflejo del yo. Los diversos «discursos sobre la sexualidad» de los que habla Foucault forman parte de un espectro más amplio del desarrollo de los sistemas reflejos internamente referenciales.

Según la expresión de Luhmann, la sexualidad se ha convertido en un «código de comunicación», más que en un fenómeno integrado en las exigencias más amplias de la existencia humana.[23] En el comportamiento sexual se ha distinguido siempre entre placer y procreación. Sin embargo, al crearse los nuevos nexos entre sexualidad e intimidad, la sexualidad se separó de la procreación mucho más plenamente que antes. La sexualidad quedó doblemente constituida como medio de realización propia y como instrumento primordial y expresión de la intimidad. Al llegar aquí, la sexualidad pierde sus vínculos extrínsecos con tradiciones y éticas más amplias, así como con la sucesión de las generaciones. La sexualidad es, o más bien llega a ser, un punto de referencia fundamental para la «experiencia», palabra que adquiere un especial significado en relación con la vida sexual. Pero esta «experiencia» tiene poco que ver con los mundos existenciales con los que el sexo nos pone en contacto en algún sentido.

El secuestro de la naturaleza externa

En cada uno de los puntos de vista analizados anteriormente podemos descubrir, pues, un proceso expansivo de secuestro moral. Los principales ámbitos de la vida, incluidos aquellos que superficialmente parecen ser más «biológicos» que sociales, acaban

23. Niklas LUHMANN, *Love as Passion*.

bajo la influencia del doble impulso de la autorreferencialidad y la reflexividad. Las cuestiones existenciales son institucionalmente reprimidas a la par que se crean nuevos campos de posibilidades para la actividad social y el desarrollo personal. El secuestro de la experiencia es en parte el resultado impuesto de una cultura en la que, según se cree, los campos de la moral y la estética han de quedar suprimidos por la expansión del conocimiento técnico. No obstante, en buena parte se trata también del resultado no pretendido de los procesos estructurantes propios de la modernidad, cuyos sistemas internamente referenciales pierden contacto con los criterios extrínsecos.

A los procesos mencionados hasta aquí hemos de añadir el desarrollo del entorno creado. La afirmación de que las ideas centrales de la modernidad tratan a la naturaleza como un instrumento, como el medio para realizar los propósitos humanos, se ha convertido en lugar común. Suele decirse que el *locus classicus* de esta opinión se halla nada menos que en el mismo Marx. La supuesta crítica radical de la vida social moderna acaba acomodándose a algunas de sus características más profundamente marcadas. La acusación es seguramente válida. Marx fue un crítico del capitalismo, al que consideraba un medio esencialmente irracional de organizar la industria moderna; pero consideró la expansión de las fuerzas productivas como la clave misma de un futuro gratificante para el género humano. Hay algunos pasajes, sobre todo en los escritos tempranos de Marx, que sugieren un punto de vista bastante más sutil acerca de la naturaleza y sus relaciones con las aspiraciones humanas. Sin embargo, la tendencia general de la exposición de Marx es instrumental y, en este sentido, Marx, más que criticar la línea teórica dominante en el pensamiento y la cultura de Occidente, está de acuerdo con ella.

No obstante, lo dicho hasta aquí no es aún suficiente. La cuestión no consiste simplemente en pensar que, con el advenimiento de la modernidad, los seres humanos tratan la naturaleza como un conjunto de fuerzas inerte que deben ser sometidas a los propósitos humanos, pues esto implicaría aun que la naturaleza es un *ámbito aparte* de la sociedad humana. Tal como insistimos antes, el desarrollo del entorno creado —o, por decirlo de otra manera, la socialización de la naturaleza— va mucho más allá. La naturaleza «se acerca a su fin», en el sentido de que el mundo natural está cada vez más ordenado de acuerdo con los sistemas internamente reflejos de la modernidad. En condiciones de modernidad las personas viven en medios artificiales en un doble sentido. En primer lugar, debido a la expansión del entorno edificado, donde reside la gran mayoría de la población, los hábitats humanos se disocian de la naturaleza, que aparece ahora tan sólo en forma de «campo» o «monte». En segundo lugar, la naturaleza deja de existir, en sentido profundo, cuando los sucesos que ocurren de forma natural son empujados cada vez más al terreno de los sistemas determinados por influencias sociales.

Por lo que respecta al primero de estos factores, podemos decir que la vida humana le ha sido secuestrada a la naturaleza en la medida en que se desarrolla en lugares creados por el hombre. En la ciudad, la «naturaleza» sobrevive aún en zonas verdes cuidadosamente conservadas, pero que en su mayoría están construidas artificialmente: en forma de parques, zonas de esparcimiento, etc. Se plantan jardines, se cuidan los árboles y se cultivan plantas domésticas; pero todos estos elementos forman parte simplemente de un entorno creado y sólo son «naturales» porque dependen de procesos orgánicos más que de la exclusiva elaboración humana. La ciudad moderna es con mucho el conjunto de entornos más extensa e intensamente artificiales para la actividad humana que jamás haya existido. Una visita al campo o una caminata por el monte puede satisfacer el deseo de aproximarse a la «naturaleza», pero en estos casos la «naturaleza» está también socialmente coordinada y domesticada. La noción de «monte» o «espesura» es un concepto utilizado de forma eminente durante los primeros períodos del proceso de desarrollo de la sociedad moderna. En concreto, significaba una región del mundo natural todavía inexplorada por los occidentales modernos y desconocida para ellos. En la actualidad, sin embargo, con esos términos nos referimos simplemente, en la mayoría de los casos, a terrenos donde, por una u otra razón, no pueden mantenerse con eficacia el cultivo o los asentamientos humanos o que son, sin más, áreas intencionadamente segregadas para fines recreativos.

En el segundo sentido, los intereses humanos han sufrido el secuestro de la naturaleza de una manera aún más fundamental. La naturaleza está cada vez más sometida a la intervención humana y pierde, por tanto, su carácter mismo de fuente extrínseca de referencias. El secuestro de la naturaleza es, en este sentido, más sutil, si bien más general que en el mencionado en primer lugar. En efecto, la naturaleza —la alternancia de días y estaciones, el impacto de las condiciones climáticas— parece estar aún «ahí»: es el entorno necesariamente externo de las actividades humanas, sin que importe el grado de instrumentalización de éstas. Pero este sentimiento es capcioso. Al socializarse, la naturaleza se ve implicada en la colonización del futuro y en las zonas de riesgo, en parte impredecibles, creadas por las instituciones modernas en todos los ámbitos sometidos a su imperio.

¿Cuál es el efecto del secuestro de la experiencia? En los capítulos siguientes me extenderé en el análisis de este problema; aquí son necesarias tan sólo unas pocas observaciones generales. Ese secuestro es la condición del establecimiento de amplias áreas de relativa seguridad en la vida cotidiana en condiciones de modernidad. Su efecto, que según hemos visto se ha de considerar en gran parte una consecuencia no pretendida del desarrollo de las instituciones modernas, es el de *reprimir un conjunto de componentes morales y existenciales básicos de la vida humana* que quedan, por así decirlo, relegados contra los bordes.

La represión institucional que significa el secuestro moral no es, sin embargo, una represión psicológica: no depende de la internalización de formas de conciencia cada vez más estrictas, tal como sugiere Freud. Al contrario, por decirlo una vez más, los mecanismos de vergüenza, ligados a la naturaleza «abierta» de la identidad del yo, acaban sustituyendo a los de culpa de manera hasta cierto punto sustancial.

El desarrollo de entornos relativamente seguros en la vida cotidiana tiene una importancia fundamental para mantener el sentimiento de seguridad ontológica. En otras palabras, la seguridad ontológica está mantenida, ante todo, por la misma rutina. Aunque en muchos sentidos la existencia diaria está más controlada y es más predecible en las condiciones sociales modernas que en la generalidad de las culturas premodernas, su marco de seguridad ontológica es frágil. La coraza protectora depende más y más de la coherencia de las rutinas mismas al estar ordenadas en el interior del proceso reflejo del yo. Amplias áreas de la vida diaria, ordenadas mediante sistemas abstractos, son seguras en el sentido weberiano de que proporcionan un medio de acción «calculable». Pero las mismas rutinas que dan esa seguridad carecen en su mayoría de sentido moral y pueden llegar a sentirse como prácticas «vacías» o, si no, acabar resultando abrumadoras. Cuando las rutinas sufren, por alguna razón, una quiebra radical o cuando alguien se dispone específicamente a lograr un mayor control reflejo sobre su propia identidad, es probable que se produzcan crisis existenciales. Un individuo puede sentirse particularmente despojado en momentos decisivos, pues es entonces cuando los dilemas morales y existenciales se presentan en forma apremiante. El individuo se enfrenta, por así decirlo, a un retorno de lo reprimido, pero probablemente carecerá de los recursos psíquicos y sociales que le permitan solucionar los problemas planteados.

Como ocurre en otros procesos del desarrollo social moderno, sería equivocado entender el secuestro de la experiencia como algo envolvente y homogéneo, pues no lo es. Posee una gran complejidad interna, revela contradicciones y permite posibilidades de reapropiación. El secuestro, insistamos, no es un fenómeno que se produzca de una vez por todas y no represente un conjunto de fronteras sin fricciones. El lugar de la opresión, sus características excluyentes, comportan normalmente connotaciones de diferenciación y desigualdad jerárquica. Las fronteras de la experiencia secuestrada son líneas de fractura, fuerzas cargadas de tensiones y débilmente controladas; o, continuando con las metáforas, son campos de batalla, a veces de carácter directamente social, pero a menudo situados dentro del terreno psicológico del yo.

Hay que considerar también los efectos de la experiencia mediada. El contacto con la muerte y las enfermedades graves puede ser exiguo, excepto en el caso de los profesionales especializados, pero en cuanto a experiencias mediadas es muy común. La literatura de ficción y los informes documentales abundan en materiales que retratan la violencia, la sexualidad y la muerte. La familiaridad con las circunstancias de tales actividades, a resultas de la gran influencia que ejercen los diversos tipos de medios, puede de hecho ser mayor que en las condiciones sociales premodernas. Muchas formas de arte popular son en esencia relatos morales en los que

ESQUEMA 3. *La experiencia secuestrada.*

La vida social diaria queda secuestrada de la:

Locura: expresión de rasgos de personalidad y comportamiento que afectan a experiencias «puestas entre paréntesis» por las actitudes ordinarias de seguridad ontológica.

Criminalidad: expresión de rasgos de personalidad y comportamiento que podrían representar formas «alternativas» a los intereses y compromisos rutinarios (es obvio que no todas las formas concretas de actividad criminal entran en esta categoría).

Enfermedad y muerte: puntos de conexión entre la vida social y los criterios externos relativos a la mortalidad y la finitud.

Sexualidad: erotismo como forma de conexión entre individuos y de la continuidad de generaciones.

Naturaleza: el medio natural, constituido independientemente de la actividad social humana.

se tejen narraciones y se ensambla un orden moral. Estos mundos de ficción sustituyen en cierto modo a los de la vida cotidiana. Sin embargo, a través del lenguaje y las imágenes mediatizadoras, los individuos tienen acceso a experiencias que llegan, en variedad y distancia, mucho más allá de cuanto podrían alcanzar si no se dieran tales mediaciones. Por tanto, la sensibilidad existencial no se atenúa y desvanece sin más; en cierta medida puede incluso enriquecerse cuando se abren nuevos campos de experiencia.

En conjunto, y a no dudar, lo que sucede con la experiencia mediada es que más que ayudar a superar el secuestro la experiencia lo acentúa. La fascinación del «realismo de ficción», como, por ejemplo, el de los seriales, expresa el interés por lecciones morales de la vida cotidiana que ya han perdido vigencia. Sin embargo, esa preocupación tiende a confirmar la separación entre la actividad diaria y las exterioridades donde en otro tiempo estuvieron insertas. Es probable que, allí donde los individuos se enfrentan a exigencias existenciales —como en los momentos decisivos— experimenten, junto con un choque, una inversión de la realidad. La inversión de la realidad puede ser, de hecho, con frecuencia una reacción funcional psicológica que alivia las angustias surgidas en esos momentos cruciales (es decir, un mecanismo neutralizador inconsciente).

El narcisismo y el yo

Sennett: narcisismo y trastornos del carácter

Los apartados anteriores suponen que el desarrollo del yo en la modernidad tardía se produce en condiciones de despojamiento moral. El proyecto del yo se revigoriza sobre el trasfondo del empobrecimiento moral al verse excluido de los tipos de experiencia fundamentales que relacionan las tareas de cada día e incluso la planificación de la vida a largo plazo con los problemas existenciales. No es de extrañar que en tales circunstancias el ámbito de las relaciones puras, recientemente constituido, pueda llegar a soportar cargas pesadas por su condición de área de experiencia que genera un entorno moralmente gratificante para el desarrollo de la vida individual. ¿Representa este fenómeno un encogimiento de la identidad del yo frente a un mundo exterior recalcitrante? Es indudable que algunos autores así lo han dado a entender y sus opiniones exigen una consideración detallada, dado su carácter influyente.

El yo de la sociedad moderna es frágil, quebradizo, fracturado, fragmentado; esta concepción es, probablemente, el punto de vista más descollante de los debates actuales acerca del yo y la modernidad. Algunos de esos análisis están vinculados teóricamente al postestructuralismo: el yo se contextualiza y dispersa al igual que el mundo social.[24] De hecho, para los actores que escriben a la ma-

24. Véase, por ejemplo, Michael R. WOOD y Louis A. ZURCHNER, *The Development of a Postmodern Self*, Nueva York, Greenwood, 1988.

nera postestructuralista, el yo deja efectivamente de existir: el único sujeto es un sujeto descentrado que encuentra su identidad en los fragmentos del lenguaje o el discurso. Un punto de vista igualmente influyente centra su atención en el narcisismo. Así, Sennett analiza la aparición de «trastornos de carácter narcisistas» en relación con su tesis sobre el final de la vida pública. Cuando los ámbitos de la actividad pública se reducen y las ciudades se componen de vías de comunicación más que de lugares de encuentro, el yo se ve obligado a asumir tareas que es incapaz de resolver con éxito.[25]

El narcisismo, dice Sennett, no debe confundirse con la idea vulgar de la admiración por uno mismo. En cuanto trastorno del carácter, el narcisismo es una preocupación por el yo que impide al individuo establecer límites válidos entre el yo y los mundos externos. El narcisismo relaciona los sucesos exteriores con las necesidades y deseos del yo, preguntándose sólo «qué significa eso para mí». El narcisismo supone una búsqueda constante de la identidad del yo, pero dicha búsqueda se frustra debido a que la averiguación inquieta del «quién soy», más que una indagación alcanzable es una expresión de obsesión narcisista. El narcisismo se opone a la entrega requerida para mantener relaciones íntimas, que impone restricciones a las posibilidades con que cuenta el individuo para reunir las muchas experiencias exigidas en la búsqueda de la realización del yo. El narcisismo trata el cuerpo como instrumento de gratificación sensual en vez de referir la sensualidad a la comunicación con los otros. Bajo el efecto del narcisismo, las relaciones íntimas, así como las vinculaciones más amplias con el mundo social, tienden a adquirir aspectos intrínsecamente destructivos. Los horizontes de la actividad personal parecen áridos y poco atrayentes a pesar, o más bien a causa, de una búsqueda constante de satisfacción. Al mismo tiempo tiende a desvanecerse cualquier sentimiento de dignidad personal o deber cívico. La autenticidad suplanta a la dignidad: la bondad de una acción reside en que sea auténtica en relación con los deseos del individuo y pueda mostrarse a los demás como tal.

La «muerte» del espacio público es, en opinión de Sennett, una

25. Richard SENNETT, *Fall of Public Man.*

razón de la omnipresencia del narcisismo. La gente busca en la vida personal lo que se le niega en el ámbito público. Los orígenes institucionales de esta situación se hallan en la decadencia de la autoridad tradicional y en la formación de una cultura secular, capitalista y urbana. El capitalismo crea consumidores con necesidades diversificadas (y cultivadas); la secularización tiene el efecto de reducir el sentido moral a la inmediatez de la sensación y la percepción. La «personalidad» sustituye a la antigua fe de la Ilustración en el «carácter» natural. La personalidad establece diferencias entre las personas y sugiere que su comportamiento es un indicio de su yo interior; en el terreno del desarrollo de la personalidad, lo que importa en la formación de la identidad del yo son los sentimientos más que el control racional de la acción. La introducción de la idea de personalidad en la vida social ayudó a preparar el terreno para el predominio del orden íntimo. Los lazos y compromisos sociales retroceden progresivamente en favor de una preocupación obsesiva y sin fin por la identidad social.

> En la actualidad, la experiencia impersonal parece un sinsentido y la complejidad social una amenaza incontrolable. En cambio, la experiencia que parece hablar del yo, que ayuda a definirlo, a desarrollarlo o a cambiarlo, se ha convertido en un asunto de abrumador interés. En una sociedad intimista, todos los fenómenos sociales se convierten en cuestiones de personalidad para poder tener sentido, sin que importe lo impersonal que sea su estructura.[26]

Lasch: la cultura del narcisismo

El tema del narcisismo en relación con el yo moderno ha sido investigado más a fondo por Christopher Lasch.[27] Lasch relaciona específicamente el fenómeno con la naturaleza apocalíptica de la vida social. Los riesgos mundiales se han convertido en un aspec-

26. *Ibíd.*, p. 219.
27. Christopher Lasch, *The Culture of Narcissism*, Londres, Abacus, 1980, y *The Minimal Self*, Londres, Picador, 1985.

to tan reconocible de las instituciones modernas que, en el plano de la conducta diaria, nadie piensa ya demasiado en cómo evitar los posibles desastres que amenazan al mundo. La mayoría los excluye de sus vidas y centra su actividad en «estrategias de supervivencia» privadas, prescindiendo de los supuestos de riesgo más amplios. Al abandonar la esperanza de controlar el entorno social más amplio, las personas se repliegan a sus preocupaciones puramente personales: la mejora de su cuerpo y su psiquismo. Lasch relaciona esta situación con un desvanecimiento de la historia, con una pérdida de continuidad histórica en el sentido del sentimiento de pertenecer a una serie de generaciones que se remontan hacia el pasado y se extienden hacia adelante en el futuro. Sobre este telón de fondo, las personas están hambrientas de seguridad psicológica y —algo inquietantemente inaprensible— de sensación de bienestar.

Lasch coincide con Sennett en que el narcisismo tiene tanto de odio como de admiración propia. El narcisismo es una defensa contra la cólera infantil, un intento de compensación del yo privilegiado mediante fantasías de omnipotencia. La personalidad narcisista tiene sólo una comprensión borrosa de las necesidades de los demás y en ella chocan entre sí sentimientos de grandiosidad y de vacío y falta de autenticidad. Al carecer de compromiso pleno con los otros, el narcisista depende de una constante inyección de admiración y aprobación para reforzar un sentimiento inseguro de su propia valía. El narcisista, según Lasch, es una persona

> continuamente molesta, que busca una intimidad instantánea (un estremecimiento emocional sin compromiso ni dependencia). El narcisista es promiscuo y a menudo también pansexual, dado que la fusión de impulsos pregenitales y edípicos al servicio de la agresión estimula la perversidad polimorfa. Las malas imágenes que ha internalizado hacen de él un individuo constantemente preocupado por su salud y, a su vez, la hipocondría le proporciona una especial afinidad para la psicoterapia y los grupos y movimientos psicoterapéuticos.[28]

28. Christopher Lasch, *Culture of Narcissism*, pp. 85-86.

Lejos de aliviar estos síntomas, el encuentro psicoterapéutico suele servirle meramente de ayuda para prolongarlos, pues en la terapia la persona se ve animada a convertirse en centro de reflexión e interés.

El capitalismo consumista, con sus intentos de normalizar el consumo y formar gustos mediante la publicidad, tiene un papel fundamental en el fomento del narcisismo. La idea de generar un público educado y entendido ha sucumbido hace mucho a la generalización del consumismo, que es una «sociedad dominada por las apariencias». El consumo se dirige a las cualidades alienadas de la vida social moderna y pretende ser su solución: promete las cosas mismas que desea el narcisista —atractivo, belleza y popularidad personal— mediante el consumo de los tipos de bienes y servicios «apropiados». De ahí que, en las condiciones sociales modernas, todos nosotros vivamos como si estuviéramos rodeados de espejos donde buscamos la apariencia de un yo sin tacha y socialmente valioso.

En el plano de las relaciones personales, Lasch cree advertir una nueva búsqueda de intimidad. Sin embargo, la intimidad resulta inalcanzable como consecuencia de las mismas circunstancias que llevan a los individuos a interesarse por lograrla. La incapacidad para interesarse seriamente por cualquier cosa que no sea apuntalar el yo convierte en empeño inútil la búsqueda de la intimidad. Los individuos piden de las relaciones íntimas con los demás una satisfacción emocional y una seguridad mucho mayores que las que nunca exigieron; por otra parte, cultivan un despego necesario para el mantenimiento de las defensas del ego narcisista. El narcisista se ve impulsado a plantear a amantes y amigos exigencias desconsideradas; al mismo tiempo rechaza la «entrega a los demás» que eso implica.

El declive de la familia patriarcal y, de hecho, de la familia en general, está íntimamente vinculado a la aparición del narcisismo. En lugar de la antigua «autoridad familiar» y de la autoridad de los dirigentes y sabios tradicionales, ha surgido el culto al experto. Los nuevos expertos son parte intrínseca de la cultura psicoterapéutica del narcisismo. Se ha producido un «nuevo paternalismo» en el que expertos de todo tipo atienden a las necesidades de la población no profesional. Muchas de las formas modernas de conocimiento especializado derivan de la satisfacción de necesidades auténticamente sentidas; los nuevos expertos han inventado en buena medida las mismas necesidades que pretenden satisfacer. La dependencia de los expertos se ha convertido en una forma de vida. Aquí volvemos a conectar estrechamente con el narcisismo, pues la personalidad narcisista se origina como defensa contra la dependencia infantil. En las sociedades modernas la dependencia se extiende a la mayoría de las áreas de la vida adulta, por lo que el narcisismo se intensifica como reacción ante los sentimientos de falta de poder así generados.

En obras publicadas posteriormente, Lasch ha elaborado y modificado en cierto modo su postura original. En ellas se acentúa el tema de la supervivencia en un mundo externo invasor y perturbador. La supervivencia, insiste Lasch, es la preocupación común de los individuos en la vida diaria y de redes sociales como los movimientos por la paz o los ecológicos. En la época contemporánea, la supervivencia se ha convertido en asunto de primordial importancia; sin embargo, la misma publicidad del problema, que se convierte casi en un asunto rutinario, provoca una respuesta aletargada en el plano individual. La dramatización de los riesgos a los que la humanidad se enfrenta en este momento es una tarea necesaria y algunas de las presiones y movimientos sociales que ha ayudado a impulsar constituyen nuestra mejor esperanza para el futuro; pero, no obstante, hablar continuamente del apocalipsis crea una mentalidad de asedio que, más que estimular, insensibiliza. Lasch ha pasado a calificar de «cultura de la supervivencia» lo que anteriormente denominaba «cultura del narcisismo». La vida moderna se modela cada vez más según las estrategias de los individuos, forzados a enfrentarse a situaciones de gran adversidad en las que sólo existe un «yo mínimo» separado defensivamente del mundo exterior. La apatía hacia el pasado, la renuncia al futuro y una determinación de vivir al día son un punto de vista que se ha hecho característico de la vida ordinaria en circunstancias dominadas por influencias sobre las que los individuos sienten que poseen poco o ningún control.

Observaciones críticas

Las opiniones de Sennett y Lasch han recibido la aprobación de algunos y las críticas de otros (Lasch, por su parte, critica también a Sennett). No intento esbozar aquí estos debates; me centraré tan sólo en ciertos aspectos relacionados directamente con los temas desarrollados hasta el momento en el presente estudio. Ya he expuesto mi desacuerdo con la idea de que el ámbito público, discernible en las fases tempranas de la modernidad, fue erradicada posteriormente dejando al individuo expuesto a un mundo social complejo y abrumador. En general se puede decir que la expansión de la esfera de lo público, unida a las posibilidades de que disponen los individuos para participar eficazmente en ella, ha aumentado con la maduración de las instituciones modernas, a pesar de estar cargada de dificultades y reveses. No se trata de un proceso de desarrollo lineal. La privacidad caracteriza extensas áreas de la vida urbana moderna a consecuencia de la disolución del lugar y la creciente movilidad. Por otra parte, las áreas urbanas modernas permiten el desarrollo de una vida pública cosmopolita como no era posible en comunidades más tradicionales.[29] En efecto, los ambientes urbanos modernos proporcionan a los individuos una gran variedad de oportunidades de encontrarse con otras personas con intereses parecidos y asociarse a ellas y ofrecen también más posibilidades de cultivar diversos intereses u ocupaciones en general.

Por lo que respecta a la vida «pública» en sentido amplio, debemos recordar que la masa de la población en el período moderno temprano gozó de pocos derechos de participación tanto en el mundo de la política como en el de la economía. En el contrato laboral del capitalismo clásico, el obrero sacrificaba todo control sobre su fuerza de trabajo al entrar por las puertas de la fábrica; el derecho a sindicarse y la importante ampliación de puestos de trabajo hizo posible el movimiento obrero, cuyo desarrollo necesitó un período de tiempo muy extenso. De forma similar fueron necesarios muchos años para lograr los derechos de participación polí-

29. *Cf.* Claude FISCHER, *To Dwell Among Friends*, Berkeley, University of California Press, 1982.

tica efectiva en el gobierno local y central. La movilización colectiva en otros ámbitos —por ejemplo, en relación con las múltiples organizaciones de ayuda propia actualmente existentes en la mayoría de las sociedades modernas— se produjo igualmente a lo largo de un prolongado período de tiempo y mediante una lucha activa. Como es natural, todo esto tiene su otra cara, que es en la que se centran Senett y Lasch: el crecimiento de grandes organizaciones burocráticas, que desarrollan poderes de arbitraje, y la influencia de la producción de bienes, que reduce el control individual sobre la vida cotidiana. Sin embargo, estas tendencias no se aceptan sin oposición y el «capitalismo burocrático» es internamente más fluido y contradictorio que lo que estos autores suponen.

En la obra de Lasch, y en las de muchos otros que han expuesto diagnósticos culturales bastante similares, podemos observar una consideración inadecuada del agente humano. En ellas el individuo aparece como alguien esencialmente pasivo respecto de las arrolladoras fuerzas sociales externas; se adopta, además, un punto de vista engañoso o falso de los nexos entre las circunstancias mínimas de acción y las influencias sociales más englobantes. Una atención apropiada a la acción en relación con la modernidad deberá cumplir tres requisitos. Habrá de reconocer que 1) en un plano muy general, los agentes humanos no aceptan nunca pasivamente las condiciones externas de la acción, sino que se reflejan de manera más o menos continua en ellas y las reconstruyen a la luz de sus circunstancias particulares; 2) en un plano colectivo y a la vez individual, sobre todo en condiciones de modernidad, existen numerosas zonas de apropiación colectiva como consecuencia de la creciente reflexividad de la vida social; 3) no es válido argumentar que, mientras las circunstancias mínimas de acción son maleables, los sistemas sociales más amplios constituyen un trasfondo incontrolado. Examinemos estos tres puntos un poco más en detalle.

Si no vemos que todos los agentes humanos se encuentran en una posición de apropiación respecto del mundo social que constituyen y reconstituyen en sus acciones, no lograremos captar empíricamente la naturaleza de la capacitación humana. La vida social moderna empobrece la acción individual, pero incrementa la apropiación de nuevas posibilidades; es alienadora, pero al mismo tiempo y de forma característica los seres humanos reaccionan contra las circunstancias sociales que consideran opresivas. Las instituciones de la modernidad tardía crean un mundo en el que se mezclan la oportunidad y el riesgo de consecuencias graves. Pero este mundo no constituye un entorno impermeable resistente a la intervención. Mientras los sistemas abstractos penetran profundamente en la vida cotidiana, las respuestas a tales sistemas conectan las actividades del individuo con relaciones sociales de extensión indefinida.

La reconstrucción de la vida diaria por medio de los sistemas abstractos promueve diversas formas de dependencia (o de confianza, por decirlo de manera menos provocadora). Al extenderse a todo el mundo, algunos de esos sistemas han generado influencias sociales que nadie controla plenamente y cuyos resultados son en parte impredecibles en concreto. Sin embargo, la expansión de los sistemas expertos permite, en muchos sentidos, posibilidades de reapropiación que van mucho más allá de las que estaban al alcance de culturas tradicionales.

A modo de ilustración podemos pensar en los cambios que se producen actualmente en las formas de vida familiar en relación con la aparición de las relaciones puras. La obra de Judith Stacey es una fuente de datos que lo prueban.[30] Según demuestra esta autora, al experimentar cómo se deshace la maraña de los modelos familiares tradicionales, con todas las amenazas y riesgos que esos cambios conllevan, los individuos están explorando activamente un territorio social nuevo y construyendo formas innovadoras de relación familiar. Las investigaciones de Stacey aparecen sobre el trasfondo de unas condiciones sociales perturbadoras y sometidas a rápidas transformaciones: las de Silicon Valley, en California. Su mismo estudio es altamente reflejo: los individuos tratados mantuvieron un diálogo constante con la autora; además, sus puntos de vista sobre el material de las propias entrevistas y sobre el texto mismo son parte fundamental del informe.

La obra de Stacey trata de dos redes extensas de parentesco entre personas de clase trabajadora que, según su expresión, «viven, aman, trabajan y se preocupan» en el Valley. Según señala la autora, el matrimonio moderno, a diferencia de su antecesor tradicio-

30. Judith Stacey, *Brave New Families*, Nueva York, Basic, 1990.

nal, depende de una entrega voluntaria y perdurable. El número de niños a los que se ha de cuidar son menos que antes y la división del trabajo entre hombres y mujeres fuera y dentro del hogar no es ya tan neta. El entorno social donde se forman y mantienen las relaciones maritales se preocupa e inquieta. El resultado es, sin duda, que muchos individuos se sientan acorralados y asediados. De las vidas de los individuos descritas en la obra de Stacey surge con bastante claridad un interés por la «supervivencia» diaria, tal como la describe Lasch. Pero, al mismo tiempo, es llamativamente evidente que esta actitud no fomenta necesariamente, o, podríamos quizá decir, de manera característica, una retirada al mundo trabado del yo.

Al contrario; Stacey muestra cómo los individuos reestructuran activamente nuevas formas de relaciones de género y parentesco al margen de los restos de las formas de vida familiar preestablecidas. Tales reestructuraciones no tienen sólo carácter local y, desde luego, no son triviales: lo que aquí anda en juego es en esencia un proceso masivo de reconstitución institucional encabezado por las personas afectadas. Se están creando «familias recombinantes», no organizadas ya en función de las divisiones preestablecidas de género; el divorcio, más que establecer un hiato entre los modos de existencia anteriores y futuros, se aplica como recurso para crear relaciones que reúnen a las parejas antiguas y nuevas, a hijos e hijastros, a amigos y otros parientes. El narcisismo no es un rasgo que emerja con claridad de estudios como los de Stacey, donde los individuos no parecen retirarse del mundo social exterior sino comprometerse decididamente con él.

Fijémonos un poco más de cerca en la caracterización de la «personalidad narcisista de nuestra época» trazada por Lasch. Los rasgos del «narcisismo patológico», dice Lasch, aparecen aguda «y profusamente en la vida cotidiana de nuestro tiempo».[31] El narcisismo es «la incorporación de imágenes grandiosas de objetos a modo de defensa contra la angustia y la culpa».[32] Sc trata de una formación reactiva desarrollada como medio de defensa contra los miedos al abandono. El narcisista no está dominado por una con-

31. Christopher LASCH, *Culture of Narcissism*, p. 74.
32. *Ibíd.*, p. 79.

ciencia rígida internalizada ni por la culpa; esta persona es más bien de «carácter caótico e impulsivo» y necesita la admiración de los demás, aunque se oponga a la intimidad. El narcisista padece «sentimientos generalizados de vacío y trastornos profundos en su autoestima». El narcisismo es una estrategia defensiva que, en opinión de Lasch, es adaptativa ante la naturaleza amenazante del mundo moderno. El narcisista excluye la relación tanto con el pasado como con el futuro y los «destruye» físicamente en respuesta a los peligros que presenta el mundo actual y al miedo de que «todo pueda acabarse».

Llama la atención que Lasch tenga tan poco que decir sobre uno de los principales elementos del narcisismo en su interpretación ordinaria: la relación entre el yo y el cuerpo. La historia de Narciso se refiere a la adoración por su propio aspecto y, en muchos análisis del narcisismo como rasgo o tipo de personalidad, la relación del individuo con su aspecto corporal se ha considerado acertadamente como un punto fundamental. El cultivo del cuerpo por la observación de una dieta, una forma de vestir, la apariencia del rostro y otros factores es una cualidad común de las actividades del estilo de vida en la vida social contemporánea. ¿Hasta qué punto estos intereses representan una forma de narcisismo? El análisis expuesto en este capítulo y en los anteriores nos proporciona la base para una respuesta. El cuerpo no puede ser ya objeto de simple «aceptación» ni ser alimentado y ornamentado según un ritual tradicional; se ha convertido en una parte central del proyecto reflejo de la identidad del yo. Así pues, el interés constante por el desarrollo corporal en relación con una cultura de riesgo es parte intrínseca del comportamiento social moderno. Según insistimos anteriormente, aunque el desarrollo del cuerpo se haya de efectuar a partir de una diversidad de opciones de estilo de vida, decidir entre varias alternativas no es en sí una opción sino un elemento inherente a la construcción de la identidad del yo. La planificación de la vida respecto al cuerpo no es, por tanto, necesariamente narcisista, sino una parte normal de los entornos sociales postradicionales. Al igual que otros aspectos de la reflexividad de la identidad del yo, la planificación del cuerpo es más a menudo un compromiso con el mundo exterior que una retirada de él a la defensiva.

El narcisismo debería considerarse en términos clínicos como una más de las patologías del cuerpo que la vida social moderna tiende en parte a fomentar. En cuanto deformación de la personalidad, el narcisismo tiene sus orígenes en un fracaso en el propósito de lograr la confianza básica. Esto es cierto, sobre todo, en aquellos casos en que el niño no logra reconocer satisfactoriamente la autonomía de su principal cuidador y es incapaz de separar claramente sus propios límites psíquicos. En estas circunstancias, los sentimientos omnipotentes de valoración propia alternarán probablemente con su contrario: una sensación de vacío y desesperación. Estos rasgos, llevados hasta la edad adulta, crean un tipo de individuo proclive a una dependencia neurótica de los demás, en especial por lo que respecta al mantenimiento de la autoestima, pero con insuficiente autonomía para comunicarse efectivamente con ellos. Una persona así será probablemente incapaz de considerar acertadamente los riesgos que suponen las circunstancias de la vida moderna. Es, pues, presumible que dependa del cultivo del atractivo corporal y, quizá, del encanto personal como medios para intentar controlar los azares de la vida. Continuando el análisis iniciado anteriormente, la dinámica fundamental del narcisismo podría ser más bien la vergüenza que la culpa. Los sentimientos alternantes de magnificencia y falta de valor a los que ha de enfrentarse el narcisista son en esencia respuesta a una frágil identidad del yo, susceptible de verse abrumada por la vergüenza.

Al evaluar el predominio del narcisismo en la modernidad tardía, habremos de tener mucho cuidado en separar el mundo de las imágenes mercantilizadas, al que Lasch alude a menudo, de las respuestas reales de los individuos. Según hemos observado, en el informe de Lasch las personas se muestran muy pasivas en sus reacciones (pasividad que, en este caso, se refiere a un mundo de imágenes publicitarias de atractivo superficial). La pasividad y la dependencia ante las instituciones del capitalismo consumista son, de hecho, algunos de los puntos en que Lasch más insiste. Sin embargo, aunque las imágenes comerciales son, a no dudar, muy poderosas, no es fácil que sean aceptadas de forma acrítica por las personas a las que se dirigen.

Usos de la psicoterapia

Para concluir, volvamos brevemente a la cuestión de la psicoterapia, juzgada por Lasch ante todo de manera desfavorable, como una forma de dependencia de los expertos, por más que el autor se sirva de la teoría psicoanalítica. Más que examinar directamente las opiniones de Lasch sobre esta cuestión, dirigiremos nuestra atención al punto de vista expuesto en los conocidos escritos de Philip Rieff, comparable en parte con las ideas de Lasch.[33] Rieff relaciona la aparición de la psicoterapia con la secularización y con lo que para él es una penuria moral generada por el debilitamiento de la religión tradicional. Lo que Rieff denomina «control terapéutico» interviene para preservar cierto nivel de «funcionamiento social adecuado» en situaciones en que la religión no proporciona ya orientaciones vinculantes. Antiguamente, cuando las personas se encontraban en la miseria, buscaban el solaz de la Iglesia; hoy en día se dirigen al psicoterapeuta más próximo. Mediante la terapia, una persona intenta llegar a ser «el yo sano en un mundo loco, la personalidad integrada en una época de fisión nuclear, la respuesta callada a explosiones ruidosas».[34] La psicoterapia intenta crear un individuo seguro de sí y pujante, carente de un sentimiento de lecciones superiores de moralidad; a cambio de una sensación modesta y duradera de bienestar, prescindirá de los grandes misterios de la vida. «Lo importante —dice Rieff— es seguir adelante.»[35]

En esta interpretación hay muchos elementos válidos, pero deberá revisarse sustancialmente. Ante todo, habremos de señalar que la psicoterapia no reproduce la «autoridad» de épocas anteriores, sobre todo la autoridad religiosa. No hay una versión autoritaria en psicoterapia. Cualquiera que inicie una terapia se encontrará, según ya señalamos, con una variedad casi inagotable de escuelas, prácticas y filosofías diversas, muchas de las cuales están

33. Philip Rieff, *The Triumph of the Therapeutic*, Harmondsworth, Penguin, 1966.

34. *Ibíd.*, p. 34.

35. *Ibíd.*, p. 35.

radicalmente reñidas entre sí. Si el psicoanálisis clásico parece tener un lugar destacado en los debates intelectuales sobre los modos de terapia, es más bien como tributo al genio de Freud que como signo de una aceptación general de que esta versión particular de la psicoterapia sea más legítima o eficaz que las demás. La terapia es, por tanto, más bien una expresión específica de dilemas y prácticas apropiadas a la modernidad reciente que un fenómeno de sustitución de formas sociales o morales más tradicionales.

¿Es la psicoterapia sólo un medio para ajustar a individuos insatisfechos a un entorno social defectuoso? ¿O es simplemente un sucedáneo menor en versión secularizada de compromisos más profundos alcanzables en situaciones premodernas? No negamos aquí que la terapia pueda ser indulgente y fomentar, quizá, una retirada narcisista. La mayoría de psicoterapias exigen tiempo y dinero; la terapia es en cierta medida una diversión culta de los privilegiados.

Pero también es mucho más que eso.[36] La terapia es un sistema experto profundamente implicado en el proyecto reflejo del yo: un fenómeno de la reflexividad de la modernidad. La psicoterapia, en forma de psicoanálisis, se ha desarrollado como medio para combatir patologías de la personalidad. Se constituyó recurriendo a una retórica de «enfermedad» y «curación» y las propiedades curativas de las diversas formas de psicoterapia —incluidas las del psicoanálisis clásico— siguen siendo objeto de agrios debates. Pero la importancia primordial de la terapia en las circunstancias de la modernidad tardía no reside aquí. La terapia debería entenderse y valorarse esencialmente como una metodología de la planificación de la vida. El «individuo capaz» de hoy en día no sólo ha desarrollado una comprensión de sí mismo sino que es capaz de armonizar sus intereses del momento y sus proyectos futuros con una herencia psicológica del pasado. La psicoterapia no es un mero

36. Dos análisis pertinentes que impugnan las interpretaciones de Lasch en relación con los Estados Unidos son las de Daniel YANKELOVICH, *New Rules: Searching for Self-fulfilment in a World Turned Upside Down*, Nueva York, Bantam, 1982; y Peter CLECAK, *America's Quest for the Ideal Self*, Oxford, Oxford University Press, 1983. Una acerada crítica a Lasch, en Dennis H. WRONG, «Bourgeois values, no bourgeoisie? The cultural criticism of Christopher Lasch», *Dissent*, verano 1979.

mecanismo de ajuste. En cuanto expresión de reflexividad generalizada muestra plenamente las dislocaciones e incertidumbres que surgen de la modernidad. Al mismo tiempo, participa en esa combinación de oportunidad y riesgo característica del orden de la modernidad tardía. Puede fomentar la dependencia y la pasividad; pero también puede dar lugar al compromiso y la reapropiación.

No obstante, los esfuerzos terapéuticos se realizan sobre el trasfondo del secuestro de la experiencia y los sistemas internamente referenciales de la modernidad. No es sorprendente que muchas de las psicoterapias —aunque no todas— se dirijan principalmente al control, pues interpretan el proyecto reflejo del yo únicamente en función de la autodeterminación, confirmando así y hasta acentuando la separación entre tiempo de vida y consideraciones morales extrínsecas.

6. Tribulaciones del yo

El yo de la modernidad reciente no es un yo mínimo, sino que la experiencia de extensos ámbitos de seguridad está atravesada, a veces de forma sutil y a veces de manera abiertamente turbadora, por fuentes de malestar generalizadas. Los sentimientos de inquietud, malos presagios y desesperación pueden combinarse en la experiencia individual con la fe en la seguridad de ciertas formas de marco social y técnico. Examinemos ahora, a la luz del análisis desarrollado hasta aquí, los orígenes de tales sentimientos.

Influencia del riesgo y la duda

La duda radical se infiltra en la mayoría de los aspectos de la vida cotidiana, al menos como fenómeno de fondo. Por lo que respecta a los actuantes legos en una determinada materia, su consecuencia más importante es la exigencia de mantener el rumbo entre las pretensiones opuestas de tipos rivales de sistemas abstractos. Pero esto genera probablemente problemas más difusos. La adhesión a una creencia bien perfilada —especialmente la que proponga un estilo de vida incluyente— puede aminorar esas angustias. Pero, incluso para los creyentes más fundamentalistas, será probablemente difícil eludir por completo la duda radical. Nadie puede hoy dejar de ser consciente de que vivir de acuerdo con los preceptos de una determinada fe es una posibilidad entre otras. No hay duda de que la verdadera ofensa moral que el «auténtico creyente» siente respecto de los no creyentes expresa a menudo una angustia subyacente más que un sentimiento de adhesión segura a la «causa».

La vida en una cultura secular de riesgo es constitutivamente incierta y los sentimientos de angustia pueden resultar especialmente acusados durante los episodios que tienen la calidad de lo fatal. Según hemos mencionado anteriormente, las dificultades de vivir en una cultura de riesgo no significan que la inseguridad en la vida diaria sea mayor que en épocas anteriores (incluso en condiciones de riesgo institucionalizado). Dichas dificultades atañen a angustias generadas por los mismos cálculos de riesgo, a las que se suma el problema de comprobar las contingencias «improbables», reduciendo así la planificación de la vida a dimensiones manejables. La coraza protectora tiene la función de «filtrar», pero, en relación con sucesos presentes y futuros, no existen límites fáciles de trazar entre una confianza «bien fundada» y otra menos segura; este hecho es inherente a la naturaleza de la confianza como fenómeno que «deja en suspenso». La manipulación de estos límites, deliberada y a menudo creativa, es una de las principales fuentes de inspiración de las formas de aceptación intencionada de riesgo. Pero, cuando esta frontera no puede aprovecharse para producir emociones fuertes y excitación, se convierte en foco de angustia.

La evaluación del riesgo es fundamental para la colonización del futuro; al mismo tiempo abre necesariamente el yo a lo desconocido. Hay algunos entornos de riesgo en que el elemento de riesgo puede calcularse con bastante precisión por lo que respecta al individuo que se encuentra en ellos. Pero incluso aquí, y aun suponiendo que el elemento de riesgo asociado a una actividad o estrategia particulares sea pequeño, al reconocer la existencia del riesgo el individuo se ve forzado a aceptar que cualquier situación dada podría ser uno de esos casos en que las «cosas van mal». Como regla general, esto no será inquietante si la persona interesada posee sentimientos bien asentados de confianza básica. Pero, si su sentimiento de confianza básica es frágil, la misma previsión de un riesgo pequeño, sobre todo en relación con un objetivo altamente estimado, puede resultar intolerable.

Hay, además, muchos casos en que la situación de riesgo no puede evaluarse plenamente y otras en que los expertos competentes están en desacuerdo quizá radicalmente sobre los riesgos de ciertas líneas de acción. Las dificultades de vivir en una cultura secular de riesgo se acentúan por la importancia de las elecciones de estilo de vida. Una persona puede refugiarse en un estilo de vida tradicional o preestablecido como medio para reducir las angustias que, en caso contrario, la asediarían. Pero, por razones ya expuestas, la seguridad que proporciona semejante estrategia será probablemente limitada, pues el individuo no puede menos de ser consciente de que tal opción es sólo una posibilidad entre muchas.

La conciencia de riesgos con consecuencias graves es probablemente fuente de angustias inespecíficas para muchas personas. La confianza básica es, una vez más, un elemento determinante en lo relativo a si un individuo se verá o no acosado de forma activa y recurrente por dichas angustias. Nadie puede demostrar que no sea «racional» preocuparse constantemente por la posibilidad de una catástrofe ecológica, una guerra nuclear o la destrucción de la humanidad por calamidades no previstas hasta el momento. Sin embargo, las personas que se pasan la vida preocupadas por tales posibilidades no se consideran «normales». Si la mayoría deja en suspenso dichas posibilidades y continúa con sus actividades de cada día, se debe en parte, a no dudar, al hecho de que consideran muy reducido el elemento de riesgo real que eso supone. Pero su actitud se debe también a que los riesgos en cuestión se atribuyen al destino (un aspecto de la reaparición de la *fortuna* en la modernidad tardía). Una determinada persona puede alejar de su mente esas eventualidades y suponer que las cosas saldrán bien o que, al menos, si ocurren catástrofes mundiales de uno u otro tipo serán otros los más afectados; de no ser así, esa persona confiará quizá en que los gobiernos y otros organismos resuelvan con eficacia las amenazas que se presenten.

El apocalipsis se ha convertido en una trivialidad, en una serie de parámetros de riesgo estadístico que amenazan la existencia de todos. En cierto sentido, cualquiera de nosotros tiene que vivir con estos riesgos, aunque hagamos esfuerzos decididos por ayudar a combatir los peligros que implican (uniéndonos, por ejemplo, a grupos de presión o movimientos sociales). Pero ningún esfuerzo por obviar tales riesgos podrá superar por completo las angustias de fondo provocadas por un mundo que podría literalmente destruirse a sí mismo. El motivo de la «supervivencia», descrito por Lasch, vincula esas angustias generalizadas al planteamiento de vida que los individuos llevan a cabo en ámbitos más reducidos de su actividad. La satisfacción que produce a una persona ser un «superviviente» se refiere ante todo a la superación de las dificultades de la carrera de la vida reflejamente organizada; pero seguramente está también impregnada de un sentimiento más general de angustia por la supervivencia colectiva en un mundo de riesgos de consecuencias graves. Hay muchos datos que indican que los miedos inconscientes ante un «final de todo» son predominantes en muchos sectores de la población y aparecen con especial claridad en las fantasías y sueños de los niños.[1]

Seguridad ontológica, angustia y experiencia secuestrada

Ciertos procesos de cambio generados por la modernidad están intrínsecamente ligados a influencias universalizadoras y nos inquieta el mero sentimiento de encontrarnos en medio de un oleaje masivo de transformaciones mundiales.[2] Más importante es el hecho de que ese cambio sea además intensivo: alcanza cada vez más al mismo fondo de la actividad individual y la constitución del yo. Sin embargo, al contrario de las líneas generales propuestas en el análisis de Lasch, nadie puede defender fácilmente una «vida local» segura apartada de los sistemas y organizaciones sociales más amplias. Para conseguir controlar los cambios respecto al estilo de vida se requiere comprometerse con el mundo social exterior más que retirarse de él.

La comprensión de la naturaleza destructora de la modernidad supone un gran avance en la explicación de por qué, en condiciones de modernidad reciente, la crisis es una situación normalizada. Se ha escrito mucho sobre este asunto y no es muy necesario que lo resumamos aquí. El término «crisis» evoca un trastorno o amenaza de trastorno importante en un estado de cosas dado (el significado original de la palabra, que proviene del ámbito médico, se refería a una fase de una enfermedad en la que la vida estaba amenazada).[3] Sin embargo, en las condiciones sociales modernas, las

1. *Cf.* Dorothy ROWE, *Living with the Bomb*, Londres Routledge, 1985; Robert Jay LIFTON y Richard FALK, *Indefensible Weapons*, Nueva York, Basic, 1982.

2. Arnold GEHLEN, *Man in the Age of Technology*, Nueva York, Columbia University Press, 1980.

3. *Cf.* Jürgen HABERMAS, *Legitimation Crisis*, Londres, Heinemann, 1976.

crisis son más o menos endémicas, tanto en el plano individual como en el colectivo. Se trata hasta cierto punto de un efecto retórico: en un sistema expuesto a cambios continuos y profundos, aparecen muchas circunstancias que se pueden considerar «crisis» en sentido amplio. Pero no *sólo* es retórico. La modernidad es intrínsecamente propensa a las crisis en muchos planos. Siempre que una actividad referida a metas importantes de la vida de un individuo o una colectividad se muestra de pronto inadecuada, se produce una «crisis». En este sentido, la crisis se convierte en un componente «normal» de la vida pero, por definición, no puede transformarse en rutina.

En algunos casos debería bastar cierto hastío resignado para salir adelante psicológicamente en medio de la ubicuidad de las crisis (actitud que, a su vez, sólo es posible bajo la égida de una idea de destino). Pero muchas situaciones de crisis, incluso las que actúan a gran distancia del individuo, no pueden ser abordadas fácilmente de este modo, pues tienen implicaciones para las circunstancias de su vida. Una persona puede, por ejemplo, leer informaciones sobre la recurrencia de las crisis políticas y desdeñar, quizá, la capacidad de los dirigentes para contenerlas. Pero muchas de esas crisis afectan directamente las actividades y posibilidades de dicha persona, como en los casos en que son causa de trastornos económicos, aumento del desempleo o dificultades en el mercado inmobiliario. La proclividad de la modernidad tardía a la crisis tiene, pues, consecuencias inquietantes en dos sentidos: alienta un clima general de inseguridad que resulta preocupante para el individuo, sin que importe a qué zonas retiradas de su mente intente relegarlo, y expone inevitablemente a todos a una diversidad de situaciones de crisis de mayor o menor importancia que podrán afectar a veces al núcleo mismo de la identidad del yo.

El secuestro de la experiencia sirve —aunque con unos costos considerables— para refrenar muchas formas de angustia que, de lo contrario, amenazarían la seguridad ontológica. Las cuestiones y dudas existenciales suscitan algunas de las angustias más básicas que los seres humanos pueden encarar. En buena medida, y en condiciones de modernidad, tales cuestiones no tendrán por qué afrontarse de forma directa; más que tratarse en el interior de la personalidad del individuo están institucionalmente «relegadas».

Por lo que respecta al control de la angustia, esta situación tiene implicaciones paradójicas. Por un lado, en circunstancias ordinarias, el individuo está relativamente protegido de resultados que, de lo contrario, podrían plantear por sí mismos cuestiones inquietantes. Por otro, siempre que se den momentos decisivos o se produzcan otros tipos de crisis personales, el sentimiento de seguridad ontológica se verá probablemente sometido a una inmediata tensión.

En el terreno psicológico, existen relaciones estrechas entre el secuestro de la experiencia, la confianza y la búsqueda de intimidad. Los sistemas abstractos ayudan a fomentar la seguridad cotidiana, pero la confianza puesta en tales sistemas trae consigo, según he recalcado anteriormente, pocas recompensas psicológicas para el individuo; esa confianza deja en suspenso el desconocimiento pero no proporciona las satisfacciones morales que puede ofrecer la confianza en las personas.

El secuestro de la experiencia genera un control aparente de las circunstancias de la vida y se asociará probablemente a formas permanentes de tensión psicológica. En efecto, los problemas existenciales afectan a aspectos fundamentales de la vida de cualquiera; la represión institucional no puede ser completa en absoluto. Podemos ver aquí un sólido fundamento del desasosiego emocional, sobre todo si lo consideramos en combinación con el trasfondo de los riesgos de consecuencias graves. La pérdida de puntos de referencia sólidos derivada del desarrollo de los sistemas internamente referenciales crea una intranquilidad moral que los individuos nunca pueden superar del todo.

La relación pura: tensiones y presiones

En el proyecto reflejo del yo, la crónica de la identidad propia es constitutivamente frágil. La tarea de forjar una identidad distinta puede proporcionar ventajas psicológicas claras, pero también es evidentemente una carga. La identidad del yo se ha de crear y reordenar más o menos de continuo sobre el trasfondo de las experiencias cambiantes de la vida diaria y de las tendencias fragmentadoras de las instituciones modernas. Además, el mantenimiento de dicha crónica afecta directamente al cuerpo y al yo y en cierta medida ayuda a construirlos.

Estas tensiones tienen un efecto directo en la esfera de la vida personal. Las relaciones puras, como otros muchos aspectos de la modernidad reciente, tienen un doble filo. Ofrecen la oportunidad de desarrollar la confianza basada en compromisos voluntarios y una intimidad intensificada. Esta confianza es estabilizadora desde el punto de vista psicológico, allí donde se logre y sea relativamente segura, debido a los fuertes vínculos entre la confianza básica y la fiabilidad de las personas de los cuidadores. La importancia de esos vínculos es muy considerable, pues abarcan sentimientos de seguridad en el mundo de los objetos y en la esfera de las relaciones personales en cuanto tales. La relación pura es un entorno fundamental para la construcción del proyecto reflejo del yo, pues permite y, al mismo tiempo exige, la comprensión organizada y continua de uno mismo, como medio para asegurar un nexo duradero con el otro. Evidentemente, muchas de las relaciones reales existen y resisten allí donde se da poca simetría y donde cada una de las personas está dominada por ciertos rasgos de la otra que superficialmente la repelen (codependencia). Sin embargo, las tendencias a la simetría en la relación pura son algo más que un mero ideal: por su misma naturaleza le son en buena medida inherentes.

La aparición de la psicoterapia está íntimamente ligada al surgimiento de la relación pura, aunque no sólo, ni siquiera en primer lugar, porque el trabajo terapéutico sea capaz de ayudar a sanar el daño psicológico que tales relaciones pueden causar. La importancia primordial de la terapia expresa el hecho de que cuanto más dominantes sean las relaciones puras, tanto más crucial resultará una comprensión profunda que permita a la persona sentirse «bien» consigo misma, pues el autodominio es la condición de ese proceso de apertura por el que se generan la esperanza (compromiso) y la confianza en aquellas relaciones.

Sin embargo, las relaciones puras y los nexos de intimidad en que se ven comprometidas generan cargas enormes para la integridad del yo. Una relación se activa moralmente sólo por la «autenticidad» en la medida en que carece de referentes externos: la persona auténtica es aquella que se conoce a sí misma y es capaz de revelar al otro ese conocimiento de manera discursiva y en el terreno de su comportamiento. Mantener una relación auténtica con otro puede ser una fuente importante de apoyo moral, debido en buena parte, una vez más, a su posible integración en la confianza básica. Pero, despojada de criterios morales externos, la relación pura es vulnerable como causa de seguridad en momentos decisivos y en otras importantes encrucijadas de la vida.

Por otro lado, la relación pura implica tensiones y hasta contradicciones internas. Por definición es una relación social que puede concluir a voluntad y sólo se sostiene en la medida en que genera suficientes recompensas psíquicas para cada uno de los individuos. Por una parte, exige una entrega no sólo al otro sino también a la misma relación social: también esto forma parte intrínseca de la relación pura. Por otra, la relación puede interrumpirse voluntariamente y ambas partes reconocen que es buena sólo «hasta nuevo aviso». La posibilidad de disolución, aplicada quizá voluntariamente por el individuo en cuestión, forma parte del horizonte mismo del compromiso. No es sorprendente que el enfado, la cólera y los sentimientos depresivos se agiten en medio de las relaciones puras y, en determinadas circunstancias, la intimidad pueda ser psíquicamente más perturbadora que gratificante.

«Vivir en el mundo»: dilemas del yo

En condiciones de modernidad tardía, vivimos «en el mundo» en un sentido distinto a como se hacía en épocas anteriores de la historia. Todos seguimos llevando una vida local y las exigencias que impone el cuerpo hacen que todo individuo se halle en cualquier momento contextualmente situado en el tiempo y el espacio. Sin embargo, las transformaciones del lugar y la intervención de la distancia en las actividades locales, junto con la importancia fundamental de la experiencia mediada, cambian radicalmente lo que es en realidad «el mundo». Esto es así tanto en el plano del «mundo fenoménico» del individuo como en el universo general de actividad social en cuyo seno se realiza la vida social colectiva. Aunque todos llevamos una vida local, los mundos fenoménicos son en su mayoría verdaderamente mundiales.

Es difícil caracterizar los mundos fenoménicos del individuo, sobre todo en términos abstractos. Toda persona reacciona selectivamente ante las diversas fuentes de experiencia directa y mediada que componen el *Umwelt*. Una cosa que podemos decir con alguna certeza es que el mundo fenoménico sólo coincide en muy pocos casos con los ambientes habituales por donde se mueve físicamente un individuo. Las localizaciones están atravesadas de parte a parte por influencias distantes, tanto si se considera este hecho como motivo de interés como si se acepta simplemente como parte rutinaria de la vida social. Cualquier individuo incorpora selectivamente a su conducta diaria muchos elementos de la experiencia mediada y lo hace de forma activa, aunque no siempre consciente. En estos casos no se trata nunca de un proceso aleatorio o pasivo, al contrario de lo que podía hacer suponer la imagen del efecto *collage*. Un periódico, por ejemplo, presenta un *collage* de información, como lo hace, a escala mayor, todo el conjunto de periódicos que pueden estar a la venta en una zona o en un país concreto. Sin embargo, cada lector impone a esta diversidad su propio orden al seleccionar qué periódico lee —si lee alguno— y al proceder a una selección activa de sus contenidos.

La apropiación de información mediada se atiene en cierta medida a unos hábitos preestablecidos y obedece al principio de evitar la disonancia cognitiva. O lo que es igual: la plétora de información disponible se reduce por medio de actitudes rutinarias que excluyen o reinterpretan el conocimiento potencialmente perturbador. Desde un punto de vista negativo, esta cerrazón podría considerarse un prejuicio, el rechazo a mantener seriamente opiniones e ideas divergentes de las que ya sostiene un determinado individuo; sin embargo, desde otro ángulo, el hecho de evitar las disonancias forma parte de la coraza protectora que ayuda a mantener la seguridad ontológica. El contacto habitual con la información mediada, propio de la vida cotidiana en la actualidad, supone una apropiación ventajosa incluso para la persona con más prejuicios y de mente más estrecha; es un modo de interpretar la información en las rutinas de la vida cotidiana. Naturalmente, existen muchas variantes en función de la apertura de un determinado individuo a formas de conocimiento nuevas y de hasta qué punto es capaz de tolerar ciertos niveles de discordancia. Pero todos los mundos fenoménicos son logros activos y se atienen a la misma psicodinámica básica, desde las formas de vida más locales a las más cosmopolitas.

«Vivir en el mundo», en un mundo que es el de la modernidad tardía, implica diversas tensiones y dificultades específicas en el yo. Podremos analizarlas más fácilmente si las entendemos como dilemas que han de resolverse, en uno u otro plano, a fin de preservar una crónica coherente de la identidad del yo.

Unificación frente a fragmentación

El primer dilema es el de *unificación* frente a *fragmentación.* La modernidad fragmenta; pero también une. Desde el individuo hasta el conjunto de los sistemas planetarios, las tendencias que llevan a la dispersión compiten con las que fomentan la integración. En lo referente al yo, el problema de la unificación afecta a la protección y reconstrucción de la crónica de la identidad del yo frente a los cambios masivos en intensidad y extensión causados por la modernidad. En la mayoría de las situaciones de la premodernidad, la fragmentación de la experiencia no fue una fuente primordial de angustia. Las relaciones de confianza estaban localizadas y centradas por los lazos personales, aunque faltara en general la intimidad en el sentido moderno del término. Sin embargo, en el orden postradicional se presenta una serie indefinida de posibilidades no sólo en cuanto a las opciones de comportamiento sino también en lo referente a la «apertura del mundo» al individuo. El «mundo», como hemos señalado antes, no es un ordenamiento de tiempo y espacio sin solución de continuidad que se extienda a partir del individuo, sino que irrumpe haciéndose presente a través de una multitud de diversos canales y fuentes.

Sería, sin embargo, un error ver el mundo de «ahí afuera» como una realidad alienadora y opresiva en la medida de la magnitud de escala de los sistemas sociales o de su especial distanciamiento del individuo. Esos fenómenos pueden servir a menudo para ejercer influencias unificadoras; sus efectos sobre el yo no son sólo fragmentadores. Los sucesos distantes tienen tantas o más posibilidades de resultar familiares e integrarse en los marcos de la experiencia personal que las influencias próximas. Las situaciones «al alcance de la mano» pueden ser de hecho más opacas que los acontecimientos a gran escala que afectan a muchos millones de personas. Veamos algunos ejemplos. Una persona puede estar hablando por teléfono con otra a veinte mil kilómetros de distancia y sentirse más ligado a las respuestas de ese individuo distante durante toda la conversación que a las de otros que se encontraran en la misma habitación. La apariencia, personalidad e ideas políticas de un dirigente mundial pueden ser mejor conocidas para un individuo que las del vecino de vivienda. Una persona puede estar más familirizada con el problema del recalentamiento global de la atmósfera que con el grito de la fregadera de su cocina. Los fenómenos a gran escala o distantes no son tampoco por necesidad factores que se hallen sólo de manera vaga «en el trasfondo» de la disposición o identidad psicológica de un individuo. El interés por el recalentamiento global puede formar, por ejemplo, parte de un estilo de vida específico adoptado por una persona, aunque no sea un ecologista activo. Así, dicha persona podría seguir muy de cerca los debates científicos y acomodar diversos aspectos de su estilo de vida a las medidas prácticas que en ellos se sugieran.

La fragmentación tiende a verse claramente estimulada por las influencias que han resaltado Berger y otros: la diversificación de las circunstancias de la interacción. En muchas situaciones modernas los individuos se ven envueltos en una diversidad de encuentros y entornos, cada uno de los cuales puede exigir diferentes formas de conducta «apropiada». Se suele considerar a Goffman teorizador por excelencia de este fenómeno. Cuando un individuo deja un encuentro e inicia otro, acomoda sensiblemente la «presentación de su yo» en función de lo que se requiera en cada situación concreta. Se piensa comúnmente que esta interpretación implica en el individuo tantos yoes como contextos divergentes de interacción, opinión que se asemeja en algo a las interpretaciones postestructuralistas del yo, si bien desde una perspectiva teórica diferente. Sin embargo, una vez más, no sería acertado creer que la diversidad de circunstancias estimula simple e inevitablemente la fragmentación del yo, por no hablar de su desintegración en múltiples «yoes»; también puede favorecer, al menos en muchas circunstancias, una integración. La situación es más bien similar a la que se da entre la vida rural y urbana, según hemos visto anteriormente. Una persona puede aprovecharse de la diversidad para crear una identidad propia específica que incorpore de manera favorable elementos de diferentes ámbitos en una crónica integrada. Así, un cosmopolita es aquel que saca fuerzas precisamente de encontrarse como en su casa en una multiplicidad de ambientes.[4]

El dilema de unificación frente a fragmentación tiene sus patologías propias, como los demás que mencionaremos más adelante. Por un lado hay el tipo de persona que construye su identidad en función de un conjunto de compromisos fijos que actúan como filtro mediante el cual se interpretan diferentes entornos sociales o se reacciona ante ellos. Una persona así será un tradicionalista rígido, en sentido compulsivo, y rechazará cualquier relativización de las circunstancias. Por otro lado, en el caso de un yo que se diluye en las abigarradas circunstancias de la acción, encontramos la respuesta adaptativa que Erich Fromm ha caracterizado como «conformidad autoritaria». Fromm lo expresa con las siguientes palabras:

> El individuo deja de ser él mismo y adopta enteramente el tipo de personalidad que le proponen las pautas culturales; se convierte, por tanto, en una réplica exacta de lo que son los otros y de lo que éstos esperan que sea [...] Este mecanismo puede compararse al colorido mimético protector de algunos animales; su aspecto es tan parecido a su entorno que apenas se distingue de él.[5]

Podría decirse que en tales circunstancias el falso yo se impone a los actos originales de pensar, sentir y querer que representan los motivos verdaderos del individuo y los ocultan por completo. Lo que queda del yo verdadero se siente vacío y falto de autenticidad; sin embargo, este vacío no puede llenarse con «seudoyoes» que el individuo pone en acción en circunstancias diversas, pues el origen de éstos es tanto la incitación de las respuestas dadas por los otros como las convicciones íntimas de la persona. En tal situación la se-

4. *Cf.* Claude S. FISCHER, *The Urban Experience*, Nueva York, Harcourt Brace Jovanovich, 1984.

5. Eric FROMM, *The Fear of Freedom*, Londres, Routledge, 1960, p. 160.

guridad ontológica tiene una base tan débil como en el caso del tradicionalista rígido. El individuo sólo se siente psicológicamente seguro en la identidad de su yo en la medida en que otros consideran su comportamiento apropiado o razonable.

Impotencia frente a apropiación

Un segundo dilema es el de *impotencia* frente a *apropiación*. Si hay un tema que aúne a casi todos los autores que han escrito sobre el yo en la sociedad moderna es el de la afirmación de que, ante un universo social diverso y de gran alcance, el individuo experimenta sentimientos de impotencia. A diferencia del mundo tradicional donde, supuestamente, el individuo controlaba en esencia muchas de las influencias que configuraban su vida, en las sociedades modernas ese control ha pasado a manos de instancias externas. El concepto de alienación, tal como lo definió Marx, ha servido de punto central de análisis en este asunto. A medida que las fuerzas de producción se desarrollan, sobre todo bajo la égida de la producción capitalista, el individuo entrega el control de las circunstancias de su vida a las influencias dominantes de máquinas y mercados. Lo que en origen es humano, se hace ajeno; los poderes humanos se sienten como fuerzas emanadas de un entorno social objetivado. Esta opinión no la han expresado sólo los seguidores de Marx, sino que se encuentra también, en forma algo diversa, en las obras de los teóricos de la «sociedad de masas». Según esta hipótesis, a medida que se expanden los sistemas sociales modernos el individuo particular se va sintiendo despojado de toda autonomía. Cada uno de nosotros es, por así decirlo, un simple átomo en una vasta aglomeración de otros individuos.

Las ideas que he intentado desarrollar en este libro difieren específicamente de tal opinión. En muchas circunstancias premodernas, los individuos —y la humanidad en conjunto— tuvieron menos poder que en las situaciones modernas. Lo normal era que las personas vivieran en grupos y comunidades pequeñas; pero pequeñez no equivale a poder. En muchas situaciones de grupos reducidos los individuos eran relativamente impotentes para modificar las circunstancias sociales de su entorno o escapar de ellas. La influencia de la tradición, por ejemplo, solía ser más o menos inalterable. Existen muchos otros casos ilustrativos. Los sistemas de parentesco premodernos, por ejemplo, eran a menudo muy rígidos y daban al individuo poco campo para actuar de manera independiente. No resulta muy difícil creer en la validez de una generalización según la cual, con el advenimiento de las instituciones modernas, la mayoría de las personas es o se siente más impotente que en épocas anteriores.

Es un hecho innegable que la modernidad despoja. El distanciamiento espaciotemporal y la pérdida de destrezas generada por los sistemas abstractos son las dos influencias más importantes. Aunque la distancia y la pérdida de poder no vayan inevitablemente juntas, la aparición de nexos universales representa, a una con los riesgos de consecuencias graves, parámetros de la vida social sobre los que el individuo situado tiene relativamente poco control. Análogamente, los procesos de despojamiento son parte integrante de la maduración de las instituciones modernas y alcanzan no sólo al terreno de la vida cotidiana sino al corazón del yo.

No obstante, si entendemos tales procesos dialécticamente y si vemos que la mundialización produce un cambio no sólo extensional sino también intensional, emergerá un cuadro complejo. No podemos decir que todas las formas de despojamiento ofrezcan necesariamente posibilidades de reapropiación, al menos en la conducta individual. Muchos de los procesos alterados por desenclavamiento o reorganizados a la luz de la intromisión de los sistemas abstractos se hallan fuera del alcance del actuante situado. Por lo demás, otros procesos hacen posibles ciertas formas de dominio de las circunstancias de la vida, inasequibles en situaciones premodernas.

La impotencia y la reapropiación se entrelazan de múltiples maneras en distintas circunstancias y en momentos diversos; dado el dinamismo de la modernidad, las relaciones entre ellos son poco estables. Un individuo que confíe en los demás, o en un sistema abstracto determinado, reconocerá normalmente por eso mismo que carece de poder para influir significativamente en ellos. Ahora bien, la confianza puesta en ellos puede generar también capacidades nuevas. Pensemos en el ejemplo del dinero. Para utilizarlo, el individuo debe tomar parte en sistemas de intercambio económico, en la actividad bancaria e inversora, etc., sobre los que tiene poco control directo. Por otro lado, este proceso pone a disposición del individuo —con tal de que cuente con recursos suficientes— una diversidad de oportunidades que, en otro caso, no existirían.

La experiencia de la impotencia, considerada como fenómeno psíquico, se refiere, naturalmente, a los objetivos, proyectos o aspiraciones mantenidas por el individuo, así como a la composición del mundo fenoménico. La impotencia experimentada en una relación personal puede ser psicológicamente más dañina y tener mayores consecuencias que la sentida en relación con sistemas sociales más englobantes. Es evidente que tales sentimientos pueden entremezclarse mutuamente de varios modos. Las angustias difusas sobre los riesgos de consecuencias graves pueden contribuir, por ejemplo, de manera general a que un individuo se sienta impotente en situaciones más locales. Y viceversa, ciertos sentimientos de impotencia personal pueden difundirse «hacia arriba» hasta afectar a intereses más universales. Parece razonable postular que este tipo de nexos constituyen probablemente el fundamento de una mentalidad de «supervivencia». Un «superviviente» es alguien que se siente sin un dominio social adecuado en una serie de entornos personales y sociales amenazantes. Sin embargo, una visión supervivencialista implica connotaciones tanto de apropiación como de impotencia. No se puede decir que quien se centre en sobrevivir en sus relaciones personales y en otras esferas de la vida haya abandonado toda autonomía sobre las circunstancias de su propia vida. Aunque sólo sea en un sentido un tanto negativo, el individuo busca siempre de forma clara un dominio activo: sobrevivir es ser capaz de resistir de alguna manera a las pruebas a que nos somete la vida y superarlas.

El dilema entre impotencia y apropiación tiene también sus propias patologías. Cuando un individuo se siente abrumado por un sentimiento de impotencia en los ámbitos principales de su mundo fenoménico, podemos hablar de un proceso de *hundimiento*. El individuo se siente dominado por las fuerzas que le invaden desde fuera y a las que es incapaz de oponerse o trascender. La situación le llevará a sentirse o bien perseguido por fuerzas implacables que le despojan de toda autonomía de acción, o bien presa de un torbellino de sucesos en el que gira impotente. En el polo opuesto del dilema impotencia/apropiación se encuentra la *omnipotencia*. Al igual que todas las patologías de la personalidad, se trata de un estado de fantasía. El individuo adquiere un sentimiento de seguridad ontológica mediante fantasías de dominio: tiene la sensación de que el mundo fenoménico está orquestado por él, que actúa como el maestro de un guiñol. Al ser una defensa, la omnipotencia es quebradiza y a menudo enlaza psicológicamente con el otro polo de la pareja impotencia/apropiación; en otras palabras, al verse sometido a presión puede disolverse en su contrario, el hundimiento.

Autoridad frente a incertidumbre

Un *tercer* dilema es el de *autoridad* frente a *incertidumbre*. En condiciones de modernidad reciente, en muchas áreas de la vida social —incluido el ámbito del yo— no existen autoridades determinantes. Los demandantes de autoridad son multitud (muchos más de los que había en las culturas premodernas). La tradición era en sí misma una fuente primordial de autoridad que no se localizaba en ninguna institución en particular, sino que impregnaba muchos aspectos de la vida social. Por más difusa que fuera, la tradición era, en un sentido importante, una autoridad única. Aunque en las grandes culturas premodernas pudieron haberse producido conflictos entre tradiciones rivales, las opiniones y formas de actuación tradicionales excluían en su mayoría otras alternativas. Incluso allí donde existían tradiciones enfrentadas, el compromiso con un marco tradicional tenía normalmente carácter exclusivo y, por tanto, los demás eran rechazados.

Cuando hablamos de instituciones específicas de autoridad, la religión ocupa, obviamente, un lugar destacado. En prácticamente todas las pequeñas culturas premodernas había sólo un ordenamiento religioso (aunque tales culturas hayan contado con su parte correspondiente de escépticos y quienes se apartaban de la ortodoxia religiosa disponían de magos y brujos). Sin embargo, estas alternativas difícilmente conseguían contrarrestar el amplio alcance autoritario del sistema religioso dominante. En sociedades tradicionales de mayor envergadura, donde los ordenamientos religiosos estaban más diversificados, había poco pluralismo en sentido moderno: la ortodoxia se oponía a una multiplicidad de herejías. La comunidad local y el sistema de parentesco eran otras tantas fuentes de autoridad estabilizadora, de importancia directa para el mantenimiento de las relaciones de confianza en ámbitos tradicionales. Ambos eran el origen de «doctrinas vinculantes» y formas de conducta dotadas de una fuerte compulsión normativa.

Por más profundo que fuera, el sometimiento a las autoridades tradicionales no eliminaba la incertidumbre de la vida cotidiana en las culturas tradicionales. La fuerza de las formas premodernas de autoridad podría interpretarse casi como una respuesta a la impredecibilidad misma de la vida diaria y a las numerosas influencias que, según se pensaba, caían fuera del control humano. Las autoridades religiosas, en particular, solían alimentar el sentimiento de que los individuos estaban rodeados de amenazas y peligros (pues sólo los clérigos se hallaban en condiciones de entender o conseguir con éxito su control). La autoridad religiosa creaba misterios y al mismo tiempo pretendía tener un acceso privilegiado a ellos.[6]

En la época moderna sigue habiendo algunas formas de autoridad tradicional, incluida, por supuesto, la religión. De hecho, por razones relacionadas precisamente con los vínculos entre modernidad y duda, la religión no sólo se niega a desaparecer sino que experimenta un resurgimiento. Sin embargo, existe una diferencia fundamental con el pasado. Las formas de autoridad tradicional han pasado a ser tan sólo «autoridades» entre otras, entre una indefinida pluralidad de saberes especializados. El experto o especialista es muy diferente de la «autoridad», entendiendo este término en su sentido tradicional. Fuera de los casos en que la autoridad es sancionada por el uso de la fuerza (las «autoridades» del Estado y la autoridad legal), acaba siendo un equivalente del consejo especializado. No hay autoridades que cubran los diversos campos en los que se pide un conocimiento experto (con lo que volvemos a decir una vez más que en los sistemas modernos todas las personas son legas en prácticamente todos los aspectos de la actividad

6. W. Warren Wagar, *Terminal Visions*, Bloomington, University of Indiana Press, 1982.

social). En esta situación la autoridad no es ya una alternativa de la duda. Al contrario, los modos de conocimiento experto están alimentados por el principio mismo de la duda; al evaluar las pretensiones de las autoridades rivales entre sí, el individuo no experto tiende a utilizar ese principio con la actitud escéptica que las circunstancias pluralistas presuponen casi inevitablemente.

Como es natural, la vida cotidiana no se suele experimentar como una «duda» perenne. La reorganización de la vida diaria por medio de sistemas abstractos crea muchas formas rutinarias de actividad con un nivel de predecibilidad más alto que el de la mayoría de situaciones en las culturas premodernas. La coraza protectora amortigua para la mayoría de las personas y casi en todo momento el choque con la experiencia de la duda radical que constituiría un serio desafío para las rutinas de la actividad cotidiana y para las ambiciones de mayor alcance. El dilema de autoridad frente a duda se resuelve de ordinario mediante una combinación de rutina y entrega a cierta forma de estilo de vida y dando confianza a un determinado conjunto de sistemas abstractos. Sin embargo, este «paquete de compromisos» puede comenzar a desintegrarse si se ve sometido a presiones.

Algunos individuos encuentran psicológicamente difícil o imposible aceptar la existencia de diversas autoridades en mutuo conflicto. Piensan que la libertad de elegir es una carga y buscan consuelo en sistemas de autoridad más amplios. La tendencia patológica en este extremo es una predilección por el *autoritarismo dogmático*. Una persona que se halle en tal situación no es necesariamente un tradicionalista, pero renuncia sustancialmente a sus facultades de juicio crítico a cambio de las convicciones que le proporciona una autoridad cuyas reglas y condiciones cubren la mayoría de aspectos de su vida. Deberíamos distinguir esta actitud de la fe, incluso de la fe en códigos religiosos fundamentalistas. En efecto, la fe se basa casi por definición en la confianza. Sin embargo, refugiarse en una autoridad dominante es esencialmente un acto de sumisión. El individuo no necesita ya, por así decirlo, comprometerse en la problemática apuesta que supone toda confianza. En vez de ello, se identifica con una autoridad dominante en función de una proyección. La psicología del liderazgo tiene aquí una gran importancia. La sumisión a la autoridad adopta normalmente la forma de adhesión servil a la figura de la autoridad, que se considera omnisciente.

En el polo opuesto encontramos estados patológicos en que los individuos quedan prácticamente inmovilizados por una tendencia a la duda universal. En sus versiones más agudas, esta actitud toma la forma de paranoia o de una parálisis de la voluntad tan total que el individuo se retira efectiva y completamente de las relaciones sociales ordinarias.

Experiencia personalizada frente a experiencia mercantilizada

Un cuarto dilema es el que enfrenta la experiencia *personalizada* a la *mercantilizada*. La modernidad da apertura al proyecto del yo pero en condiciones fuertemente influidas por los efectos normalizadores del capitalismo mercantilista. En este libro no he intentado investigar de forma pormenorizada el impacto de la producción capitalista en la vida social moderna. Baste con afirmar que el capitalismo es uno de los principales aspectos de la modernidad y que el proceso de acumulación capitalista representa una de las principales fuerzas impulsoras que se hallan tras el conjunto de las instituciones modernas. El capitalismo mercantiliza en varios sentidos. La creación de la mercancía abstracta es quizá, como señalaba Marx, el elemento básico de la expansión del capitalismo en cuanto sistema general de producción. El valor de cambio se crea sólo cuando los valores de uso resultan irrelevantes para los mecanismos por los que se lleva a cabo la producción, venta y distribución de bienes y servicios. El valor de cambio permite así el desenclave de las relaciones económicas a lo largo de determinados intervalos espaciotemporales.

La mercantilización afecta además de manera decisiva a la fuerza de trabajo: de hecho, la fuerza de trabajo en cuanto tal sólo comienza a existir cuando se separa del «trabajo» en general como mercancía. Finalmente, la mercantilización afecta directamente a los procesos de consumo, sobre todo con la maduración del orden capitalista. El establecimiento de modos de consumo estandarizados, fomentados por la publicidad y otros métodos, es fundamental para el crecimiento económico. La mercantilización influye en todos estos sentidos en el proyecto del yo y en la implantación de estilos de vida.

Podemos detallar el impacto de la mercantilización de la manera siguiente. El mercado capitalista, con sus «imperativos» de expansión continua, ataca a la tradición. La difusión del capitalismo coloca en manos de los mercados de productos y de trabajo amplios sectores de la reproducción social (aunque no todos). Los mercados operan sin tener en cuenta las formas preestablecidas de conducta, que en su mayoría constituyen obstáculos para la creación de un intercambio sin trabas. En el período de la modernidad reciente, la empresa capitalista procura configurar el consumo de forma creciente y monopolizar, además, las condiciones de la producción. Los mercados estimularon desde el primer momento el individualismo, haciendo hincapié en los derechos y responsabilidades individuales, pero al principio este fenómeno afectó principalmente a la libertad de contrato y a la movilidad intrínseca que caracteriza al empleo en el capitalismo. Luego, sin embargo, el individualismo se extendió a la esfera del consumo, pues para la continuidad del sistema es fundamental determinar los deseos del individuo. La libertad de elección individual, dirigida por el mercado, se convierte en un marco envolvente de expresión individual del yo.

Estos procesos se compendian en la corrupción misma de la noción de «estilo de vida», introducida reflejamente en la esfera de la publicidad. Los profesionales de la publicidad se guían por clasificaciones sociológicas de categorías de consumidores y al mismo tiempo favorecen la formación de «paquetes» de consumo. El proyecto del yo se transfiere, en mayor o menor grado, al de la posesión de los bienes deseados y a la búsqueda de estilos de vida artificialmente enmarcados. Se han señalado a menudo las consecuencias de esta situación. El consumo constante de nuevos bienes se convierte en cierto modo en un sucedáneo del desarrollo auténtico del yo; la apariencia reemplaza a la esencia cuando los signos visibles de un consumo oportuno consiguen superar de hecho los valores de uso de los bienes y servicios en cuestión. Baumann lo expresa acertadamente:

> Las necesidades individuales de autonomía personal, definición propia, vida auténtica o perfección de la persona se

> transforman en necesidad de poseer y consumir bienes ofrecidos por el mercado. Esta transformación afecta a la apariencia del valor de uso de tales bienes más que al valor de uso en sí mismo; en cuanto tal, dicha apariencia es intrínsecamente inadecuada y, en definitiva, contraproducente, pues conduce a una mitigación momentánea de los deseos y a una frustración permanente de las necesidades... El foso entre las necesidades humanas y los deseos individuales está producido por el dominio del mercado; este foso es, al mismo tiempo, una condición de su reproducción. El mercado se alimenta de la infelicidad que genera: los miedos, angustias y sufrimientos de la inadecuación personal inducida por él suscitan la conducta del consumidor, indispensable para su continuidad.[7]

La mercantilización es en cierto modo aún más insidiosa de lo que sugiere esta caracterización, pues el mismo proyecto del yo en cuanto tal puede quedar fuertemente mercantilizado. No sólo los estilos de vida, sino la realización del yo, quedan empaquetados y distribuidos según criterios de mercado. Los libros de ayuda propia, como *Self Therapy*, se encuentran en una posición precaria frente a la producción mercantilizada de la realizacion del yo. Tales libros se apartan de alguna manera del consumo estandarizado y empaquetado. No obstante, en la medida en que se venden como teoremas previamente elaborados para dar respuesta a la pregunta de cómo «salir adelante» en la vida, acaban cayendo en el mismo proceso al que nominalmente se oponen.

Debe quedar claro que la mercantilización del consumo, como otros fenómenos analizados anteriormente, no consiste sólo en un reordenamiento de las pautas de conducta o ámbitos de vida previos. El consumo, bajo la denominación de mercados de masas, es más bien un fenómeno nuevo en esencia que participa directamente de los procesos de remodelación continua de las condiciones de la vida diaria. La experiencia mediada interviene aquí de manera fundamental. Los medios de comunicación de masas presentan constantemente modos de vida a los que, según se supone, todos

7. Zygmunt BAUMAN, *Legislators and Interpreters*, Cambridge, Polity, 1989, p. 189.

deben aspirar; los estilos de vida de la clase pudiente se exponen, de una manera u otra, a la vista y se retratan como dignos de emulación. Sin embargo, aún es más importante y sutil el impacto de la información transmitida por los medios. Aquí no se trata de sugerir necesariamente un estilo de vida al que se debe aspirar; en vez de ello, se exponen crónicas por cuyas características consiguen crear una coherencia narrativa con la que el lector o espectador puede identificarse.

No hay duda de que los seriales y otras formas de espectáculos ofrecidos por los medios de comunicación son fórmulas de escape (sucedáneos de la auténtica satisfacción inalcanzable en condiciones sociales normales). No obstante, aun es quizá de mayor importancia la misma forma narrativa que presentan y que sugiere modelos para la construcción de la crónica del yo. Los seriales mezclan lo predecible y lo contingente mediante fórmulas que, al ser bien conocidas por los oyentes, provocan un ligero trastorno pero al mismo tiempo dan seguridad. Ofrecen una combinación de contingencia, reflexividad y destino. Lo que importa es más la forma que el contenido; en estas historias se tiene la sensación de un control sobre las circunstancias de la vida, un sentimiento de narración coherente compensa de manera tranquilizadora las dificultades que supone mantener la crónica del yo en las condiciones sociales actuales.

Sin embargo, la mercantilización no consigue triunfar sin oposición ni en el plano individual ni en el colectivo. Hasta la más oprimida de las personas —y quizá sobre todo los más oprimidos— reacciona creativa e interpretativamente ante los procesos de mercantilización que afectan a su vida. Esto es cierto tanto en el terreno de la experiencia mediada como en la del consumo directo. La respuesta a la experiencia mediada no puede evaluarse meramente en función del contenido de lo que se disemina; los individuos discriminan activamente entre diversos tipos de información disponible, los interpretan, además, desde su propio punto de vista. Incluso los niños evalúan los programas de televisión en función de su grado de realismo y se dan cuenta de que algunos son plenamente ficticios, lo que les lleva a tratar los programas con escepticismo, burla o humor.[8] El hecho de que la mercantilización

8. Robert Hodge y David Tripp, *Children and Television*, Cambridge, Polity,

no triunfe siempre en el terreno de lo colectivo es también importante en el terreno de la experiencia individual. El espacio, por ejemplo, se mercantiliza como consecuencia fundamental de los procesos de desenclave. Sin embargo, no se comercializa ni se somete del todo a los efectos normalizadores de la producción de mercancías. Muchos aspectos de la arquitectura que nos rodea, así como de otras formas espaciales, se reafirman distanciándose de la mercantilización (gracias a la intervención activa de determinados agentes). La mercantilización es una fuerza que impulsa a la aparición de sistemas referenciales internos; pero, según estudiaremos en la siguiente sección, los anclajes externos en la experiencia estética y moral se niegan a desaparecer del todo.

Deberemos entender los procesos de individuación sobre este complicado trasfondo. El proyecto reflejo del yo es por necesidad, en cierto modo, una lucha contra las influencias mercantilizadoras, aunque no todos los aspectos de la transformación en mercancía le sean hostiles. Un sistema de mercado genera, casi por definición, una diversidad de elecciones disponibles en el consumo de bienes y servicios. La pluralidad de elección forma parte, en cierto modo sustancial, del resultado mismo de los procesos de mercantilización. Pero transformación en mercancía no es lo mismo que estandarización. Allí donde aparecen los mercados de masas, los productores están claramente interesados en conseguir el consumo a gran escala de productos relativamente tipificados. Pero la tipificación puede convertirse muchas veces en una manera de crear cualidades individuales (como en el ejemplo del vestido, anteriormente citado). La ropa producida en masa permite aún a los individuos decidir selectivamente sobre estilos de vestir, por más que la influencia tipificadora de la moda y de otras fuerzas afecte a esas decisiones individuales.

Un tipo principal de patología del comportamiento relacionado con las influencias de la mercantilización es el narcisismo (la tesis de Lasch es válida en este punto, aunque excesivamente genérica). Naturalmente, el narcisismo surge también de otras fuentes, espe-

---

1989, p. 189. *Cf.* también John FISKE, *Understanding Popular Culture*, Londres, Unwin Hyman, 1989.

cialmente como fenómeno profundo del desarrollo de la personalidad. Pero los rasgos del carácter narcisista resaltarán, probablemente, en la medida en que la mercantilización fomente la apariencia, en el ámbito del consumismo, como árbitro primordial de valor y considere el desarrollo del yo en función sobre todo de su exhibición. El desarrollo del yo depende siempre del dominio de las respuestas apropiadas a los otros; un individuo que deba ser «diferente» de todos los demás no tiene posibilidades de desarrollar reflejamente un identidad coherente de su yo. Una individuación excesiva está emparentada con ideas de grandeza. El individuo es incapaz de descubrir una identidad propia suficientemente «discreta» como para adaptarse a las expectativas de los otros en su medio social.

ESQUEMA 4. *Dilemas del yo.*

Unificación frente a fragmentación: el proyecto reflejo del yo se apropia de numerosos acontecimientos y formas contextuales de experiencia mediada que le permiten trazar un rumbo.

Impotencia frente a apropiación: las opciones de estilo de vida que la modernidad pone a nuestra disposición ofrecen posibilidades de apropiación, pero generan también sentimientos de impotencia.

Autoridad frente a incertidumbre: en circunstancias en que ya no existen autoridades últimas, el proyecto reflejo del yo debe abrirse camino entre la entrega y la incertidumbre.

Experiencia personalizada frente a experiencia mercantilizada: la crónica del yo debe construirse en circunstancias en que la apropiación personal está sometida a influencias tipificadas que afectan al consumo.

Una dinámica de fondo: la amenaza de la falta de sentido

Si el análisis expuesto hasta aquí es correcto, el encuentro con los dilemas anteriormente mencionados en el contexto del proyecto reflejo del yo tiene lugar sobre el trasfondo del predomino de los sistemas internamente referenciales. En otras palabras, el proyecto reflejo del yo se ha de acometer en circunstancias que limitan el compromiso personal con algunas de las cuestiones fundamentales que la existencia humana nos plantea a todos nosotros. Se sigue de ello que el proyecto del yo se ha de llevar a cabo de manera refleja en un medio social técnicamente competente pero moralmente yermo. En el fondo de la mayoría de los procesos globales de planificación de vida —y de cada uno de los diversos dilemas mencionados anteriormente— acecha la amenaza de la *falta de sentido personal.*

El mejor punto de partida para entender por qué esto es así es la omnipresencia de los sistemas abstractos. La vida cotidiana es más previsible de lo que lo fue en circunstancias premodernas. La previsibilidad se expresa no sólo en la creación de entornos sociales estables, sino en la continua reflexividad por la que los individuos organizan sus propias relaciones en función del mundo social más amplio. La amenaza de falta de sentido personal se mantiene habitualmente a raya porque las actividades rutinarias, en combinación con la confianza básica, sustentan la seguridad ontológica. Las cuestiones existenciales capaces de provocar inquietud son desarmadas por la naturaleza controlada de las actividades cotidianas en el seno de sistemas internamente referenciales.

En otras palabras, el control sustituye a la moralidad; la capacidad para controlar las circunstancias de la propia vida, colonizar el futuro con cierto grado de éxito y vivir entre los límites impuestos por los parámetros de los sistemas internamente referenciales puede permitir en muchos casos que el marco social y natural de las cosas parezca un fundamento seguro para las actividades de la vida. La misma psicoterapia, como forma ejemplar del proyecto reflejo del yo, puede convertirse en un fenómeno de control (un sistema internamente referencial en sí mismo). La confianza básica es un elemento necesario para mantener una sensación de sentido en las actividades personales y sociales en el seno de esos marcos. La confianza básica, en cuanto actitud dada por supuesta ante un mundo considerado «correcto y adecuado», aquieta los sentimientos de temor que de lo contrario podrían salir a la luz. Sin embargo, como hemos explicado anteriormente, esta actitud es frágil si sólo está controlada por sistemas internamente referenciales. De hecho, podríamos decir que cuanto más abierto y general sea el proyecto reflejo del yo, en la medida en que se despoja progresivamente de fragmentos de la tradición, tanto más probable es un retorno de lo reprimido en el corazón mismo de las instituciones modernas.

El retorno de lo reprimido

¿Cuáles son las circunstancias o formas sociales en que se produce el retorno de lo reprimido? Como condiciones de importancia primordial podemos enumerar las siguientes:

1. *En los momentos decisivos* los individuos pueden verse forzados a encarar compromisos que la uniformidad del trabajo y los sistemas abstractos reflejamente ordenados suelen mantener lejos de la conciencia. Los momentos decisivos perturban necesariamente las rutinas, a menudo de manera radical, y hacen que el individuo se vea obligado a repensar aspectos fundamentales de su existencia y proyectos futuros. Muchas veces los momentos decisivos podrán quizá tratarse dentro de los límites de los sistemas internamente referenciales. Pero en un número no menor de casos plantean dificultades a la persona y con bastante frecuencia a otros relacionados estrechamente con ella, a quienes obligan a aceptar consideraciones externas. El concepto de momento decisivo es, por supuesto, una categoría amplia. Pero muchos de esos momentos no sólo dejan al individuo escaso de recursos sino que, además, no es fácil afrontarlos sin apelar a criterios morales/existenciales. En los momentos decisivos le es difícil al individuo continuar pensando puramente en términos de circunstancia de riesgo o confiar a medidas técnicas la valoración de los posibles procedimientos de acción.

La mayoría de los principales puntos críticos de la vida son momentos en que se retiran del juego los criterios externos. El nacimiento y la muerte son las dos transiciones más importantes entre la vida orgánica y la inorgánica cuyas profundas implicaciones existenciales es difícil no tener en cuenta. Los sistemas institucionalizados excluyen en ambos casos tales experiencias y sus correspondientes implicaciones para los demás. En las culturas premodernas, el nacimiento de un niño y la muerte eran acontecimientos que, por supuesto, no era fácil que se mostraran a la vista de toda la comunidad. Pero, por lo general, tenían lugar en ámbitos de grupo o familiares y estaban íntimamente integrados en las prácticas tradicionales y las interpretaciones cósmicas del paso de generaciones. Hoy en día, ambos conjuntos de sucesos tienden a ocurrir en el medio excluyente del hospital y son tratados como fenómenos aparte, sin conexión específica ni con el ciclo de las generaciones ni con asuntos morales más amplios concernientes a la relación entre los seres humanos y la naturaleza inorgánica. De los dos fenómenos, la muerte tiende a ocultarse lo más posible, quizá porque es la que más peligros encierra para el retorno de los criterios externos. En efecto, el nacimiento es un proceso de ingreso en la vida y puede tratarse técnicamente como tal. El proceso de morir, en cambio, no puede verse más que como el inicio de la pérdida del control: la muerte es ininteligible justamente por ser el punto cero en el que deja de existir el control.

Es así cómo debemos entender el resurgir de una literatura dedicada a hacer del fenómeno de la muerte un tema para un análisis público más amplio.[9] Existen diversas manifestaciones institucionales de esta tendencia: una es el desarrollo de asilos como entornos donde la muerte puede analizarse y encararse, en vez de ser meramente apartada de la vista del público. Se ha señalado con frecuencia que en las sociedades modernas hay una relativa escasez de *ritos de paso* para las transiciones fundamentales, incluidos el comienzo y el fin de la vida. La mayoría de tales análisis hacen hincapié en que sin un ritual ordenado y un compromiso colectivo, los individuos carecen de posibilidades estructuradas para solucionar las tensiones y angustias que comportan. Los ritos comunita-

9. *Cf.* sobre todo Norbert ELIAS, *The Loneliness of the Dying.*

rios proporcionan un foco de solidaridad de grupo en los pasajes más importantes al tiempo que atribuyen tareas definidas a los afectados (concretando, por ejemplo, períodos fijos de luto o formas de comportamiento asociadas a ellos).

Esta tesis podría muy bien ser válida. Sin embargo, con las formas rituales tradicionales se ha perdido algo más profundo. Los *ritos de paso* ponen a las personas interesadas en contacto con fuerzas cósmicas más amplias que relacionan la vida del individuo con asuntos existenciales más incluyentes. El ritual tradicional, así como las creencias religiosas, ligaban la acción individual con marcos morales y cuestiones elementales relativas a la existencia humana. La pérdida del ritual es también la pérdida de un compromiso con tales marcos, al margen de la ambigüedad presente en la experiencia de los mismos y por muy vinculados que estuvieran al discurso tradicional religioso. Fuera de los círculos estrictamente teológicos, el debate sobre la muerte se ha convertido en buena parte para nosotros en una preocupación por la enfermedad. Por ejemplo, en el caso del Sida, lo preocupante no es que la enfermedad, o más bien sus consecuencias, sea mortal, sino que acabe con la vida de gentes relativamente jóvenes y en el terreno de la actividad sexual. La muerte es sólo un «problema» cuando se trata de una muerte prematura (cuando una persona no ha llegado a vivir lo que, dando por descontados determinados riesgos, puede hacer pensar una estadística de esperanza de vida).

2. Podemos detectar un regreso de lo reprimido en los esfuerzos por promover la excarcelación en diferentes terrenos. Los orígenes de las tendencias a la excarcelación son, sin duda, complejos. Así, por ejemplo, los intentos de establecer prisiones abiertas o rehabilitar a los presidiarios en el seno de la comunidad, así como de tratar a los enfermos mentales mediante la atención comunitaria, han estado inspirados en parte por motivos económicos. Pero un factor importante en estos cambios ha sido también la creencia reformista de que es un error moral separar a los miembros «desviados» de la sociedad de los miembros «normales». Desde un punto de vista superficial, la excarcelación parece ser una simple «normalización» del descarriado, la manera de poner al culpable en contacto más estrecho con las personas corrientes. Pero también puede ser lo contrario: un medio para estimular a los indi-

viduos «normales» a hacer frente a las cuestiones potencialmente perturbadoras planteadas por quienes no logran acomodarse a las normas fundamentales que rigen la vida social.

Según han señalado muchos autores, el contacto con los enfermos mentales se solía considerar en las culturas tradicionales una forma de acceso a una experiencia espiritual e incluso a la verdad divina. En la actualidad ese contacto es difícilmente capaz de volver a generar tales sentimientos. Por otro lado, la enfermedad mental, sobre todo los diversos tipos de esquizofrenia, nos recuerdan la fragilidad de las convenciones cotidianas que ordenan tanto la realidad social como los parámetros básicos de la existencia, en sentido más general. El esquizofrénico paranoico puede inducirnos, por ejemplo, a reflexionar por qué no vemos malevolencia en la mirada que nos dirige otra persona o en un choque accidental entre dos cuerpos en la calle. La persona que «oye voces» no tiene por qué estar en comunicación con Dios pero, no obstante, puede hacernos pensar de nuevo en nuestra propia «normalidad»: quizá haya aspectos de nuestras ideas sobre la existencia (fundadas en la confianza básica) que damos por supuestos y que podemos someter a cuestionamiento.

Foucault argüía que la locura representa todo aquello que está excluido del triunfo de la razón moderna; pero no es necesaria una opinión tan elevada de la insania para ver que la enfermedad mental nos revela aspectos reprimidos de nuestra existencia. Posiblemente Goffman está más en lo cierto que Foucault al hablar de la enfermedad mental; según él, representa una incapacidad o una falta de voluntad para acomodarse a algunas de las «propiedades situacionales» más básicas que supone la interacción de cada día. Una mirada al «otro lado» de lo cotidiano deja al descubierto su carácter contingente y hasta arbitrario. Los enfermos mentales, o ciertos grupos de ellos, viven realmente al margen de las amenazas que, según revelan los «experimentos con la confianza» de Garfinkel, son eliminadas por las convenciones constitutivas de la interacción social diaria.

3. Podemos rastrear el retorno de lo reprimido en el corazón mismo del comportamiento sexual. La pasión se ha privatizado; pero sus implicaciones y ecos están muy lejos de ser privados. La sexualidad se ha convertido en un elemento principal del afán de

intimidad, pero trata problemas y estimula sentimientos que no se reducen a una relación personal entre dos seres humanos. Las personas suelen encontrar actualmente la máxima satisfacción moral de su vida en las relaciones sexuales íntimas. Desde otra perspectiva, este fenómeno puede considerarse una reducción de los propósitos morales y la conciencia existencial a una esfera puramente personal, en correspondencia con el proceso general de secuestro de la experiencia. Pero, al mismo tiempo, la sexualidad irrumpe más allá de esos límites y suele ser, quizá con bastante frecuencia, el medio por el que se redescubren algunas de las connotaciones más profundas de la pasión. La sexualidad se ha separado de la procreación y, por tanto, de los procesos cósmicos de la vida y la muerte. Sin embargo, sigue manteniendo una carga moral y una significación generalizable que la aparta de los intereses egoístas de la pareja; no se puede disociar por entero de ese sentimiento de compromiso moral y tragedia potencial a los que se solía asociar el amor sexual antes de que apareciera el interés romántico.[10] Las verdaderas preocupaciones del discurso moderno sobre la sexualidad, de las que habla Foucault, significan en cierta medida un reconocimiento de esas relaciones. La sexualidad repudia y al mismo tiempo sustancia el compromiso de la vida humana con ciertas condiciones y experiencias moralmente trascendentes.

Según señala Alberoni, la experiencia del enamoramiento —más que la de los encuentros sexuales pasajeros— compendia este fenómeno. El enamoramiento es, a diferencia de la mayoría de las formas de la sexualidad, una sensación intensa, exultante y propiamente «extraordinaria». «En estos tiempos la sexualidad se ha convertido en el medio por el que la vida explora las fronteras de lo posible, los horizontes de lo imaginario y de la naturaleza.»[11]

4. Podemos rastrear también un retorno de lo reprimido en el rebrote de una preocupación por la reconstitución de la tradición como medio para hacer frente a las exigencias cambiantes de las condiciones modernas y sociales. Evidentemente, en muchos sectores de la vida moderna los elementos tradicionales perviven,

10. Niklas LUHMANN, *Love as Passion*, caps. XIII, XIV.

11. Francesco ALBERONI, *Falling in Love*, Nueva York, Random House, 1983, p. 13.

aunque suelen estar fragmentados y su autoridad sobre el comportamiento es parcial. Además, algunos de los rasgos «tradicionales» de la vida social moderna son de hecho invenciones que datan del primer período de la modernidad.[12] Más que lazos con un pasado histórico profundamente sedimentados, son formas de delimitar y representar las tendencias modernas.

Hoy en día vemos una clara tendencia a intentar restablecer tradiciones desvanecidas o a instituir, incluso, otras nuevas. Como dijimos en el capítulo anterior, existen serias dudas sobre la posibilidad efectiva de recrear una tradición en las condiciones de la modernidad reciente. La tradición pierde su sentido a medida que la reflexividad, unida a los sistemas modernos, penetra en el corazón de la vida diaria. La institución de «tradiciones nuevas» es una clara contradicción en los términos. Sin embargo, una vez dicho esto, la vuelta a las fuentes de la fijeza moral en la vida cotidiana, frente a la opinión «siempre revisable» del progresismo moderno, es un fenómeno de cierta importancia. Más que una regresión hacia un «rechazo romántico» de la modernidad, puede indicar un movimiento incipiente más allá de un mundo dominado por sistemas internamente referenciales.

5. Como fenómeno independiente, en parte, del punto anterior, podemos mencionar el resurgir de la fe y las convicciones religiosas. Los símbolos y prácticas religiosas no son sólo restos del pasado; en las sociedades modernas parece haberse extendido bastante un resurgimiento de los intereses religiosos o, más en general, espirituales. ¿A qué se debe esto? A fin de cuentas, todos y cada uno de los principales iniciadores de la teoría social moderna, Marx, Durkheim y Max Weber, creían que la religión desaparecería progresivamente con la expansión de las instituciones modernas. Durkheim afirmaba que en la religión hay «algo eterno», pero ese «algo» no era religión en el sentido tradicional del término: ciertos símbolos de unidad colectiva perviven de manera más secular como exaltaciones de ideales políticos.

La religión no sólo no ha desaparecido. En torno a nosotros observamos la creación de nuevas formas de sensibilidad religiosa

12. Eric HOBSBAWM y Terence RANGER, *The Invention of Tradition*, Cambridge, Cambridge University Press, 1983.

y afanes espirituales. Las razones de ello guardan relación con rasgos absolutamente fundamentales de la modernidad tardía. Lo que debía convertirse en un universo social y físico sometido a un conocimiento y control cada vez más certeros crea, en cambio, un sistema en el que zonas de relativa seguridad se entremezclan con la duda radical y con inquietantes situaciones de riesgo. La religión crea, hasta cierto punto, aquella convicción que la adhesión a los principios de la modernidad dejará forzosamente en suspenso; en este sentido es fácil ver por qué el fundamentalismo religioso tiene un especial atractivo. Pero esto no es todo. En un sentido más básico, las formas nuevas de religión y espiritualidad significan un retorno de lo reprimido, pues apelan directamente a asuntos relativos al sentido moral de la existencia que las instituciones modernas tienden a eliminar por completo.

6. Ciertas formas nuevas de movimientos sociales indican un intento de reapropiación colectiva de ámbitos de vida institucionalmente reprimidos. Hay que contar aquí algunos movimientos religiosos recientes, aunque, naturalmente, existe gran variabilidad en las sectas y cultos surgidos de ellos. Pero también algunos otros movimientos sociales son especialmente importantes y señalan reacciones ante aspectos básicos de la vida social moderna. Aunque el movimiento feminista afecta a problemas anteriores al impacto de la modernidad —y en parte, también, por eso mismo—, podemos considerarlo un ejemplo principal. En su fase temprana, el movimiento se interesaba ante todo por conseguir derechos políticos y sociales iguales para mujeres y hombres. En su estadio actual, sin embargo, se refiere a características básicas de la existencia social y presiona para lograr cambios radicales. Los movimientos ecológicos y pacifistas forman también parte de esta nueva sensibilidad ante la modernidad tardía, al igual que algunos movimientos en favor de los derechos humanos. Tales movimientos ponen en cuestión eficazmente, a pesar de sus diversidades internas, algunos de los supuestos básicos y principios organizativos que dan pábulo a las fuerzas destructivas de la modernidad.

El retorno de lo reprimido ocupará nuestra atención más directamente en el siguiente capítulo. Se puede afirmar que el período de la modernidad reciente comporta cambios fundamentales (no sólo una continuación del dinamismo sin fin de la modernidad, sino el presagio de transformaciones estructurales más profundas). La expansión de los sistemas internamente referenciales alcanza sus límites extremos; en el plano colectivo y en la vida de cada día, las cuestiones morales/existenciales pasan a ocupar una posición central. Al agruparse en torno a procesos de realización del yo, y a pesar de que se extienden hasta afectar a fenómenos globalizadores, tales cuestiones exigen una reestructuración de las instituciones sociales y plantean problemas de naturaleza no simplemente sociológica sino política.

7. Aparición de la política de la vida

Si la concepción del yo asediado y mínimo fuera correcta, éste no sólo se vería absolutamente apartado del ámbito político, sino que se constituiría mediante un rechazo defensivo de la política, en favor de un terreno personal rigurosamente delimitado. Ante semejante perspectiva, estaría totalmente de más concluir este estudio con un análisis de ciertas cuestiones políticas. No obstante, pretendo mostrar que los temas desarrollados en las páginas anteriores no sólo tienen implicaciones políticas sino que, además, son pertinentes para reconstituir tareas y problemas políticos de importancia fundamental en la fase de la modernidad reciente.

Theodore Roszak ha afirmado que «vivimos en un tiempo en que la misma experiencia privada de tener una identidad personal que descubrir, un destino personal que cumplir, se ha convertido en una fuerza política subversiva de grandes proporciones».[1] Algunos críticos, como Lasch y otros, continúa diciendo, confunden la nueva ética del descubrimiento del yo con el engrandecimiento del individuo de la «vieja modernidad» y no logran distinguir entre los nuevos impulsos hacia el desarrollo personal, por un lado, y las presiones capitalistas en favor del provecho personal y la acumulación material, por otro. Pienso que es verdad cuanto dice, al margen de que la cuestión deba teorizarse de forma bastante distinta. Lo subversivo no es el proyecto reflejo del yo en cuanto tal; lo que sucede más bien es que la ética del desarrollo del yo señala cambios sociales importantes en el conjunto de la modernidad. Estos cambios son los que hemos destacado en el presente estudio: la

1. Theodore ROSZAK, *Person-Planet: The Creative Destruction of Industrial Society*, Londres, Gollancz, 1979, p. xxviii.

eclosión de la reflexividad institucional, el desenclave de las relaciones sociales por obra de los sistemas abstractos y la consiguiente interpenetración de lo local y lo global. Hablando en términos de programa político podemos captar sus implicaciones distinguiendo entre *política emancipatoria* y *política de vida*. Aunque en un primer momento me centraré en la primera de ellas, la más vinculada a los temas tratados en el presente libro es la segunda. Pido la indulgencia del lector si, de momento, no resulta clara la pertinencia de la política emancipatoria a dichos temas: espero que llegue a verse hacia el final del capítulo.

¿Qué es la política emancipatoria?

Desde el desarrollo relativamente temprano de la edad moderna en adelante, el dinamismo de las instituciones de la modernidad ha estimulado ideas de *emancipación* humana y en cierto modo ha sido impulsado por ellas. En primer lugar, se trataba de emanciparse de los imperativos dogmáticos de la tradición y la religión. La actividad humana hubo de liberarse de las trabas preexistentes mediante la aplicación de métodos de entendimiento racional, no sólo en el terreno de la ciencia y la tecnología sino en el de la vida social misma.

Si, con la debida reserva para protegernos de una simplificación excesiva, reconocemos tres maneras de abordar la política moderna (el radicalismo —incluyendo en esta categoría al marxismo—, el liberalismo y el conservadurismo), podemos decir que la política emancipatoria ha dominado en todas ellas, aunque de forma bastante diversa. Los pensadores políticos liberales, al igual que los radicales, han intentado liberar a los individuos y, más en general, las condiciones de la vida social de las trabas de las prácticas y prejuicios anteriores. La libertad se ha de alcanzar mediante la emancipación progresiva del individuo, en conjunción con el Estado liberal, más que por un proyecto de insurrección revolucionaria. El «conservadurismo», la tercera categoría, adopta casi por definición un punto de vista más desilusionado respecto a las posibilidades emancipadoras de la modernidad. Pero el pensamiento conservador sólo existe como reacción frente a la emancipación: el conservadurismo se ha constituido como rechazo del pensamiento radical y liberal y como crítica a las tendencias de desenclave de la modernidad.

Defino la política emancipatoria como una visión general, interesada sobre todo en liberar a los individuos y los grupos de las trabas que afectan adversamente a sus posibilidades de vida. La política emancipatoria implica dos elementos principales: el esfuerzo por liberarse de las ataduras del pasado, permitiendo así una actitud transformadora frente al futuro, y el objetivo de superar el dominio ilegítimo de algunos individuos o grupos sobre otros. El primero de estos objetivos fomenta el impulso dinámico más ventajoso de la modernidad. El abandono de prácticas fijas del pasado permite a los seres humanos lograr un control social creciente sobre las circunstancias de sus vidas. Evidentemente, las diferencias filosóficas de mayor peso se refieren a la manera de conseguir este objetivo. Algunos han supuesto que la tendencia emancipatoria está determinada por condiciones causales que en la vida social operan de manera muy similar a la de la causación física. Para otros, la relación es refleja (y seguramente están más en lo cierto). Los seres humanos son capaces de «utilizar la historia y hacerla» reflejamente.[2]

La liberación de los seres humanos de las trabas tradicionales tiene escaso «contenido» a no ser por el hecho de que refleja la orientación característica de la modernidad: el sometimiento al control humano de las características de los mundos social y natural que determinaron anteriormente las actividades humanas. La política emancipatoria logra un contenido más sustancial sólo si se centra en las diferencias entre los seres humanos. En esencia es una política de los «otros». Para Marx la clase era, por supuesto, el instrumento de emancipación así como la fuerza impulsora de la historia. La emancipación general de la humanidad se debía conseguir por medio de la aparición de un orden sin clases. Para los autores no marxistas, la política emancipatoria da mayor importancia a otras divisiones: las divisiones étnicas y de género, las divisiones entre gobernantes y grupos subordinados, entre naciones ricas y

2. Cfr. Jürgen Habermas, *Knowledge and Human Interests*, Cambridge, Polity, 1987; estudio clásico sobre este asunto.

pobres, entre generaciones actuales y futuras. Pero, en todos los casos, el objetivo de la política emancipatoria es el de liberar a los grupos no privilegiados de su condición de infelicidad o el de eliminar las diferencias relativas entre ellos.

La política emancipatoria actúa con una idea jerárquica del poder: el poder se entiende como la capacidad de un individuo o un grupo para imponer su voluntad a los demás. Esta visión de la política tiende a caracterizarse por varios objetivos y conceptos clave. La política emancipatoria se interesa por reducir o eliminar la *explotación*, la *desigualdad* y la *opresión*. Naturalmente, estas nociones han sido definidas de maneras diversas por diferentes autores y, dado que el principal interés de este capítulo no va dirigido de hecho a la naturaleza de la política emancipatoria, no intentaré describirlas de manera sistemática. La explotación supone, en general, que un grupo —por ejemplo la clase alta frente a la trabajadora, los blancos frente a los negros o los hombres por comparación con las mujeres— monopolizan ilegítimamente los recursos o los bienes deseados, a los que se niega acceso a los grupos explotados. Las desigualdades pueden referirse a cualquier diversidad en los recursos escasos, pero habitualmente se ha dado la máxima importancia al distinto acceso a las satisfacciones materiales. Al contrario de lo que ocurre, por ejemplo, con las desigualdades en la herencia genética, el diferente acceso a las recompensas materiales forma parte de los mecanismos generadores de la modernidad y en principio (pero, desde luego, no en la práctica) puede, por tanto, ser alterado según se desee. La opresión es directamente un asunto de poder diferenciador utilizado aplicado por un grupo para limitar las oportunidades de vida de otro. Al igual que otros aspectos de la política emancipatoria, el objetivo de liberar a las personas de situaciones de opresión implica la adopción de valores morales. La «autoridad justificable» puede defenderse a sí misma de la acusación de opresión sólo donde pueda mostrarse que el poder diferenciador es moralmente ilegítimo.

La política emancipatoria da la importancia máxima a los imperativos de *justicia*, *igualdad* y *participación*. En general, estos valores corresponden a los tres tipos de división de poder recién mencionados. Los tres tienen muchas formulaciones diferentes y pueden superponerse más o menos sustancialmente.

Las normas de justicia definen qué se considera explotación y, al contrario, cuándo una relación de explotación adquiere una autoridad moralmente defendible. Un caso límite sería el del anarquismo, en la medida en que esta doctrina mantiene la posibilidad de un orden social donde no exista no ya la explotación sino la autoridad en cuanto tal. Algunas escuelas de pensamiento sostienen que el fomento de la igualdad es un valor primordial en sí mismo y en ciertos casos se considera el objetivo más destacado de la política emancipatoria. Sin embargo, la mayoría de las formas de pensamiento radical y liberal consideran ciertos tipos de desigualdad legítimos e incluso deseables (como en los casos en que las desigualdades materiales se justifican por constituir incentivos económicos que generan mayor eficiencia productiva). La participación, el tercer imperativo, se opone a la opresión al permitir a los individuos o a los grupos influir en decisiones que de otra manera se les impondrían arbitrariamente. Una vez más, los ideales del compromiso democrático tienen que especificar niveles de participación, pues el poder jerárquico no es forzosamente opresivo ni toda autoridad intrínsecamente explotadora.

Dado que la política emancipatoria se interesa sobre todo por las relaciones sociales predominantemente explotadoras, desiguales u opresivas, su principal orientación tenderá a «alejarse de algo», más que a «dirigirse hacia» algo. En otras palabras, la naturaleza real de la emancipación tiene poca consistencia, excepto en lo referente a la capacidad de los individuos o grupos para desarrollar sus potencialidades en los marcos restrictivos de las constricciones impuestas por lo comunal. La repugnancia de la mayoría de pensadores progresistas desde la Ilustración a pensar en términos utópicos (aunque la excepciones sean muchas) pone de manifiesto esta tendencia. Los escritos de Marx son un ejemplo característicamente claro. Ha de evitarse el «socialismo utópico», pues da forma concreta a la sociedad que se busca. No podemos legislar de antemano cómo vivirán las personas en un orden social semejante: es cosa que se ha de dejar en sus manos, cuando realmente se produzca.

Si existe un principio activador de la conducta detrás de la mayoría de las versiones de la política emancipatoria, podríamos denominarlo principio de autonomía.[3] Emancipación significa que la vida colectiva se organiza de tal manera que el individuo es capaz —en un sentido u otro— de actuar de manera libre e independiente en las circunstancias de su vida social. Libertad y responsabilidad mantienen aquí cierto tipo de equilibrio. El individuo se libera de las trabas impuestas a su comportamiento como resultado de las condiciones de explotación, desigualdad u opresión; pero no por eso se convierte en una persona libre en sentido absoluto. La libertad supone una actuación responsable para con los demás y el reconocimiento de la existencia de obligaciones colectivas. La teoría de la justicia de Rawls constituye un ejemplo destacado de una versión de política emancipatoria.[4] Las condiciones básicas que rigen la autonomía de acción se plantean en términos pertenecientes al campo temático de la justicia: Rawls presenta el procedimiento procesal como una ambición organizativa de emancipación. Pero deja sin resolver el problema de cómo se comportarán de hecho los individuos y los grupos en un orden justo.

Otro tanto puede decirse del intento de Habermas por desarrollar un marco de política emancipatoria en función de una teoría de la comunicación.[5] La situación de discurso ideal, considerada inmanente en cualquier utilización del lenguaje, ofrece una visión estimulante de la emancipación. A medida que las circunstancias sociales se aproximan a una situación de discurso ideal, surgirá un orden social basado en la acción autónoma de individuos libres e iguales. Los individuos serán libres para elegir en su actividad con conocimiento de causa; lo mismo hará la humanidad en un plano colectivo. Sin embargo, Habermas da pocas indicaciones, o ninguna en absoluto, sobre qué serán en concreto esas elecciones.

3. Véase David HELD, *Models of Democracy*, Cambridge, Polity, 1987, último capítulo.
4. John RAWLS, *A Theory of Justice*, Oxford, Clarendon, 1972.
5. Jürgen HABERMAS, *Theory of Communicative Action*, Cambridge, Polity, 1987.

Naturaleza de la política de la vida

La política de la vida supone (cierto nivel de) emancipación en los dos principales sentidos anteriormente señalados: emancipación de las trabas de la tradición y de las condiciones del dominio jerárquico. Sería demasiado elemental decir simplemente que la política de la vida se centra en lo que sucede una vez que los individuos han conseguido cierto nivel de autonomía de acción, pues también intervienen otros factores; pero esto nos proporciona al menos una orientación inicial. La política de la vida no concierne en primer lugar a las condiciones que nos liberan para realizar opciones: es una política *de* opción. Mientras la política emancipatoria es una política de opciones de vida, la política de la vida es una política de estilo de vida. Es también la política del orden reflejamente activado —el sistema de la modernidad tardía— que, en un plano individual y colectivo, ha alterado radicalmente los parámetros existenciales de la actividad social. Se trata de una política de realización del yo en un entorno reflejamente ordenado, donde esa reflexividad enlaza el yo y el cuerpo en sistemas de ámbito universal. En este campo de actividad, el poder es más bien generador que jerárquico. La política de la vida es política de estilo de vida en el sentido serio y pleno analizado en capítulos anteriores. Por dar una definición formal, diremos que la política de la vida se refiere a cuestiones políticas que derivan de procesos de realización del yo en circunstancias postradicionales, donde las influencias universalizadoras se introducen profundamente en el proyecto reflejo del yo y, a su vez, estos procesos de realización del yo influyen en estrategias globales.

Los intereses de la política de la vida derivan directamente de los temas principales de este libro y más adelante intentaré documentarlos con cierto detalle. Aunque las cuestiones de política de la vida pueden remontarse más atrás, ésta surge sólo como un conjunto plenamente diferenciado de problemas y posibilidades con la consolidación de la modernidad reciente. Según vimos anteriormente, los intereses de la política de la vida presagian cambios futuros de gran alcance: esencialmente el desarrollo de formas de orden social «al otro lado» de la misma modernidad.

Política emancipatoria	*Política de la vida*
1. Liberación de la vida social de las trabas de la tradición y la costumbre.	1. Decisiones políticas que derivan de la libertad de elección y generan poder (entendido como capacidad transformadora).
2. Reducción o eliminación de la explotación, la desigualdad o la opresión. Se interesa por la distribución discriminadora de poder/recursos.	2. Creación de formas de vida moralmente justificables que promoverán la realización del yo en circunstancias de interdependencia global.
3. Obedece a imperativos propuestos por la ética de la justicia, la igualdad y la participación.	3. Desarrolla propuestas morales relativas a la pregunta «¿cómo hemos de vivir?» en un orden postradicional y sobre el trasfondo de cuestiones existenciales.

La política de vida, repitámoslo, es una política de decisiones de vida. ¿Cuáles son esas decisiones y como deberíamos conceptualizarlas? Primeramente, y ante todo, consideraremos las que afectan a la misma identidad del yo. Según ha intentado mostrar este estudio, la identidad del yo es hoy en día un logro reflejo. La crónica de la identidad del yo se ha de configurar, transformar y mantener reflejamente en relación con las circunstancias de la vida social, rápidamente cambiantes, a escala mundial. El individuo ha de incorporar a sus compromisos locales información procedente de una multiplicidad de experiencias mediadas, de tal manera que consiga conectar proyectos futuros con experiencias pasadas de forma razonablemente coherente. Esto sólo se podrá conseguir si la persona es capaz de desarrollar una autenticidad interior (un marco de confianza básica mediante el cual se pueda entender el tiempo de vida como unidad sobre el trasfondo de los sucesos sociales cambiantes). Una crónica de la identidad del yo reflejamente organizada proporciona los medios para dar coherencia al tiempo de vida finito, dadas unas circunstancias externas cambiantes. Desde este punto de vista, la política de la vida interesa a los debates y discusiones originados en el proyecto reflejo del yo.

Al indagar la idea de que lo «personal es político», el movimiento estudiantil, pero más en particular el movimiento femenino, han encabezado este aspecto de la política de la vida. Sin embargo, lo hicieron de manera ambigua. Algunos miembros del movimiento estudiantil, en especial los vinculados al «situacionismo», intentaron servirse de los gestos personales y de las «rebeldías de los estilos de vida» como una forma de plantear un reto a la burocracia. Pretendían mostrar no sólo que la vida diaria expresa aspectos del poder del Estado sino que, trastocando las pautas cotidianas ordinarias, podían amenazar realmente al poder estatal. Vista así, sin embargo, la política de lo personal prefigura sólo vagamente la política de la vida y se mantiene muy próxima a la forma emancipatoria. En efecto, el objetivo es utilizar las pautas de estilo de vida como medios de combatir o eliminar la opresión.

Más que el movimiento estudiantil es el feminismo el que abre propiamente las puertas del terreno de la política de la vida (aun cuando el interés emancipatorio sigue siendo, por supuesto, un aspecto fundamental del movimiento de las mujeres). El feminismo, al menos en su forma contemporánea, se ha visto obligado en mayor o menor medida a dar prioridad a la cuestión de la identidad del yo. Según se ha señalado convenientemente, «las mujeres que desean algo más que la vida de familia convierten lo personal en político con cada uno de los pasos que las alejan del hogar».[6] A medida que las mujeres «salen afuera» cada vez más, contribuyen al desarrollo de los procesos emancipadores. Sin embargo, las feministas llegaron a ver pronto que para la mujer emancipada la cuestión de la identidad adquiere una importancia preeminente. En efecto, al liberarse del hogar y de la domesticidad, las mujeres se enfrentaron a un entorno social cerrado para ellas. La identidad de la mujer estaba tan estrechamente definida por el hogar y la familia que su «salida afuera» las llevó a ámbitos sociales donde las únicas identidades disponibles eran las que les ofrecían estereotipos masculinos.

Cuando, hace unos veinticinco años, Betty Friedan comenzó a hablar del «problema que no tiene nombre» se refería a que el hecho de ser mujer y madre no conseguía satisfacer la vida que an-

6. Barbara SICHTERMANN, *Feminity: The Politics of the Personal*, Cambridge, Polity, 1986, p. 2.

siaban muchas mujeres, casi sin saberlo.[7] Su análisis de este problema llevó directamente a Friedan a analizar la identidad y el yo. La verdadera «cuestión que no tiene nombre» resultó ser la expresada en la pregunta: «¿quién deseo ser?».[8] Friedan relacionó concretamente este asunto con su propia experiencia de mujer joven. Recién salida de la universidad sintió que se le presentaban muchas posibilidades, incluida la de seguir una carrera profesional como psicóloga. Pero, en vez de aceptar una tutoría universitaria, conseguida para un curso de doctorado, abandonó esta posible carrera sin saber realmente la razón. Se casó, tuvo hijos y vivió como un ama de casa de un barrio del extrarradio urbano (acallando siempre las dudas sobre su falta de objetivo en la vida). Al final acabó marchándose, al reconocer y encarar la cuestión de su identidad propia y darse cuenta de que necesitaba realizarse en otra parte.

La profunda insatisfacción de Betty Friedan con su identidad personal sólo surgió, según expuso claramente, por la existencia de más opciones para las mujeres en la actualidad. Sólo a la luz de estas alternativas han llegado las mujeres a ver que la cultura moderna no «satisface su necesidad básica de desarrollar y satisfacer sus posibilidades como seres humanos...».[9] Su libro concluía con un análisis de la planificación de la vida, un medio para ayudar a las mujeres a crear nuevas identidades para su yo en el terreno público, antes inexplorado. Su «nuevo plan de vida para mujeres» anticipaba muchos rasgos de los manuales de autoayuda que aparecerían más tarde. El nuevo plan de vida incluía una entrega al desarrollo personal, un volver a pensar y construir el pasado —rechazando la «mística femenina»— y reconocer el riesgo.

Política de la vida, cuerpo y yo

En la actualidad, un cuarto de siglo aproximadamente después del libro pionero de Friedan, es ya obvio que muchos de los asun-

7. Betty FRIEDAN, *The Feminine Mystique,* Harmondsworth, Pelican, 1965.
8. *Ibíd.*, p. 61.
9. *Ibíd.*, p. 68.

tos que al principio sólo parecían interesar a las mujeres están en realidad ligados al fenómeno relacional de la identidad de género. La identidad de género y su expresión se han convertido a su vez en materia de opciones múltiples que llegan incluso hasta la posibilidad de elegir si una persona conserva el mismo sexo anatómico con el que nació. La política de la identidad del yo no se limita, desde luego, a cuestiones de diferenciación de género. Cuanto más «nos hacemos» reflejamente como personas, más sale a la luz la categoría misma de lo que es una «persona» o «ser humano». Podemos encontrar muchos casos que ilustran cómo y por qué esto es así. Por ejemplo, los debates actuales sobre el aborto pueden parecer limitarse al cuerpo y a los derechos que la «dueña» del mismo pueda tener o dejar de tener sobre sus productos. Pero el debate del aborto se refiere en parte a si el feto es o no una persona y, en caso de serlo, en qué momento de su desarrollo puede ser considerado como tal. En este asunto, como tan a menudo ocurre en el terreno de la política de la vida, aparecen unidos problemas de definición filosófica, derechos humanos y moralidad.

Como indica el caso del aborto, no siempre es fácil distinguir las cuestiones de política de la vida relativas a la identidad del yo de las que se centran más específicamente en el cuerpo. Al igual que el yo, el cuerpo no puede considerarse ya algo fijo (una entidad fisiológica), sino que ha acabado profundamente implicado en la reflexividad de la modernidad. El cuerpo solía considerarse un aspecto de la naturaleza, regido fundamentalmente por procesos sometidos sólo incidentalmente a la intervención humana. El cuerpo era algo «dado», la sede del yo, con frecuencia incómoda e inadecuada. Todo esto se vio alterado por la progresiva invasión del cuerpo por sistemas abstractos. El cuerpo, al igual que el yo, pasa a ser un lugar de interacción, apropiación y reapropiación, que enlaza procesos reflejamente organizados y conocimiento experto sistemáticamente ordenado. El cuerpo mismo se ha emancipado, como condición para su reestructuración refleja. Si al principio se creyó que era el lugar del alma y, más tarde, el centro de necesidades oscuras y perversas, el cuerpo es ahora plenamente susceptible de ser «trabajado» por las influencias de la modernidad reciente. A consecuencia de estos procesos se han alterado sus límites. Posee, por así decirlo, un «estrato externo» perfectamente permeable a través del cual se introducen rutinariamente el proyecto reflejo del yo y sistemas abstractos formados en su exterior. En el espacio conceptual existente entre ellos, encontramos un número creciente de guías y manuales prácticos relacionados con la salud, la dieta, la apariencia, el ejercicio, la práctica del sexo y muchos otros asuntos.

La apropiación refleja de los procesos y el desarrollo corporal es un elemento fundamental de los debates y conflictos sobre la política de la vida. Es importante insistir en este punto a fin de ver que el cuerpo no se ha convertido simplemente en una entidad inerte, sujeta a la mercantilización o a la «disciplina», en el sentido de Foucault. Si así fuera, el cuerpo sería primariamente un lugar de la política emancipatoria: la cuestión consistiría entonces en liberar el cuerpo de la opresión de la que sería presa. En condiciones de modernidad reciente, el cuerpo es de hecho menos «dócil» que lo que nunca lo fue anteriormente en relación con el yo, pues ambos están íntimamente coordinados en el proyecto reflejo de la identidad del yo. El cuerpo mismo —por la utilización que se hace de él en la práctica— pasa a intervenir de manera más pertinente e inmediata en la identidad impulsada por el individuo. Según observa Melucci,

> el retorno al cuerpo es el inicio de una nueva búsqueda de identidad. El cuerpo aparece como un ámbito secreto cuya llave de acceso está sólo en posesión del individuo y al que la persona puede volver para buscar una definición del yo liberada de trabas impuestas por las reglas y expectativas de la sociedad. En la actualidad, la atribución social de identidad invade todas las áreas tradicionalmente protegidas por la barrera del «espacio privado».[10]

Podemos considerar el problema de la «propiedad» del cuerpo como cuestión específica, planteada por su doble implicación en los sistemas abstractos y en el proyecto reflejo del yo. Como dijimos antes, la idea de «propiedad» es aquí una noción compleja

10. Alberto MELUCCI, *Nomads of the Present*, Londres, Hutchinson Radius, 1989, p. 123.

que incluye todos los problemas de la definición de una «persona». En el ámbito de la política de la vida, este problema recoge las cuestiones de cómo habrá de elegir el individuo en relación con las estrategias del desarrollo corporal en el planteamiento de su vida y quién determinará la «disposición» de los productos y partes del cuerpo.

El cuerpo y el yo están ligados entre sí en otro terreno fundamental, totalmente invadido por los sistemas internamente referenciales de la modernidad: la reproducción. El término «reproducción» puede utilizarse tanto para referirse a la continuidad social como a la biológica de la especie. La relación terminológica no es accidental: la reproducción «biológica» es en la actualidad plenamente social, es decir, vaciada por los sistemas abstractos y reconstituida mediante la reflexividad del yo. Es evidente que la reproducción no fue nunca sólo un asunto de determinismos externos: en todas las culturas premodernas se utilizaron, por ejemplo, varios tipos de métodos anticonceptivos. No obstante, el ámbito de la reproducción entraba en su mayor parte de forma irremediable en la esfera del destino. Con la aparición de métodos anticonceptivos más o menos seguros, el control reflejo de las prácticas sexuales y la introducción de diversas tecnologías en el terreno de la reproducción, éste es ahora un campo donde predomina la pluralidad de elecciones.

El «fin de la reproducción como destino» está íntimamente ligado al «fin de la naturaleza». En efecto, hasta el momento actual la reproducción había estado siempre en uno de los polos de la implicación del hombre con la naturaleza en cuanto realidad separada de él (en el otro se hallaba la muerte). La ingeniería genética, cuyas posibilidades se hallan todavía en los tanteos iniciales, constituye una nueva negación de la reproducción como proceso natural. El hombre puede determinar por medio de ella la transmisión genética, cortando así el lazo último que conectaba la vida de la especie a la evolución biológica. En este proceso de desaparición de la naturaleza, ciertas esferas de toma de decisión afectan no sólo al proceso propiamente dicho de la reproducción, sino a la constitución física del cuerpo y a la manifestación de la sexualidad. Tales esferas de acción remiten, de esa manera, a cuestiones de género e identidad de género así como a otros procesos de formación de la identidad.

Las tecnologías reproductivas alteran las antiguas oposiciones entre fertilidad y esterilidad. La inseminación artificial y la fertilización *in vitro* disocian en mayor o menor medida la reproducción de las categorías tradicionales de la experiencia heterosexual. La persona estéril puede llegar a ser fértil, pero de ese modo pueden darse también diversas combinaciones de parentesco sustitutivo. La oportunidad que se ofrece, por ejemplo, a las parejas homosexuales de producir y criar hijos es una entre varias opciones de estilo de vida que dimanan de esas innovaciones. El hecho de que la sexualidad no necesite ya tener nada que ver con la reproducción —o viceversa— sirve para reordenar la sexualidad en relación con los estilos de vida (aunque en buena medida, como siempre, sólo por medio de la apropiación refleja).

La variedad de opciones que ahora se ofrecen, o que probablemente se desarrollarán muy pronto, en el terreno de las tecnologías de la reproducción, constituye un ejemplo indicativo de las posibilidades y problemas de la política de la vida. El nacimiento de Louise Brown el 25 de julio de 1978 marcó un nuevo cambio en la reproducción humana. La creación de vida nueva —más que el control negativo de la vida por la contraconcepción— pasó a ser por vez primera materia de construcción deliberada. La fertilización *in vitro* (FIV) se sirve de muchas técnicas que ya existían de manera dispersa, pero ciertas innovaciones decisivas han permitido que pudieran utilizarse para fertilizar un óvulo humano fuera del cuerpo. Otro procedimiento es el de la determinación del sexo por preimplantación. Mediante medios de FIV es posible transferir al vientre de una mujer mediante técnicas de amplificación del DNA un embrión ya «sexuado». Con tales técnicas se pueden distinguir embriones masculinos y femeninos e implantar un embrión del sexo deseado. A estas técnicas hay que añadir la congelación de embriones. Este proceso permite almacenarlos por un tiempo indefinido, haciendo así posibles muchos embarazos sin necesidad de nueva estimulación ovárica y recogida de óvulos. Esto permite, por ejemplo, el nacimiento de gemelos idénticos con años de diferencia.

Otros procedimientos para el control de la reproducción humana que parecen, al menos, factibles son los de la ectogénesis y la clonación. La ectogénesis es la creación de vida humana totalmente fuera del cuerpo: la producción de niños sin embarazo. La clonación, creación de varios individuos genéticamente idénticos, aunque resulte quizá más extraña, parece más próxima y ya se ha conseguido en experimentos con animales.[11]

Vidas personales, necesidades planetarias

Hasta aquí nuestro análisis nos lleva al mundo de las relaciones sociales externas al yo en función casi siempre de su impacto reflejo sobre la identidad y el estilo de vida. Sin embargo, las decisiones personales afectan también a consideraciones universales (el nexo, en este caso, va de la «persona» al «planeta»). La reproducción socializada liga las decisiones personales a la continuidad misma de la especie en la tierra. A medida que se desvinculan la reproducción de la especie y la sexualidad, la futura reproducción de la especie no está ya garantizada. El desarrollo de la población mundial se incorpora a los sistemas internamente referenciales. Un conjunto de procesos individuales de toma de decisión, unidos por medio de esos sistemas, está en condiciones de producir situaciones impredecibles comparables a las generadas por otros órdenes socializados. La reproducción pasa a ser una decisión individual variable cuyo efecto general sobre la reproducción de la especie podría resultar incalculable.

Podemos descubrir aún más conexiones entre las opciones de estilo de vida y las influencias mundializadoras. Pensemos en las cuestiones de interés general mencionadas relativas a la ecología planetaria y a los intentos por reducir los riesgos de una guerra nuclear. Al abordar las cuestiones ecológicas y su relación con los debates políticos, tenemos que preguntarnos antes que nada por qué atraen tanto la atención hoy en día. La respuesta se ha de buscar, en parte, en la acumulación de pruebas de que el entorno físico se ha visto sometido a procesos de deterioro de mayor alcance y más

11. David SUZUKI y Peter KNUDTSON, *Genethics: The Ethics of Engineering Life*, Londres, Unwin Hyman, 1989.

intensos de lo que se creía. Son, sin embargo, mucho más decisivos los cambios en las actitudes humanas acerca de este problema. En efecto, el hecho de que la naturaleza haya «llegado a su fin» no está confinado a la conciencia especializada de los profesionales; también lo conoce la generalidad de las personas. Un aspecto evidente del creciente interés ecológico es el reconocimiento de que el cambio de la tendencia hacia la degradación del medio ambiente depende de la adopción de nuevas pautas de estilo de vida. La mayor cantidad de daño ecológico deriva de los modos de vida adoptados por los sectores modernizados de la sociedad mundial. Los problemas ecológicos ponen de relieve la nueva y progresiva interdependencia de los sistemas universales y ponen a la vista de todos la profundidad de las relaciones entre actividad personal y problemas del planeta.

La lucha por evitar las amenazas provocadas por el deterioro del ecosistema de la tierra se ve obligada a pedir respuestas coordinadas y mundiales en ámbitos muy alejados de la acción individual. Por otra parte, no se podrá hacer frente eficazmente a esas amenazas hasta que no haya una reacción y un reajuste por parte de todos y cada uno. Para reducir al mínimo los riesgos ecológicos con que nos enfrentamos se requerirán, casi con seguridad, amplios cambios en el estilo de vida, unidos a una renuncia a la acumulación económica constante. En una compleja trabazón de reflexividad, hará falta y, probablemente, surgirá una conciencia refleja del carácter, también reflejo, de los sistemas que transforman en la actualidad los modelos económicos.

La cuestión de la energía nuclear ocupa el centro de estas preocupaciones y constituye, por supuesto, un nexo entre las cuestiones ecológicas más generales y la existencia de armamento nuclear. Los debates sobre si se debería continuar construyendo centrales nucleares y, de ser así, qué relación habrían de tener con las fuentes actuales de energía material, son un ejemplo de las numerosas cuestiones suscitadas en el terreno de la política de la vida. No faltan aquí riesgos de consecuencias graves, algunos de los cuales derivan de factores acumulativos y a largo plazo, mientras que otros dimanan de influencias más inmediatas. Los cálculos técnicos sobre nivel de riesgo no pueden ser absolutamente perfectos, pues no está en su mano controlar plenamente el error humano y porque, además, pueden darse factores imprevistos por ahora. Una persona que desee estar informada de las controversias sobre la energía nuclear descubrirá que los expertos están tan radicalmente divididos en sus valoraciones como en otros ámbitos donde prevalecen los sistemas abstractos. Mientras no se produzcan nuevos adelantos tecnológicos —desconocidos por el momento—, parece inevitable la amplia utilización de la energía nuclear si los procesos mundiales de crecimiento económico continúan al mismo ritmo que en la actualidad, y aún será mayor si se incrementan.

La disminución de la dependencia de la energía nuclear o el intento de eliminar las fuentes de dicha energía por entero, tanto en determinadas regiones como en una escala mayor, conllevarán cambios significativos en el estilo de vida. Como ocurre en otros terrenos de expansión de los sistemas internamente referenciales, nadie puede estar completamente seguro del posible daño causado ya al entorno físico por las fuentes de energía nuclear existentes; los datos son objeto de controversia. Pero volvamos a las cuestiones personales de la biología y la reproducción socializadas. Según ha dicho un autor, «nuestro esperma, nuestros óvulos, nuestros embriones y nuestros hijos» se hallan «en primera línea» de la lucha de la «frontera letal».[12]

Como afirman los defensores de la «ecología profunda», un proceso de abandono de la acumulación económica habría de implicar la sustitución de los procesos de crecimiento económico sin trabas por el crecimiento personal (el cultivo de las potencialidades de la expresión del yo y de la creatividad). El proyecto reflejo del yo habría de ser, por tanto, el verdadero gozne sobre el que girase un cambio hacia un orden mundial más allá del actual. La amenaza de guerra nuclear está también ligada al proyecto reflejo del yo. Como dice Lasch, ambos ponen especialmente de relieve el problema de la «supervivencia». Sin embargo, podríamos decir igualmente que ambos ponen de relieve la posibilidad de la paz: una coexistencia humana armoniosa, en el plano mundial, y una realización del yo psicológicamente gratificante, en el personal. El problema del armamento nuclear se introduce en la política de la

12. John ELINGTON, *The Poisoned Womb*, Hardmonswort, Penguin, 1986, p. 236.

vida como una apropiación tanto positiva como negativa y muestra con especial claridad el grado en que lo personal y lo mundial están conectados entre sí, como en el caso del posible desastre ecológico, pues no existe lugar alguno en la tierra a donde escapar. La tecnología militar es cada vez más compleja y consiste en un conjunto de sistemas especializados sobre los que el profano en la materia difícilmente alcanzará un alto nivel de conocimiento especializado (en parte por el secreto que rodea a los sistemas de armamento). Sin embargo, este mismo proceso hace que el posible estallido de una guerra nuclear no sea ya sólo un asunto de interés de los estrategas militares y los dirigentes políticos, sino una materia que afecta a la vida de cada cual. El peligro de enfrentamiento nuclear, que opera con signo negativo, coincide con otros aspectos del terreno de la política de la vida en estimular una conciencia refleja de la socialización de la naturaleza y de sus implicaciones para la vida de las personas.

Resumen: el programa de la política de la vida

Las cuestiones de la política de la vida ponen entre interrogantes los sistemas internamente referenciales de la modernidad. El programa de política de la vida, generado por los efectos de las instituciones modernas, es un exponente de los límites de las tomas de decisión regidas meramente por criterios internos, pues la política de la vida vuelve a poner de relieve precisamente aquellas cuestiones morales y existenciales reprimidas por las instituciones esenciales de la modernidad. Vemos aquí las limitaciones de las consideraciones «posmodernas» desarrolladas bajo la égida del posestructuralismo. Según sus puntos de vista, en las circunstancias sociales actuales las cuestiones morales quedan completamente despojadas de sentido o pertinencia. Pero, mientras esta perspectiva refleja con precisión ciertos aspectos de los sistemas internamente referenciales de la modernidad, no es capaz de explicar por qué los problemas morales regresan al centro del programa de la política de vida. Los problemas de la política de la vida no pueden debatirse fuera del terreno de los sistemas abstractos: la información que dimana de diversos tipos de especialización es fundamental para definirlos. Sin embargo, al centrarse en cómo deberíamos vivir nuestras vidas en circunstancias sociales emancipadas, no pueden dejar de sacar a la luz problemas y cuestiones de tipo moral y existencial. Los asuntos de la política de la vida constituyen el programa principal para el retorno de lo reprimido por las instituciones. Reclaman una remoralización de la vida social y exigen una sensibilidad renovada para cuestiones suprimidas sistemáticamente por las instituciones de la modernidad.

Nos hallamos ahora en condiciones de resumir y sistematizar el análisis precedente. El programa de la política de la vida deriva de la extensión con que los sistemas internamente referenciales de la modernidad cubren varias áreas distintas. La invasión del mundo natural por los sistemas abstractos lleva a la naturaleza a su fin en cuanto ámbito externo al conocimiento y los compromisos humanos. Sin embargo, la tremenda extensión del control humano sobre la naturaleza (que, como en otras áreas de control, da lugar a nuevas situaciones impredecibles) choca contra sus propios límites, que consisten no tanto en la degradación del medio ambiente y en la destrucción que ello genera, cuanto en el estímulo para reintroducir pautas de debate externas a los sistemas abstractos de la modernidad. En otras palabras, vuelven a introducirse en el programa las cuestiones existenciales reprimidas, relacionadas no sólo con la naturaleza sino con los parámetros morales de la existencia en cuanto tal. El proceso no es automático: en la vida cotidiana, así como en las pugnas colectivas, los problemas morales/existenciales se recuperan activamente y se introducen en el debate público. El campo específico de estos debates guarda relación no sólo con lo que debería hacerse para que los seres humanos sobrevivan en la naturaleza, sino con la manera de atrapar y «vivir» la existencia misma: ésta es la «cuestión del Ser» de Heidegger. El «fin de la naturaleza» propone a nuestra consideración muchas cuestiones nuevas, debido a la gran extensión del campo de organización intrínseca. Como sucede con otras cuestiones morales esenciales, éstas implican en cierto modo opciones de estilo de vida. Todas plantean problemas analíticos y dilemas morales difíciles de abordar.

Una segunda área es la de la reproducción biológica. Desde el punto de vista de la opinión dominante en la modernidad, la reproducción es un fenómeno mecánico (una cuestión de procesos genéticos). Pero, vista desde una perspectiva moral, la reproducción suscita el problema de la contradicción existencial. El principal ámbito moral con el que nos encontramos aquí alude a la trascendencia: cómo deberían abordar los seres humanos la cuestión de su propia finitud. Al igual que en los demás ámbitos, el número de cuestiones sustanciales abordadas referentes a las opciones de estilo de vida dependerá probablemente de cómo se traten las cuestiones más amplias de la contradicción existencial y la finitud. Por ejemplo, el problema de los derechos del feto está fuertemente influido por lo que se piensa de la «vida», en cuanto cuestión tanto moral como analítica.

La mundialización constituye un tercer foco de la expansión de los sistemas internamente referenciales de la modernidad. Según hemos subrayado en este estudio, la aparición de órdenes mundiales significa que el mundo «en» el que vivimos hoy en día es diferente del de épocas anteriores. La mundialización unifica toda la comunidad humana (en parte por la creación de riesgos de consecuencias graves que ningún habitante de la tierra puede eludir). Se requieren nuevas formas de colaboración, y aunque esta necesidad es reconocida por todos, en un mundo de naciones-Estado diversas, esas formas están por el momento débilmente desarrolladas. Dados los factores de riesgos de consecuencias graves, las principales cuestiones morales que surgen son, en parte, de carácter «incluyente». ¿Deberíamos proponer excepciones al principio de duda radical? ¿Debería haber límites al afán de investigación científica? ¿Habría que condenar la posesión de armas nucleares como algo moralmente indefendible? Estas cuestiones afectan a nuestra «existencia» en el sentido concreto de que se refieren a la supervivencia de la humanidad en conjunto. Sin embargo, están relacionadas también con cuestiones existenciales de intersubjetividad más elementales.

Finalmente, volvemos a la identidad del yo considerada a través de los sistemas internamente referenciales del yo y el cuerpo. El yo y el cuerpo, invadidos profundamente por los sistemas abstractos de la modernidad, se convierten en lugares de una diversidad de opciones nuevas de estilo de vida. El proyecto del yo es un proyecto de control en la medida en que está dominado por las perspectivas centrales de la modernidad y se guía sólo por una moralidad de «autenticidad». Sin embargo, al afectar a la sensibilidad más íntimamente humana, tal proyecto se convierte en un impulso fundamental hacia la remoralización de la vida diaria. Las cuestiones sustanciales propuestas en el programa de la política de la vida se centran en los derechos de la personalidad y la individualidad, que se remontan a los aspectos existenciales de la identidad del yo en cuanto tal.

Conexiones e implicaciones

¿Cuál es el sentido del término «política» en la expresión «política de la vida»? En la teoría política se acepta la convención de reconocer una noción de política más estrecha y otra más amplia. La primera se refiere a procesos de toma de decisión dentro de la esfera gubernamental del Estado; la segunda considera político cualquier modo de tomar decisiones que se relacione con la solución de debates o conflictos en los que choquen intereses o valores opuestos. La política de la vida es la política en ambos sentidos.

El sentido estricto de la política pervive gracias a la posición central que siguen ocupando los Estados nacionales y su aparato gubernamental. Un Estado nacional no puede legislar con efectividad sobre cuestiones de política de vida como para tomar decisiones vinculantes para comunidades sociales más amplias. Así, por ejemplo, una decisión de controlar la investigación en ingeniería genética en un Estado tendría pocos efectos en el desarrollo global de este campo. Un gobierno podría decidir eliminar la energía nuclear de sus propios territorios, pero esta decisión protegería difícilmente a su población de una manera aceptable, si los demás países mantuvieran próximas sus fuentes de suministro de energía nuclear. Sin embargo, todos los asuntos relativos a la política de la vida implican cuestiones de derechos y obligaciones y el Estado sigue siendo de momento el principal lugar administrativo donde esos derechos y deberes se plasman en leyes. Las cuestiones de política de la vida adquirirán probablemente una importancia cada vez mayor en el terreno público y jurídico de los Estados. Pero no por ello disminuye la importancia de las demandas de derechos de emancipación, según hemos recalcado antes. Los esfuerzos por extender y apoyar los derechos ciudadanos siguen siendo, por ejemplo, una cuestión fundamental; tales derechos constituyen el terreno donde pueden debatirse abiertamente las cuestiones de política de vida.

En el sentido más amplio de política, los asuntos de la política de la vida impregnan muchas zonas de la vida social en la modernidad tardía, pues en el plano individual y colectivo se abren numerosas esferas de elección por la extensión de los sistemas abstractos y la socialización de procesos naturales. No es mi intención rastrear en detalle los probables parámetros institucionales de la política de la vida en sentido más amplio. La importancia de los movimientos sociales para situar en posición destacada las cuestiones de la política de la vida e imponerlas a la atención pública ha sido fundamental. Se puede discutir si dichos movimientos preludian o no los cambios organizativos en el terreno de la actividad política.[13] En la modernidad tardía, donde los intentos reflejos por colonizar el futuro son más o menos universales, muchos tipos de acción individual y compromiso organizativo pueden configurar resultados de política de vida. Los problemas de la política de la vida no encajan de antemano en los marcos existentes y podrían estimular la aparición de formas políticas que difieran de las predominantes hasta el momento tanto en los Estados como en un plano mundial.

Hasta ahora, la política emancipatoria se ha descrito como si fuera simplemente la preparación para la aparición de la política de la vida. La relación entre política emancipatoria y de vida es, desde luego, más complicada que lo que sugeriría tal punto de vista. La política emancipatoria no acaba cuando la política de la vida comienza a exigir más del programa político general; prácticamente todas las cuestiones de política de vida plantean también problemas de tipo emancipatorio. En la modernidad tardía, el acceso a los medios de realización del yo es a su vez uno de los principales focos donde se centra la división de clases y la distribución de las desigualdades más en general. El capitalismo, una de las grandes

13. *Cf.* MELUCCI, *Nomads.*

Cuestiones existenciales y política de vida

Ámbito	*Terreno moral*	*Sistemas internamente referenciales*	*Cuestiones morales fundamentales*
Existencia	Supervivencia y ser	Naturaleza	1. ¿Qué responsabilidades tienen los seres humanos con la naturaleza? 2. ¿Cuáles son los principios de la ética medioambiental?
Finitud	Trascendencia	Reproducción	1. ¿Cuáles son los derechos del nonato? 2. ¿Qué derechos tiene el feto? 3. ¿Qué principios éticos han de regir la ingeniera genética?
Vida individual y comunitaria	Cooperación	Sistemas globales	1. ¿Qué límites se han de imponer a la innovación científico/tecnológica? 2. ¿Qué límites se han de imponer al uso de la violencia en los asuntos humanos?
Identidad del yo	Personalidad	Yo y cuerpo	1. ¿Qué derechos tiene el individuo sobre su cuerpo? 2. ¿Qué diferencias de género se han de preservar, en caso de hacerlo? 3. ¿Qué derechos tienen los animales?

fuerzas impulsoras de la expansión de la modernidad, es un sistema de clases que tiende a generar importantes desigualdades materiales (tanto a escala mundial como en el seno de las sociedades económicamente desarrolladas). Los conflictos emancipatorios que han ayudado a moderar los efectos polarizadores del mercado capitalista «sin trabas» son, por tanto, directamente pertinentes para la realización de los esfuerzos de la política de la vida.

La política emancipatoria sirve a menudo de algo más que una mera «preparación del escenario» de los intereses de la política de la vida. Podemos investigar algunos posibles lazos de unión mediante algunos ejemplos. Me centraré en dos: el feminismo y la división entre naciones del Primer y Tercer Mundo.

El movimiento de las mujeres tiene objetivos claramente emancipatorios. Su interés es liberarlas de las formas tradicionales de limitación y permitirles participar en plano de igualdad con los hombres en los terrenos de actividad social dominados anteriormente por éstos. En los primeros años del movimiento los intereses emancipatorios se centraban claramente, según dijimos, en la posibilidad de lograr algún tipo de ascendiente. Sin embargo, otras preocupaciones estaban ya presentes desde muy temprano. Cuando el movimiento feminista alcanzó su impulso inicial en el siglo XIX, algunas personas mantuvieron ya que lo que estaba en juego era algo más que la mera emancipación. Según su propuesta, para hacer oír las voces de las mujeres se necesitarían cambios de gran alcance en la organización real de la vida social. Cuando las mujeres llegaran por fin a introducirse en los sectores de la sociedad dominados por los varones en pie de igualdad con ellos, aportarían valores y actitudes que habrían de reconfigurar profundamente esos terrenos propiamente masculinos.

Entre otros cambios, la emancipación de las mujeres habría de influir en los niveles de agresividad en la sociedad y contribuir a transformar ciertas actitudes preexistentes hacia el entorno natural. Así, las feministas llamaron la atención en un primer momento, y lo han seguido haciendo más tarde, hacia el hecho de que el poder militar y bélico son ámbitos quintaesencialmente masculinos. Los valores tradicionales del guerrero fueron siempre valores masculinos, opuestos a los intereses nutricios de las mujeres en el hogar y la familia. La mayoría de los ejércitos, al menos hasta tiempos recientes, se han compuesto exclusivamente de hombres y el combate en el campo de batalla ha sido decididamente cosa de ellos. ¿Podría ser que, quizá por esa razón, el poder militar y la tendencia a la guerra estuvieran directamente vinculados a la agresividad masculina, incluso en una época nuclear? A fin de cuentas, los machos son especialistas en la violencia: la violación, como la guerra, es casi exclusivamente una actividad masculina.[14] A medida que las mujeres se equiparen a los hombres y lleguen a destacar más y más en la esfera pública, en concreto, podrán modificar los sistemas de valores creados por los hombres que constituyen el fundamento de la guerra y la agresividad masculina. Se ha dicho que las mujeres incorporarán valores propios del cuidado de la crianza a ciertas esferas de la vida que los hombres habían supeditado anteriormente a su manera, más violenta, de hacer las cosas.[15]

Algunas escritoras feministas han mantenido que las actitudes prometeicas frente a la naturaleza, la tecnología e incluso la ciencia misma reflejan también orientaciones masculinas. La actitud del hombre hacia el mundo es esencialmente instrumental y se basa en la dominación y la manipulación. El punto de vista de las mujeres es específicamente diferente y por eso mantienen un comportamiento opuesto con el medio natural.[16] La maternidad y otras tareas de la crianza de las que se ocupan las mujeres las relacionan con los procesos reproductivos naturales mucho más que a los hombres. Desde esta perspectiva, la socialización de la biología y la reproducción se considerarían un entrometimiento más del control masculino en estas áreas de interés esencialmente femeninas. Al emanciparse del dominio masculino, las mujeres modificarían por su sola presencia las relaciones con la naturaleza.

Estas tesis son controvertidas y abundan quienes las rechazan.[17] La idea de que la emancipación de las mujeres cambiaría sustancialmente la naturaleza del poder militar o la socialización de la naturaleza se va a pique si se descartan las teorías «esencialistas» sobre las diferencias de género. En efecto, como aducirían

14. Susan BROWNMILLER, *Against Our Will*, Londres, Secker and Warburg, 1975.

15. Cfr. Jean B. ELSHTAIN, *Women and War*, Nueva York, Basic, 1987.

16. Un análisis complejo de esta cuestión en Carolyn MERCHANT, *The Death of Nature*, Nueva York, Harper, 1980.

17. Cfr. Teresa BRENNAN, *Between Feminism and Psychoanalisis*, Londres, Routledge, 1989.

muchas escritoras feministas actualmente, no existe diversidad genérica entre «hombre» y «mujer»; las diferencias dentro de cada una de estas categorías están a menudo por encima de lo que comparten respectivamente hombres y mujeres. Pero lo que realmente importa en esas circunstancias no es la validez o invalidez de tales concepciones. Lo importante es que podemos imaginar situaciones en que, debido a los cambios generados para conseguirla, la emancipación afecta directamente a las cuestiones de la política de la vida.

Consideremos al respecto las divisiones entre las naciones del Primer y Tercer Mundo. Nadie puede dudar de que para alcanzar una seguridad mundial a largo plazo se deben reducir las desigualdades en la tierra. Hay que poner en marcha un proceso emancipatorio, aunque de momento no sean muy obvios los mecanismos por los que se puede conseguir. Parece difícil suponer que las disparidades entre países ricos y pobres puedan reducirse incrementando la industrialización mundial a gran escala. Un proceso semejante no sólo produciría un mayor deterioro de la ecología planetaria sino que, además, no existen recursos suficientes para que la población mundial adopte modos de vida comparables a los de las sociedades del Primer Mundo. Así, un proceso de emancipación de los pobres de la tierra sólo se podría conseguir, probablemente, si se introdujera un cambio radical en el estilo de vida de los países desarrollados. La emancipación supone una transformación en la política de la vida.

¿Existen fórmulas generales que relacionen la política emancipatoria y la política de la vida? Marx ofreció una al plantear su famosa formulación de la «cuestión judía».[18] Quienes lucharon por la emancipación de los judíos de la opresión religiosa y la persecución no combatieron, según sostenía Marx, en favor de intereses meramente sectoriales. Al liberar a los judíos de esa opresión liberaban a todos los seres humanos. De acuerdo con la argumentación de Marx, se trataba de una liberación general de las trabas de la religión. Pero todavía se podría generalizar más este principio: las luchas para emancipar a los grupos oprimidos pueden ayudar a

18. Karl Marx, «On the Jewish Question», en T. B. Bottomore (ed.), *Karl Marx, Early Writings*, Nueva York, McGraw-Hill, 1962.

liberar a los demás, al fomentar actitudes de mutua tolerancia que, en definitiva, podrían beneficiar a todos.

He mantenido que la política de la vida es el resultado de la fundamental importancia del proyecto reflejo del yo en la modernidad tardía, vinculado a la naturaleza contradictoria de la extensión de los sistemas internamente referenciales de la modernidad. La capacidad de adoptar estilos de vida libremente elegidos, una ventaja fundamental generada por el orden postradicional, mantiene una relación tensa no sólo con las barreras que se oponen a la emancipación, sino con una multiplicidad de dilemas morales. Nadie debería menospreciar las dificultades que supone afrontarlos y lo complicado que resulta hallar una manera de formularlos capaz de imponer un amplio acuerdo.[19] ¿Cómo podemos moralizar de nuevo la vida social sin incurrir en la intolerancia? Cuanto más volvemos a las cuestiones existenciales, tanto más numerosos son los desacuerdos morales; ¿cómo conciliar los dos aspectos? Si no existen principios éticos transhistóricos, ¿cómo podría la humanidad solucionar los conflictos entre «creyentes sinceros» sin recurrir a la violencia? La respuesta a tales problemas requerirá, sin duda, reconstruir muy a fondo la política emancipatoria y llevar a cabo, además, serios esfuerzos en la política de la vida.

19. Éstas son las cuestiones que abordo en un libro en preparación que constituye el tercer volumen de *A Contemporary Critique of Historical Materialism* y es también un complemento del presente. El libro se centra en los parámetros institucionales de la modernidad más que en el terreno de la identidad del yo.

Glosario de conceptos

Colonización del futuro: creación de zonas de posibilidades futuras conquistadas por inferencia contrafáctica.

Confianza: otorgamiento de crédito a personas o sistemas abstractos; se basa en «arrojarse de un salto a la fe», dejando en suspenso la propia ignorancia o falta de información.

Confianza básica: confianza en la continuidad de los demás y en el mundo de los objetos; deriva de la experiencia temprana del niño.

Contradicción existencial: relación contradictoria de los seres humanos con la naturaleza, por su calidad de criaturas finitas que forman parte del mundo orgánico pero aparecen en contraste con ella.

Control humano abierto: intervención humana en los mundos social y natural orientada hacia el futuro; en ella los procesos de colonización están regulados por la valoración del riesgo.

Coraza protectora: protección defensiva que impide la invasión de posibles peligros procedentes del mundo exterior y que tiene su fundamento psicológico en la confianza básica.

Criterios extrínsecos: influencias que se ejercen sobre las relaciones sociales o la vida social y no están dominadas por la reflexividad institucional de la modernidad.

Crónica del yo: relato o relatos por los que tanto el individuo en cuestión como los demás entienden reflejamente la identidad del yo.

Cuestiones existenciales: interrogantes sobre los aspectos básicos de la existencia, tanto acerca de la vida humana como del mundo material; todos los seres humanos les dan «respuesta» en las circunstancias de su conducta diaria.

Cultura de riesgo: aspecto cultural fundamental de la modernidad en el que la conciencia del riesgo constituye un medio de colonización del futuro.

Desenclave: proceso por el que las relaciones sociales se erradican de sus circunstancias locales y recombinan a lo largo de extensiones indefinidas de espacio y tiempo.

Dialéctica de lo local y lo mundial: interacción opositiva entre los compromisos locales y las tendencias universalizadoras.

Efecto collage: yuxtaposición de componentes heterogéneos de conocimiento o información en un texto o en un formato de comunicación electrónica.

Experiencia mediada: intervención en la experiencia sensorial humana de influencias distantes en el espacio y el tiempo.

Fantasmagoría del lugar: proceso por el que las características locales de la situación espacial se ven invadidas por relaciones sociales distantes y reorganizadas en función de ellas.

Historicidad: utilización de la historia en la elaboración de la historia; aspecto fundamental de la reflexividad institucional de la modernidad.

Identidad del yo: el yo entendido reflejamente por el individuo en función de su propia biografía.

Modernidad reciente (o tardía): fase actual del desarrollo de las instituciones modernas; está marcada por la radicalización y universalización de las características fundamentales de la modernidad.

Momentos decisivos: momentos en que se han de tomar decisiones o se han de iniciar procesos de acción que tendrán consecuencias posteriores.

Pérdida de destrezas de la vida cotidiana: proceso por el que las destrezas particulares se transfieren a los sistemas abstractos y se reorganizan en función de conocimientos técnicos. La pérdida de destrezas suele acompañar a procesos complementarios de reapropiación.

Perfil de riesgos: cuadro de conjuntos de riesgos en determinados entornos de acción, considerados a la luz de las circunstancias del conocimiento técnico.

Planificación de la vida: adopción estratégica de opciones de estilo de vida organizadas en función del tiempo de vida previsto por el individuo y consideradas normalmente bajo la noción de riesgo.

Política de la vida: política de la realización del yo en las circunstancias de la dialéctica de lo local y lo mundial y de la aparición de los sistemas internamente referenciales de la modernidad.

Política emancipatoria: política de liberación de la explotación, la desigualdad o la opresión.

Porte corporal: conducta estilizada del individuo en las circunstancias de la vida cotidiana por la que se recurre a la apariencia con el fin de crear determinadas impresiones acerca del yo.

Privatización de la pasión: reducción de la pasión al ámbito de lo sexual y apartamiento de ese ámbito de la mirada pública.

Proyecto reflejo del yo: es el proceso por el que la identidad del yo se constituye por medio del ordenamiento reflejo de la crónica del yo.

Referencialidad interna: circunstancia por la que las relaciones sociales o los aspectos del mundo natural se organizan reflejamente en función de criterios internos.

Reflexividad institucional: es la reflexividad de la modernidad; implica la incorporación rutinaria de conocimientos o información nueva a los entornos de acción, que de ese modo se reorganizan y reconstituyen.

Regímenes: modos de comportamiento regularizados pertinentes para la continuidad o cultivo de características corporales.

Relación pura: relación social internamente referencial, es decir, dependiente fundamentalmente de las satisfacciones o recompensas inherentes a la misma relación.

Representaciones simbólicas: medios de intercambio de valor estándar y que son, por tanto, intercambiables en una diversidad indefinida de circunstancias.

Riesgos de consecuencias graves: riesgos con consecuencias generales, por afectar a un número de personas muy elevado.

Sector de estilo de vida: «franja» espaciotemporal de las acciones en general de un individuo en la que se cumple un conjunto coherente de prácticas sociales.

Secuestro de la experiencia: separación de la vida cotidiana del contacto con experiencias que plantean cuestiones existenciales potencialmente perturbadoras (en especial, experiencias relacionadas con la enfermedad, la locura, la criminalidad, la sexualidad y la muerte).

Seguridad ontológica: sentimiento de continuidad y orden en los sucesos, incluidos aquellos que no caen directamente dentro del entorno perceptivo del individuo.

Separación de tiempo y espacio: desenmarañamiento de las dimensiones separadas de espacio «vacío» y tiempo «vacío» que hace posible articular a lo largo de extensiones espaciotemporales indefinidas las relaciones sociales desenclavadas.

Sistemas abstractos: representaciones simbólicas y sistemas expertos, en sentido general.

Sistemas expertos: sistemas de conocimiento especializado de cualquier tipo que dependen de reglas de procedimiento transferibles de un individuo a otro.

Trayectoria del yo: formación de un tiempo de vida específico en condiciones de modernidad; el desarrollo del yo, reflejamente organizado, tiende a hacerse por medio de ella internamente referencial.

Umwelt (Goffman): mundo fenoménico con el que el individuo está habitualmente en «contacto» por lo que respecta a posibles peligros y alarmas.

Índice de nombres*

* A cargo de Josep M. Domènech.

Índice